U0634867

中华传世藏书

【图文珍藏版】

墨子

诠解

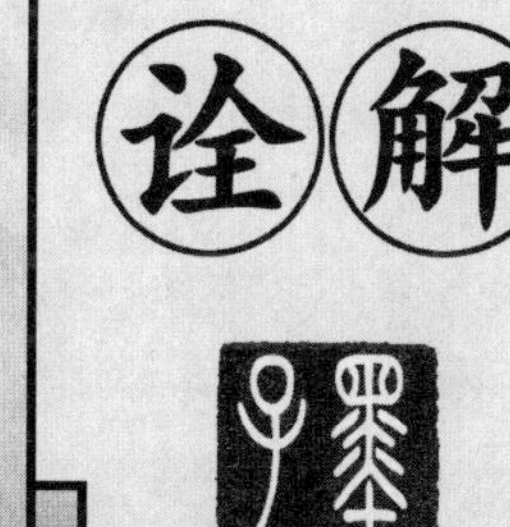

[战国] 墨翟⊙原著

刘凯⊙主编

第三册

线装书局

经说（上）

【原文】

故，小故[①]，有之不必然，无之必不然。体也，若有端[②]。大故[③]，有之必无然，若见之成见也[④]。

【注释】

①小故：指成一现象的必要条件，所以下文说“无之必不然”。但“小故”又只是成一现象所依赖的条件的一部分，所以说“体也”。体，就是部分的意思。因此，“有之不必然”。

②若有端：这是举例来说明“无之必不然”的，就如“尺”（尺长的直线，即线段），一定要有两端，无端就不成其尺。

③大故：成一现象所依赖条件的总和。

④若见之成见：如像“见之成见”需要很多条件一样，如人的视力、光线、所见之物与人目的距离等。这些条件（大故）全部具备了，人目就一定能见到物了。反之，若这些条件不全具备，如人的视力是好的，假若无光线，在一个黑暗的屋子里，是必然见不到物的；又如人的视力是好的，光线也具备，假若所要见之物与人目的距离超越了人的视力范围，那也就见不到所要见之物了。

【译文】

故，一现象的“小故”，有了它，不一定能成此现象；没有它，一定不能成此现象。因为它只是一现象产生所依赖的条件的一部分。但“无之必不然”，例如，尺必有两端，无端就不能成其尺。“大故”，有了它，这一现象就必然要产生了；没有它，这一现象就一定不会产生。这就如同要看见一物体，必定要具备视力、光线、人目与物体间的距离恰当等条件一样。

【原文】

体，若二之一，尺之端也[1]。

【注释】

①端：线段的两端，应理解为几何学中的“点”。

【译文】

体，如同二中的一，线段中的点。

【原文】

知材[1]，知也者，所以知也[2]，而必知，若明[3]。

【注释】

①知材：《经说》中的牒举经题都是用对应的《经》文中的第一字。此处用“知材”二字是特例。

②知：认识事物。

③明：目精，即瞳孔。

【译文】

知材，是人们恃以认识外物的。有了它，必定能认识事物，就如同人的目精，张目就能见物。

【原文】

虑，虑也者以其知有求也，而不必得之，若睨[1]。

【注释】

①睨：斜视。

【译文】

虑，思虑是人们用知材感知事物，自然而心生虑而思求之，但未必能得到它。这就如同张眼斜视外物，未必能得到事物的真实情况。

【原文】

知，知也者以其知过物而能貌之[1]，若见[2]。

【注释】

①过物：接触、感知事物。貌：肖也，即描画。

②见：指亲见一物。

【译文】

知，知觉是人们用知材接触事物并能把它的形象描画出来。如亲眼见一物，就能把它描画出来。

【原文】

恕，恕也者以其知论物[1]，而其知之也著[2]，若明。

【注释】

①论物：比度推论事物。

②著：显著。

【译文】

恕，聪智是人们用亲自接触的事物加以比度推论，因而得到的知识就显著。如同眼睛看得雪亮。

【原文】

仁，爱己者非为用己也[1]，不若爱马，著若明[2]。

【注释】

①用：役使、役用。
②不若爱马，著若明：孙诒让校订为："不若爱马者。"

【译文】

仁，爱己的人不是为了要役用自己，（而是由此推出爱人的人并不是为了役用人，才是真正的体爱）不像爱马的人是为了役用马。

【原文】

义，志以天下为芬[1]，而能能利之[2]，不必用。

【注释】

①芬：谭戒甫云："芬，分的繁文，即本分之义。"
②能能：第一个"能"字，能够。第二个"能"字，善、好。

【译文】

义，立志以天下事作为自己分内的事，而又能很好地有利于天下，但不必为自己谋求地位。

【原文】

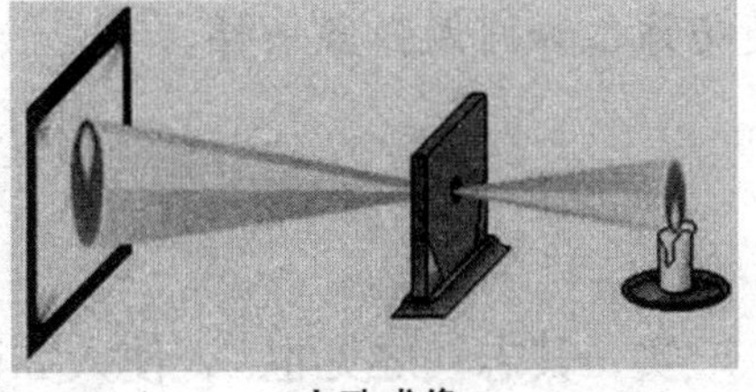
小孔成像

礼，贵者公[①]，贱者名[②]，而俱有敬僈焉[③]。等异论也[④]。

【注释】

①公：此指被人呼为“公”，或自称为“公”。

②名：此指自称其“名”，或人呼其“名”。

③敬僈：尊敬、轻慢。

④等异论：等：齐一。论：读为“伦”，伦类，即阶层。异伦，即贵贱等级的差异。张纯一云：“墨子一往平等。以礼无不敬。无敢慢。深以世俗之礼、有贵贱等差之异为非。谓既分贵贱尊卑，则其为礼不过徒严外饰。”因此，这里的“等异论”，是一齐贵贱等差之异。

【译文】

礼，高贵的人被称之为“公”，低贱的人被直呼其“名”，都有尊敬与轻慢的分别。礼就是要齐一贵贱等差之异。

【原文】

行，所为不善名[①]，行也。所为善名，巧也[②]，若为盗。

【注释】

①善名：“善”，通“缮”，矫饰。善名，即沽名钓誉。

②巧：巧诈。

【译文】

行，所干的事不是为了沽名钓誉，这就是品行。干点事是为了买名，那就

是巧诈，如同做强盗一样。

【原文】

实，其志气之见也[1]，使人如己[2]，不若金声玉服[3]。

【注释】

①志气之见：张纯一云：“志，诚于中者也。气，形于外者也。”见：表现。

②使人如己：孙诒让云：“言待人以实，与己身无异。”

③金身玉服：比喻徒有外表光华。

【译文】

实，实荣是人的志气的表现，以实待人，如同待己，不像金声玉服一样徒有外表光华。

【原文】

忠，不利弱子亥[1]，足将入止容[2]。

【注释】

①弱子亥：孙诒让云：“‘亥’疑当为‘孩’。《说文·口部》云‘咳，小儿笑也。古文作孩’。《明鬼下》篇云‘贼诛孩子’。子亥犹云孩子。弱子孩，谓小主也。言忠臣之强君，其迹若不利于小主，即《书·金滕》管叔流言，谓周公将不利于孺子之意。”

②止：孙诒让云：“‘止’疑当为‘正’。此言虽强君，而事君必以敬，此其以为忠也。”

【译文】

忠，不利于小主为不忠。举足将见君王，必正容恭敬。

【原文】

孝，以亲为芬[1]，而能能利亲，不必得。

【注释】

①亲：指父母亲。

【译文】

孝，把赡养父母作为自己分内的事，而又能很好地爱护父母，但不必得到孝顺的名声。

【原文】

信，不以其言之当也[1]，使人视城得金[2]。

【注释】

①当：得当，合理。

②使人视城得金：孙诒让云："言告人以城上有金，视而果得之，明言必信也。"

【译文】

信，不仅是因为他的话说得恰当，而是他如果说"城上有金"，叫人去看，果然得到了金子。

【原文】

佴，与人遇人[1]，众愊[2]。

【注释】

①与人遇人：言人们相与相遇都相辅助。
②愊：张纯一云："愊当为循之讹。"

【译文】

佴，人们相与相遇都相辅助，众人都跟循这样做。

【原文】

诮，为是为是之台彼也[1]，弗为也。

【注释】

①为是：为正，指做人正直，不同流合污。孙诒让云："下'为是'二字，盖误衍。"台：顾千里云："'台'读当为'诒'。"《说文·言部》云："诒，相欺诒也。"

【译文】

诮，做人正直，欺诒他人之言不为。

【原文】

廉，己惟为之[1]，知其䚷也[2]。

【注释】

①惟：孙诒让云："'惟'当作'雖'，同声假借字。"

②䫜：孙云："以文义校之，当为'諰'之讹。"諰：惧怕。

【译文】

廉，自己虽或做了错事，但心常自省，知道惧怕。

【原文】

所令[①]，非身弗行[②]。

【注释】

①所令：毕沅云："此释《经上》令，不为所作也。"故"令"上的"所"字，疑衍。令，从张纯一校为"节"。（见《经》上"令"条）

②身：身体力行。非身弗行：不身体力行就不行。即要身体力行、自己带头才好。

【译文】

节，凡事要身体力行，亲自带头。

【原文】

任，为身之所恶，以成人之所急。

【译文】

任，干自己所疾恶的事，成就别人所急需的愿望。

【原文】

勇，以其敢于是也[①]，命之[②]；不以其不敢于彼也，害之[③]。

【注释】

①以：因。是：此。

②命之：以勇名之。

③害之：伤害勇名。以上两句是：因为他敢于此事，就说他勇敢；也不因为他不敢干那事，就说他伤害了勇名。因为“志”是“心之所向”，《经》文说“志之所以敢也”，是说志在于此则敢于此，志不在于彼，则不于彼，非不敢也。如：战国时，赵蔺相如志在抗秦，因此敢叱辱秦王；回来后，一再礼让廉颇将军，并不是他不敢与廉颇斗，而是考虑赵国的利益，这也应是一种勇的表现。

【译文】

勇，因为他敢干此事就说他勇敢，也不因为他不干那事，就说他伤害了勇名。

【原文】

力，重之谓下，与重，奋也[①]。

【注释】

①此句依詹剑峰校为：力，重之谓，下、举，重奋也。

【译文】

力，物体的重量是力的一种表现，其所以能下落和被上举，都是重力的奋动。

【原文】

生，楹之生[①]，商不可必也[②]。

【注释】

①楹：吴抄本作“盈”。盈，满也。

②商：张纯一云：“寿夭无定，有如商家求利，盈亏无常，不可必也。《贵义》篇云：‘士之用身，不若商人用一布之慎也。’可为此譬为商之证。”

【译文】

生，生命是形体与知觉盈满相含。但人的寿夭是无定的，如同商家求利一样，盈亏无常，不能一定啊！

【原文】

卧。（缺）

【原文】

梦。（缺）

【原文】

平，惔然[①]。

【注释】

①惔：张惠言云：“‘惔’疑当为‘憺’。”《说文·心部》云：“憺，安也。”即《经》所谓“无欲恶”，心安且正。

【译文】

平，没有欲恶，心安且正。

【原文】

利，得是而喜[①]，则是利也。其害也，非是也。

【注释】

①是：指代利益、好事。

【译文】

利，得到它而高兴的，就是利益了。对于那些害处，就不会这样高兴了。

【原文】

害，得是而恶，则是害也。其利也，非是也。

【译文】

害，得到它而憎恶的，就是祸害，对于那些利益，就不会这样憎恶了。

【原文】

治，吾事治矣，人有治南北[①]。

【注释】

①有：孙诒让云：“‘有’当读为‘又’。”此二句，张纯一解：“欲恶平，处官得其理，吾身无不治，吾事无不治矣。然天下未治，害未尽除，利未尽兴，未为得也。又必兼四方之人相与共治之，使无得其所，即使天下之事无不得其理。”

【译文】

治，自己的事得以治了，又必须兼四方之人一道共治东西南北各方。

【原文】

誉之[①]，必其行也[②]，其言之忻[③]。使人督之[④]。

【注释】

①誉之：“誉”为牒举经题，“之”应为衍字。

②必：坚定。

③忻：通“欣”，心喜。

④督：孙诒让云：“‘督’，‘笃’之借字。《尔雅·释诂》云：‘笃，厚也。’言使人厚于为善行。”

【译文】

誉，誉扬可以坚定人的善行。誉扬的话使人心喜，使人笃厚于善行。

【原文】

诽，必其行也，其言之忻[①]。

【注释】

①必其行也，其言之忻：孙诒让云：“诽誉义相反，说不宜同，疑皆涉上而误，下亦有脱文。”据谭戒甫先生校，应为：“止其行也，其言之怍。”（“怍”，据梁启超改）怍：惭愧。

【译文】

诽，批评能阻止人的丑行。批评的话使人惭愧。

【原文】

举，告以文名[①]，举彼实也[②]。

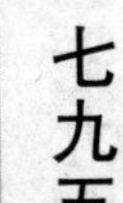

【注释】

①告：使人知。文名：借文为名。

②举彼实也：旧本“也”下“故”字，毕、孙本均断属下章，作“故言也者”，似误。今按曹本移“故”于“也”前，即：“举彼实故也。”

【译文】

举，用此文名相告，用以拟举那个事物的实状及其所以然。

【原文】

言也者，诸口能之，出民者也[1]。民若画俿也[2]。言也，谓言犹石致也[3]。

【注释】

①民：孙诒让云：“‘民’当为‘名’之误。”出名：言出而有名。

②民：“民”当为“名”。俿：毕沅云：“‘俿’，‘虎’字之异文。”

③致：坚实密致。

【译文】

言语，诸口都能说出，言出而有名。名出，事物的实状就如同画虎一样，一目了然。言语，就如同石头一样坚实密致。

【原文】

且，自前曰且[1]，自后曰已[2]，方然亦且[3]。若石者也[4]。

【注释】

①自前曰且：由前说后叫“且”。如《史记·晋世家》：“且待其乱”。此

"且"，"未来"义。

②自后曰已：由后说前叫"已"。张纯一云："已本作且，后人不识其义，而必作已，或因形近而讹。"故此句应为："自后曰且"。如《战国策·秦策》："疾且不起"。此"且"，"已往"义。

③方然曰且：方今或将要也叫"且"。如：《诗经·齐风鸡鸣》："会且归矣"。此"且"为"将"义。

④若石者也：俞樾云："'若石者也'，涉下句'君以若名者也'而衍，又误'名'为'石'耳。"据删。

【译文】

且，由前说后叫作"且然"（即未来），由后说前也可叫"且然"（即过去），方今或将要还可称"且然"（即现在）。

【原文】

君，以若名者也[①]。

【注释】

①以若名：孙诒让云："此言君之名，对臣民而立，故云以若名。若，即指臣民也。"

【译文】

君，君主是相对臣民而立的。

【原文】

功，不待时[①]，若衣裘。

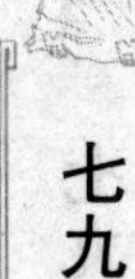

【注释】

①不待时：张纯一云："功不在时，与罪不在禁，文义相对。《国语·越语》上，大夫种曰：'贾人夏则资皮，冬则资絺。'是不待时之证。言能预为未来谋者利大也。"

【译文】

功，立功要不待时，如同贾人夏则资皮，冬则资絺。

【原文】

赏[1]，上报下之功也[2]。

【注释】

①赏：此字原误着于"罪不在禁"句之上，孙诒让认为是此句的牒举标题。

②此句原在"罪"句下，依《经》调上。

【译文】

赏，奖赏是上司酬报臣下的功劳。

【原文】

罪，不在禁[1]，惟害无罪[2]，殆姑[3]。

【注释】

①禁：禁令。

②惟：借为"虽"。

③殆姑：据梁启超校为：若殆。若殆：谭戒甫云："《荀子·荣辱篇》：'巨涂则让，小涂则殆。'杨倞注：'殆，近也。'按'殆'和'隸'、'逮'二字声义都近，本训为'及'。盖谓大路广阔，人行可让；小路狭仄，只能单行，后者当尾追赶及前者，不暇相让了。行路礼让是我国一种传统习惯，然不让也不能说是犯禁，故不为罪。"

【译文】

罪，不在禁令内的，虽妨害人但不算是犯罪。如人行小路追赶上前面的人，无暇让路，虽不礼貌，但不能说有罪。

【原文】

罚，上报下之罪也①。

【注释】

①报：处罚。

【译文】

罚，是上司处罚下级的罪过。

【原文】

侗①，二人而俱见是楹也②，若事君。

【注释】

①侗：通"同"。

②二人而俱见是楹：张惠言云："一楹也，二人俱见，俱谓之楹，是同也。"

【译文】

同，两人同见一楹，都说是楹。好比臣子们共事一君。

【原文】

久，古今旦莫[①]。宇，东西家南北[②]。

【注释】

①莫：通暮。

②家：孙诒让云："家犹中也，四方无定名，必以家处所为中，故著家于方名之间。"

【译文】

久，宙包含古今旦暮等一切不同的时间。宇包含东西中南北等一切不同的空间。

【原文】

穷，或不容尺有穷，莫不容尺无穷也。

【译文】

穷，在一区域前，不能容纳下一界线的，叫作有穷。若是量下去，前面没有不能容下一根界线的，那就是无穷了。

【原文】

尽，但止动[①]。

【注释】

①但：孙诒让云："'但'疑当作'俱'。"俱止动：言都停止运动，一切皆尽。这是墨子宇宙观的卓识，他联系时空于物质运动，没有物质运动一切皆尽；而运动不止，于是时间无尽，空间无穷。

【译文】

尽，全部停止运动，则一切皆穷尽。

【原文】

始，时或有久[①]，或无久[②]，始当无久[③]。

【注释】

①时或有久：此指具体某段时间是有穷尽，有先后的。

②或无久：时间本来是一个没有穷尽、没有先后的一个整体，谁也说不清整个宇宙的时间是从何时开始的。

③当无久："当"的含义是指正碰着某个时候，这里引申为"抓住"。当无久，即抓住整个时间中的某一时刻。

【译文】

始，时间具体到某一段是有穷尽、有先后的；就整个时间而言是没有穷尽、没有先后的。始，就是抓住整个时间中的某一刻。

【原文】

化，若蛙为鹑[①]。

【注释】

①蛙为鹑：《淮南子·齐俗篇》云："夫蝦蟆为鹑，生非其类，唯圣人知其化。"蛙为鹑当是古代的传说，是一种主观幻想的变易。古代科学水平有限，故误举此例。

【译文】

化，如蝦蟆变成鹑鸟。

【原文】

损，偏去也者，兼之体也[①]。其体或去或存[②]，谓其存者损[③]。

【注释】

①兼之体：全部中的一部分。

②或去或存：有去掉的部分，有保存的部分。

③谓其存者损：损是对存的那部分而言的。曹耀湘云："不曰去者损，而曰存者损，何也。去者已去，不可曰损也。存者失其偶，故曰损也。"

【译文】

损，所谓"偏"，就是整体中的一部分。那个"体"有去掉的一部分、有保存的一部分。"损"，是说保存的那部分有损失。

【原文】

益（缺）

【原文】

儇，昫民也[①]。

【注释】

①眴：孙诒让云："'俱'，《说》作'眴'，音亦相近。'秖'，《说》作'民'，当作'氏'，即'秖'之省。"此《说》与《经》义同。

【译文】

偎，循环是指宇宙万物都是相互为本，旋转无端的。

【原文】

库，区穴若[①]，斯貌常[②]。

【注释】

①区穴若：孙诒让云："《管子·宙合篇》云：'区者，虚也。'区穴犹云空穴，区穴若，犹言若区穴。"

②斯貌常：其貌固常不变。张之锐云："此以库之不变，反证其所变者，为所藏之物也。言库之区穴，其貌固常如是。而其内则无时不有变化。以明物之变化，不在外具之形式也。"

【译文】

库，库如同空穴，其貌固常不变。

【原文】

动，偏祭从者[①]，户枢免瑟[②]。

【注释】

①祭："际"的省文。偏际：偏斜一边。

②瑟：谭戒甫云："瑟，假为閟，同从'必声'通用。《说文》：'閟，闭门也。'"

【译文】

动，向偏斜的一边转动，如门轴拉开了闩子（免去关闭状态）。

【原文】

止，无久之不止，当牛非马[①]，若矢过楹[②]。有久之不止[③]，当马非马，若人过梁[④]。

【注释】

①无久之不止，当牛非马：运动的物体无外力阻挡必不自止。这就如同说"牛"是"非马"一样，大家都能理解。

②若矢过楹：《礼记·乡射礼篇》云："射自楹间。"这里用飞矢过楹，疾速不止为例说明"无久之不止"。

③有久之不止，当马非马：前面言"无久之不止"是常理，这里云"有久之不止"则是变态，故用"马"是"非马"，以喻其理难明。

④若人过梁：如行人前进时，忽为河水所阻，但人行过桥不止。用此例来说明运动的人虽受阻而不止。这个例子当然是不科学的。

【译文】

止，物动无外力阻挡必不自止，相当于说"牛"是"非马"一样好理解，如飞矢过楹一样不止。物动有外力阻挡也不停止，这就相当于说"马"是"非马"一样不好理解，如人受河水阻而过桥不止。

【原文】

必，谓台执者也[①]。若弟兄一然者一不然者[②]，必不必也，是非必也。

【注释】

①此《说》第一句疑为："谓台执者也，若弟兄。"台，通"抬"。抬执者，指共抬执一物的两人。

②然：这样。

【译文】

必，如说"共抬执一物的两人是弟兄"。一种可能是这样，一种可能不是这样，即"必然"和"不必然"，无论"是"还是"非"都是客观必然，绝不是一己主观来决定的。

【原文】

平（缺）

【原文】

同，捷与狂之同长也①。

【注释】

①捷：毕沅云："一本作'楗'。"楗与狂：谭戒甫云："楗，是闩门的木棒。狂，假为框，如门框。木棒嵌在门框的上下或左右两端，是同长的，故用为譬辞。"

【译文】

同，比如闩门的木棒与门框同一长度。

【原文】

心中①，自是往相若也②。

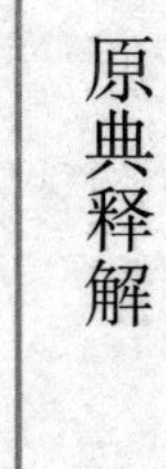

【注释】

①心中：据谭戒甫、高亨等校为："中心"。此牒举标题为二字，也是特例。

②是：指代"中心"。相若：相等。

【译文】

中心，自线段中点往线段两端是相等的。

【原文】

厚，惟无所大[①]。

【注释】

①惟无所大：此句按伍非百校为："厚，唯无，无所大。"《庄子·天下篇》载惠施说："无厚不可积也，其大千里。"意思是：没有厚不可积，就不能成为立体，哪怕是能大到千里，也只能是平面。墨子的"厚，惟无，无所大"，也是说：没有厚，就没有高之积，就不能成为立体。

【译文】

厚，没有厚，就不能形成立体。

【原文】

日中（缺）

【原文】

直（缺）

【原文】

圜，规写支也[①]。

【注释】

①规：圆规。支：孙诒让云："疑当为'交'之误。"规写交：即用圆规画圆，曲线相交合则成圆。

【译文】

圆，用圆规画曲线相交合则成圆。

【原文】

方，矩见支也[①]。

【注释】

①矩：高亨云："矩者为方之器也。以矩画方，其线相交，则成方形。"见支：孙诒让云："疑亦当为'写交'。"

【译文】

方，用矩画直线相交则成方形。

【原文】

倍，二尺与尺但去一[①]。

【注释】

①尺：长度单位。去：相差。

【译文】

倍，如二尺与一尺，就相差一倍。

【原文】

端，是无同也[①]。

【注释】

①是：指代端点。无同：其前再没有与它相同的点了。

【译文】

端，端点就是前面再没有与它相同的点了。

【原文】

有间，谓夹之者也。

【译文】

有间，是针对夹住中间空隙的两旁而言的。

【原文】

间，谓夹者也[①]。尺前于区穴而后于端，不夹于端与区内[②]。及，及非齐之及也[③]。

【注释】

①夹者：被夹的中间空隙。

②“尺前”句：尺：线。区穴：面。端：点。方孝博云：“线是点的集合，

面又是线的集合。有点而后有线，有线而后有面。没有点就不可能构成线，没有线也不可能构成面。点、线、面三者是不可能各自独立、不发生相互联系的。就形体的结构次序说，线在面之前（“尺”前于“区穴”），在点之后（“后于端”），但不能说线夹在点和面之间（“不夹于端与区内”）。（“区内”：毕沅云：“‘内’疑‘穴’字。”）因为线和点必须相及，线和面也必须相及，因而不能说线是‘间’，而点和面是‘有间’。墨子举点、线、面这三个概念的关系是从反面论证“间，不及旁也”的意义。

③及，及非齐之及也：梁启超云：“疑为后学案识之语，羼入本文。”据删。

【译文】

间，是说夹在中间的空隙。线，在面之前，在点之后，但不能说线夹在点和面之间。

【原文】

纑，间虚也者。两木之间，谓其无木者也①。

【注释】

①两木句：此句是以两木相并，之间的间隙很小为例，说明“间虚”的含义。

【译文】

纑，间虚，就好比两木相并，之间的缝隙很小。

【原文】

盈，无盈无厚①。于尺无所往而不得②。

【注释】

①无盈无厚：孙诒让云："言物必有盈其中者，乃成厚之体，无所盈则不成厚也。"

②于尺：孙诒让云："此上下文虽多云尺，然此'尺'字实当作'石'，形近而误。"据改。无所往而不得：孙云："此与下文，并以坚白石为释。言坚白在石，同体相盈，则弥满全体，随在皆有坚，亦随在皆有白，故云'无所往而不得'，亦即谓相盈也。"

【译文】

盈，没有包含就不能成厚之体，如坚白在石，同体相盈，弥满全体。

【原文】

得二[①]，坚异处不相盈[②]，相非[③]，是相外也。

【注释】

①得二：孙诒让云："二，即谓坚白也。公孙龙子《坚白论篇》云'无坚得白，其举也二；无白得坚，其举也二'，此云得二，亦谓得白得坚分为二也。"

②坚异处不相盈：孙诒让云："'坚'下当有'白'字。"坚白异处不相盈：指坚白可以异处。例如，坚可处在铁中，白又可处在石灰中。即坚成为铁的属性，白成为石灰的属性。坚与白异处于铁与石灰之中，那坚白就不相盈了。

③相非：互相排斥。

【译文】

得二，坚和白可以异处不相盈，互相排斥，这就是相外分离了。

【原文】

撄，尺与尺俱不尽[①]。端与端俱尽[②]。尺与或尽或不尽[③]。坚白之撄相尽[④]。体撄不相尽[⑤]。

【注释】

①尺：线。

②端：点。

③尺与或尽或不尽："尺与"下，孙诒让云："此疑当有'端'字，误错著于后。言尺与端相撄，则端尽尺不尽。"

④坚白之撄相尽：孙诒让云："此言坚白虽殊，而同托于石，性色相含，弥满无间，故其撄为相尽。"

⑤体撄不相尽：两物体相交，虽交而各自为体，不能相含，因为两物不能占同一空间，势必不相尽。

【译文】

撄，线与线相交都不会穷尽。点与点相交则结合如一。线与点相交，点尽而线不尽，坚白相结合在一体内就互相穷尽。而不同物体连合在一起则不相互穷尽。

【原文】

端[①]。仳[②]，两有端而后可[③]。

【注释】

①端：与上下文不相属，疑前句之脱字，误错著于此。

②仳：通比。

③两有端而后可：此言同类形体相比，必须是有一定限度的形体才能相比。如果两形体中有一个是广大无边的，那就是无端的。无端就不可能做到两端相撄或两边重叠，自然就无法进行比较了。因此言“两有端而后可”。

【译文】

仳，两条线都有终点和起点，然后才能进行比较。

【原文】

次，无厚而后可[①]。

【注释】

①无厚而后可：谭戒甫云：“像一本书，页数是层叠的，但若渍水粘合，必成厚的立体，将失去‘次’的意义，故说无厚而后可。”

【译文】

次，不能粘合成厚之体，才能有顺次排列。

【原文】

法，意规员三也俱[①]，可以为法。

【注释】

①意：意念。规：圆规。员：同圆。梁启超云：“意规员三也俱者，谓心识中所意度之圆的观念，与画圆之规，与所画出之圆形，三者和合，如此则可制成一圆模矣。故曰可以为法。”

【译文】

法，如意念、圆规与所画出之圆形三者俱合，则可制成一圆模。

【原文】

佴，然也者民若法也[1]。

【注释】

①然也者：指万物都依照其所以然之“法”而生。民若法：就像民顺法而行事。

【译文】

佴，万物都依其所以然之“法”而生，如同民顺法行事一样。

【原文】

说（缺）

【原文】

彼，凡牛枢非牛[1]。两也[2]，无以非也[3]。

【注释】

①凡：概举之词。枢：区的繁文，区别。
②两：指牛和非牛，两者实不同。
③无以非：孙诒让云：“两者实不同，则不足辩也。”

【译文】

彼，比如牛区别于非牛，两者实不同，不足以辩啊！

【原文】

辩，或谓之牛，谓之非牛，是争彼也[1]。是不俱当[2]。不俱当，必或不当，不若当犬[3]。

【注释】

①彼：从胡适校为“彼”，指辩的双方所争论的是非。

②是：指代一对矛盾命题，即所争论的是非。

③不若当犬：从胡适校为：“不当若犬。”张纯一云：“例如遥见一物，其形若犬。或谓之牛，或谓之非牛。是所谓彼（彼）了。乃互争不已。是不俱当。然不俱当之中，必或有一当，有一不当。逼近验之，果牛也，特遥见其形小若犬，以为非牛，故不当。”

【译文】

辩，例如两人遥见一动物，其形像犬。一个说：“那是牛”，一个说：“那不是牛”。这就是争“彼”，这一对矛盾命题，不能都是正确的。必有一方不正确。遥见其形小若犬，就以为不是牛，所以不正确。

【原文】

为，欲养其指[1]，智不知其害，是智之罪也。若智之慎文也[2]，无遗于其害也[3]。而犹欲养之，则离之[4]。是犹食脯也[5]。骚之利害[6]，未可知也，欲而骚，是不以所疑止所欲也。廧外之利害[7]，未可知也，趋之而得力[8]，则弗趋也，是以所疑止所欲也。观为穷知而俱于欲之理。雗脯而非恕也[9]，养指而非愚也，所为与不，所与为相疑也[10]，非谋也[11]。

【注释】

①养其指：谭戒甫云：“《孟子·告子上篇》：‘养其一指而失其肩背而不知也，则为狼疾也（狼因多疑善顾而丧其身，故以为喻）。饮食之人，则人贱之矣，为其养小以失大也。’战国时本有‘养指’遗俗，故相传有此语。养小失

大，即是害处。”

②慎文：孙诒让云：“‘文’当为‘之’之误。”

③遗：遗留。

④离：通“罹”，遭受。

⑤脯：干肉、腊肉。

⑥骚之利害：毕沅云：“骚，臊字假音，读如《山海经》云‘食之已骚’。”《说文》：“臊，豕膏臭也。”《周易·噬嗑爻辞》：“噬腊肉遇毒，小吝无咎。”言吃腊肉中毒，即食之有害。

⑦廧：同“墙”。

⑧力：孙诒让云：“‘力’疑当为‘刀’。《经说下》亦云‘王刀’，皆谓泉刀也。”

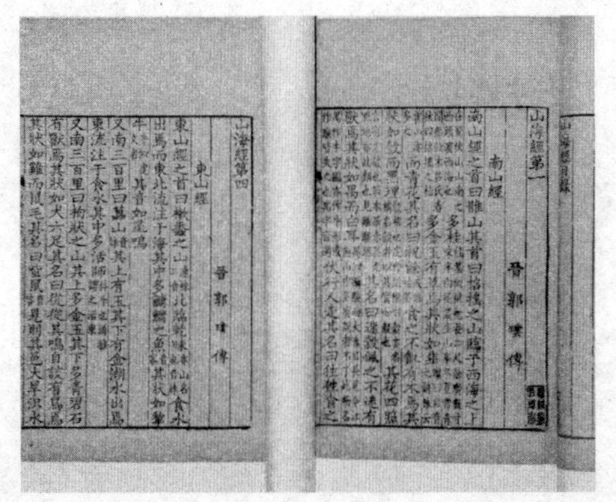

《山海经》书影

⑨雒：据王闿运校为：“惟食”，原涉下句误拼合为一雒字。此句应为：惟食脯而非恕。恕，谭戒甫云：“即痴字的异文，《说文》作癡，训为‘不慧’。”

⑩“所为”句：张惠言校为：“所为与所不为相疑也。”

⑪非谋：孙诒让云：“谓不暇审计而为之，所谓悬于欲也。”

【译文】

为，比如有人欲养一指而忘记了全身，他的智识不知道“养小失大”的害处，这是智力不足的过错。若他的智识能审慎对待这个问题，就不会给他留下“养小失大”的害处。但他还是想养下去，那就要遭受害了。这好像吃腊肉，臊的利害是不可知的，但因想吃竟遭害，这是没有把所疑来制止所欲了。又如墙外的利害是不可知的，跑去会拾得“泉刀”这种货币，这是人所欲的。但不相信的人就不会跑去拾，这就是把所疑来制止所欲了。现在观察“为，穷知而

悬于欲”的道理，虽食脯不见得是痴，养指也不见得是愚。这是“所为”和“所不为”。二者利害未可知，只是被欲所支配啊！

【原文】

已，为衣[1]，成也。治病[2]，亡也。

【注释】

①为衣：做成了衣服。
②治病：病治疗好了。

【译文】

已，衣服做成了称为“已”，又如治病，病消失了，也称为“已”。

【原文】

使，令谓，谓也。不必成湿。故也，必待所为之成也[1]。

【注释】

①此《说》，依其《经》义，标点断句应为：“令谓，谓也，不必成；湿，故也，必待所为之成也。”

《说》的前半部，言令“后件”肯定，但不能因之而肯定前件，所以说：“令谓，谓也，不必成。”依《说》后半部所举的“湿”为例，作一推理论式：

假使小王被雨淋了，衣服湿了；

今天小王被雨淋了，所以他的衣服湿了。

现在小王的衣服湿了；（肯定“后件”）

所以他被雨淋了。（不能因之肯定“前件”。因为小王的衣服湿了，不一定是雨淋湿的，可能是其他原因，如水倒湿、洗湿等。）

《说》的后半部，以"湿"为例，说明"故"和"谓"的关系以及根据这个关系推出的结论。"故"，指假使衣湿的原因；"必待所为之成"，使"湿"之原因成立了，就能据之推断肯定后件。依《说》作一假言推理：

假使小王被雨淋了，衣服湿了：

现在我们知道了充分假言推理的规则有两条：一是肯定"前件"就要肯定"后件"否定"后件"就要否定"前件"；二是否定"前件"不能否定"后件"，肯定"后件"不能肯定"前件"。墨子所言之假言判断、推理，和现在的假言推理规则是一致的。

【译文】

使，在假言推理时，令"谓"（后件）肯定，但不能因之肯定"故"（前件）；以衣服湿润为例，假使湿之原因成立，那就能推断肯定后件。

【原文】

名，物，达也[①]，有实必待文多也[②]。命之马[③]，类也[④]，若实也者必以是名也[⑤]。命之臧[⑥]，私也，是名也止于是实也。声出口，俱有名，若姓宇[⑦]。

【注释】

①达：梁启超云："达，通也。达名，物之通名也。"

②有实必待文多：孙诒让云："窃疑'多'当作'名'，言名为实之文也。"故此句应为："有实必待文名也。"墨子认为"名"是反映"实"的，所以，"有实"必待"名"来表达。

③命：令，称。

④类：类名，即同类事物的名称。

⑤若实：与"此实"相若的。"此实"，指某一些属性，如马有鬃、修蹄、善走等。

⑥臧：孙诒让云："言于人之贱者而命为臧，则臧非人之通名，故曰私。"私名为一人一物独有的专名，不得移称别人别物。例如鲁迅，就不得移称别人。

⑦若姓宇：谭戒甫校为"若姓字俪"。言"名"与"实"相随。俪，相配。

【译文】

名，"物"是事物的通名，"有实"一定有"名"来表达。称之为"马"的是类名，与此类"实"相似的必用这类名。称之为"臧"的是贱奴的私名，这个私名只能用于这个"实"上。凡口之出声，必有名与俱出，这就如同人的姓名一样相配依附。

【原文】

灑谓狗犬[①]，命也，狗犬[②]，举也。叱狗[③]，加也。

【注释】

①灑谓狗犬：谭戒甫校：灑为儷，属上句。此句为："谓，狗犬，命也。"狗犬，即狗是犬，也就是命狗为犬，故称命谓。犬本是名词，此处移作谓词用，故《经》中称"移"谓。如现代汉语中的："今天星期三。"星期三，本是名词，在此句中移作谓词。

②狗犬：谭戒甫校为："狗犬和上例重复，疑是'吠'字脱掉口旁。"即："狗吠"。举谓，即自动词，此处"吠"是自动词。

③叱狗：对狗呵斥，是人们偶然加在狗身上的，狗是被叱之物，是及物动词的动作直接承受的对象。因此，可见这里讲的"加"谓，相当于现在讲的他动词。

【译文】

谓，"狗犬"是命谓，即移谓；"狗吠"是举谓；"叱狗"是加谓。

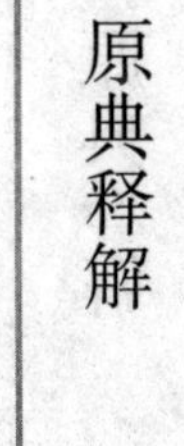

【原文】

知，传受之[①]，闻也。方不庫[②]，说也。身观焉[③]，亲也。所以谓，名也。所谓，实也。名实耦，合也[④]。志行，为也[⑤]。

【注释】

①受：同授。

②方：方域。庫：同障。

③身观：亲自观察、实践。

④合："名"和"实"相结合就构成判断，墨子把这种主词和宾词协调一致的结合称为"耦"。如：手脚分工、能制造工具并使用工具进行劳动的高等动物是人。

⑤为：物的志行。伍非百云："谓其蕴诸内者曰志，谓其著于外者曰行。"仍以上面注释④为例，通过判断，知其"人"的志行。

【译文】

知，由传闻和传授得来的知识，叫闻知；不受方域的障碍，据已知推未知，叫说知；由亲身实践、观察得来的知识，叫亲知。揭示"所以谓"的是名知，揭示"所谓"的是实知，名、实协调一致是合知。通过判断，知其志行是为知。

【原文】

闻，或告之，传也[①]。身观焉，亲也[②]。

【注释】

①传：传闻。

②亲：亲闻。

【译文】

闻，有人告知的，叫传闻。亲身观察听到的，叫亲闻。

【原文】

见，时者体也[①]。二者尽也。

【注释】

①时：孙诒让云："'时'，疑当为'特'。特者奇也。二者耦也。特者止见其一体，二者尽见其众体。特、二文正相对。"

【译文】

见，只见到事物的一面叫"体见"，见到了事物的两面叫"尽见"。

【原文】

古[①]，兵立反中，志工，正也[②]。臧之为[③]，宜也。非彼必不有[④]，必也。圣者用而勿必，必也者可勿疑。

【注释】

①古：据杨保彝依《经》校云："古，疑'合'之讹。"

②兵立句：依詹剑峰点校为："平立反，中志功，正也。"这句是解释"正合"的含义。平：即"评"。立反：即"是非"。中：符合。志功：指思想和效果。正合，就是评断是非，志功相合，则得其正的一种判断。

③臧之为：孙诒让云："'臧'疑当为'义'。""义之为"是用来解释"宜合"的。詹剑峰云："宜合是应然判断，亦即规范的判断。"例如，"每个人都

必须学习。”“人应当忠诚老实。”以上判断所表达的都是“义之为”，所以说“义之为，宜也。”

④非彼必不有：詹云：“必合是必然判断。这类判断，实与名的联系是必然的。”我们对于客观事物，不但知其然，并知其所以然，故能必其如此。例如，“一切物质皆由原子所构成”这一判断，所表达的就是“非彼必不有”，这就是“必合”。

【译文】

合，评断是非、志功相合，是正合；义之为是宜合；实与名的联系是必然的，非彼必不有，是必合；圣人之义可用而不一定必用，但对于必合，就不要怀疑了。

【原文】

仗者[①]，两而勿偏[②]。

【注释】

①仗：孙诒让云：“以《经》文推之，疑‘仗’当作‘权’，草书形近而讹。”

②两：指利与害。偏：偏废。

【译文】

权者，权衡利和害两方面而不可偏废。

【原文】

为，早台，存也[①]。病，亡也[②]。买鬻[③]，易也。霄尽[④]，荡也。顺长[⑤]，治也。蛙买[⑥]，化也。

【注释】

①早台：谭戒甫云："早，假为造，声韵都切近通用。'早'属幽部，精纽；'造'从告声属觉部，为'幽'的入声，在清纽。故早造二字可通用。"造台，言从无到存在的变化。

②病：此言"治病"，言使病由有而亡的变化。

③买鬻：鬻，卖。此句言买卖交易有出入的变化。

④霄尽：毕沅云："'霄'与'消'同。"此句言消尽有荡散的变化。

⑤顺长：顺从长养，此句言顺从长养是治理的变化。

⑥蛙买：孙诒让云："'买'疑当为'鼠'。《列子·天瑞篇》云：'田鼠之为鹑'，盖古说蛙、鼠二者，皆能化为鹑。"此句言蛙鼠变为鹑有变易的变化。

【译文】

为，造台是由无到存在的变化。治病是使病由有而亡的变化。买卖有交易出入的变化。消尽有荡散的变化。顺从长养是治理的变化。蛙鼠为鹑是变易的变化。

【原文】

同，二名一实[①]，重同也。不外于兼[②]，体同也。俱处于室[③]，合同也。有以同[④]，类同也。

【注释】

①二名一实：此是重同的例子，如狗又名犬，其实为一物，这就叫重同。

②不外于兼：某部分不脱离在整体的外面，只有部分相同，这叫体同。

③俱：都。

④有以同：有因素相同的一类，这叫类同。

【译文】

同，一物有二名，叫重同。部分包容在全体之中，叫体同。多人都住在一室，叫合同。有因素相同的一类，叫类同。

【原文】

异，二必异[①]，二也。不连属[②]，不体也。不同所[③]，不合也。不有同[④]，不类也。

【注释】

①二必异：指两种事物，名实俱异。

②连属：相牵连附属。

③所：处所。

④不有同：没有任何相同点。

【译文】

异，两种事物，名实俱异，称为二异。整体与部分不相连属，称为不体异。彼此不住在同一处所，称为不合异。没有任何相同因素的一类，称为不类异。

【原文】

同异交得[①]，于福家良，恕有无也[②]。比度[③]，多少也。免蚓还圆[④]，去就也。鸟折用桐[⑤]，坚柔也。剑尤早[⑥]，死生也。处室子，子母长少也[⑦]。两绝胜[⑧]，白黑也。中央，旁也。论行行行学实[⑨]，是非也。难宿，成未也[⑩]。兄弟，俱适也[⑪]。身处志往[⑫]，存亡也。霍为姓[⑬]，故也。贾宜[⑭]，贵贱也。诺[⑮]，超城员止也[⑯]。相从，相去，先知，是，可，五色。长短、前后、轻重援[⑰]。

【注释】

①同异交得：牒举《经》题用四字，是变例。

②于福家良：于（於）：谭戒甫校为“旅”，因形似而误。福：谭云：“福，此假为偪或逼，谓逼迫、不宽裕。家良：家境优良。恕：推论。

③比度：比较、度量。

④免：孙诒让云：“‘免’当作‘它’，即‘蛇’之正字。”孙云：“蚓似当为蛇蚕同类之虫。窃疑‘蚓’字为‘螾’之别体。”螾，即蚯蚓。还：疑转。圆：孙云：“‘圆’疑当作‘圜’，亦形之误。”环绕也。

⑤鸟折用桐：谭戒甫云：“折，逝的省文，飞往之义。”用桐：谭校为“甲桐”，云：“甲，龟鳖之属。桐，与动同。此谓鸟飞逝由于羽毛轻柔，甲虫爬行由于壳子坚重。”

⑥剑尤早：谭校为：“剑尤甲”。尤：异。

⑦处室子，子母长少也：此句疑衍一“子”字，应为“处室子母，长少也。”

⑧两绝胜：孙诒让云：“言二色相胜。”

⑨论行行行学实：孙云：“衍两‘行’字。”此言人之论说、行为、学问、名实，四者各有是非之异。

⑩难宿成未：谭戒甫云：“即傩蹜盛昧之省文。《诗·卫风·竹竿篇》注：‘傩，行有节变。’蹜，犹云缩手缩脚。”此句言君子行有节变而日以盛，小人举足蹜蹜而日以暗。两相比较就知明暗。

⑪俱适：俱，相合。适，假为敌，相离。

⑫身处志往：身处于此，心到于彼。

⑬霍为姓：谭戒甫云：“霍，鹤的省文，亦作鹤。《说文》：‘为，母猴也。’……《庄子·达生篇》：‘吾长于陵而利于陵，故也；生于水而安于水，性也。’此谓‘性’是自然生成的，‘故’是习惯养成的。”姓，当为“性”。

⑭贾宜：贾，与价同。此指货币的实际价值。宜，指市场价格，以市面需要而变化。

⑮诺：谭戒甫云："'超城员止也'句上，原有'诺'字，下复有'相从相去先知是可五色'十一字，都是下面'诺'条的错简，兹并移正。"

⑯超城员止：谭校为："超城，员止也。"谭云："员，假为运。此谓'超'是运动，'城'是静止的。"

⑰援：伍非百云："援，推类之意，言长短、前后、轻重以此类推也。"

【译文】

同异交得，如生活的好坏，可从"旅居困迫"和"家境优良"比较中得知。物体经比较，变量就知多少。蛇、蚓旋转环绕，就知去还。鸟飞逝，甲虫爬行，就知坚柔。剑刺杀、铠甲护身，就知死生。子母同居一室，就知长幼。二色相胜，就知黑白。有了中央，就知四旁。人的言论、行为、学问、名实的比较，就知是非。行有节度和举足犹豫相比，就知明暗。兄友、弟敌，就知离合。身在此而心却在彼，就知存亡。鹤、猴各有所安，就知性故。有实际价值和市场价格的比较，就知贵贱。超越的运动和静止的城墙相比，就知动止。还有长短、前后、轻重等都可以用这个方法类推其有无。

【原文】

闻（缺）。

【原文】

循（缺）。

【原文】

言（缺）。

【原文】

执……（缺）。

【原文】

诺[1]，相从，相去，先知，是，可，五色[2]。正五诺，皆人於知有说[3]。过五诺，若负，无直无说。[4]用五诺，若自然矣。

【注释】

①此条错简甚多，据谭戒甫云（见上条注释⑮）、孙诒让云："下文'正五诺'云云，似当箸此下"，将此条合并为上文。

②五色：孙诒让云："疑当作'五也'。'也'、'色'形近而误，即所谓五诺也。"

③正五诺句：谭戒甫校为："正五诺，若'人於知'，有说。"正五诺：纠正错误的五诺。於：同"乌"，和"无"通用。有说：须说明道理。

④过五诺句：谭戒甫校为："过五诺，若'员无直'，无说。"过五诺：对正确的五诺故意说错。无说：人所公认，无须说明道理。

【译文】

诺，应诺有五种：相从、相去、先知、是、可等。纠正错误的应诺，如有人说："人是无知的"，那就需要说明"人是有知"的道理了。对正确的应诺，如"圆是不直的"，假如有人故意要说"圆是直的"，那就不需要说明什么道理了，因为这是人们所共识的。所以回答、应诺问题，必须顺其自然才对。

【原文】

执服难成[1]，言务成之。

【注释】

①执服难成：句中“服”字，当为牒举《经》题，误倒。

②言务成之：句中“言”字，伍非百校为“詋”字，意即：詋伺敌之瑕点，批却窍导。

【译文】

服，只是偏执一说，其说难成。如果能窥伺别人的不当者而攻之，那就能成立其说了。

【原文】

巧，转九则求执之①。

【注释】

①此《说》中“巧转”（原作传）二字旧倒置在下文的“法法取同观”下，今据张纯一移正。九：究也。

【译文】

巧，巧辩，必须辗转穷究其持论的一切原因结果，这样才能执持己论。

【原文】

法，法取同观①。

【注释】

①此《说》中第二个“法”字，疑为“同”。“法同”为牒举经题。“取同观”下据伍非百校，脱“同”字，今据补。即为：“法同，取同观同。”

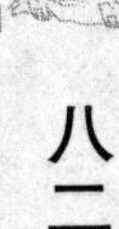

【译文】

法同，取同还要观其为何种之同，才能下判断。

【原文】

取此择彼，问故观宜[1]。

【注释】

①问故观宜：此《经》言如何“观宜”。不同的场合里，不同的情况往往不止一个，那么，如何找到在进行比较的甲乙两场的唯一不同情况呢？这就需要对其异点所在，取此舍彼，一一举而问之，了解其所以异之故，然后观其孰宜孰不宜。这样才能找到真正唯一的不同情况。

【译文】

取此择彼，一一举而问之，了解其所以异之故，然后观其唯一的异点。

【原文】

以人之有黑者有不黑者也[1]，止黑人；与以有爱于人有不爱于人，心爱人，是孰宜心[2]。彼举然者，以为此其然也，则举不然者而问之。

【注释】

①黑者：张纯一云：“黑者，喻墨者。不黑者，喻非墨者。”

②此句中两个“心”字，依张纯一校为“止”。“止”义，见《经上》“止”条。

【译文】

止，人有墨者有非墨者，笃行墨者；人有爱于人有不爱于人，笃行爱人，这就是成熟的忠实地行墨道。他举出这样的，以为此是这样，墨者即举出不是这样的来质问他。

【原文】

若圣人有非而不非。

【译文】

如同独具正见的圣人，对世俗道理时或相背，对真实道理从不相背。

经说（下）

【原文】

止，彼以此其然也，说是其然也；我以此其不然也，疑是其然也。此然是必然，则俱[①]。

【注释】

①此《说》是举例说明演绎推理的两条原则：其一，“彼以此其然也，说是其然也……则此然是必然，则俱。”（后七字，旧倒著次章‘大小也’下，依梁启超校移此。）这是说，

你以“此”（A）为“其”（C），

说“其”（C）为“是”（B），

那么，“此”（A）为“是”（B）就必然了。

因为，二者相一致。

这就是演绎推理的第一条原则：如果A、B都等于C，那么，A、B也相等。

其二，“我以此其不然也，疑是其然也（则此非是亦必然）”。（后句依詹

剑峰校补）这是说：

我疑“是”（B）为“其”（C），

“此”（A）非“其”（C），

那么，“此”（A）非“是”（B）亦必然了。

这就是演绎推理的第二条原则：如果A、B中只有一个等于C，另一个不等于C，那么，A、B亦即不相等。

【译文】

止，你以“此”为“其”，说“其”为“是”，那么，“此”为“是”就必然了，因为二者相一致。我以“此”非“其”，疑“是”为“其”，那么，“此”非“是”也就必然了。

【原文】

谓四足兽，与生鸟与，物尽与，大小也①。

【注释】

①本《说》依孙诒让校为：“谓四足兽，与牛马异，物尽异，大小也。”孙云：“此谓牛马为四足兽之种别……此云物尽异，即谓万物毕异也。盖物为总名，大也；兽为四足动物之专名，小也。犹《荀子·正名篇》以万物为大共名，鸟兽为大别名是也。然牛马复为兽类之种别，是又兽为四足之大名，牛马为四足之小名。明大小无定，随所言物尽异也。”

【译文】

说四足兽的概念与牛马不同，与整个物体也不同，因为四足兽的概念比牛马大，比整个物体小。万物都有这种名之大小的区别。

【原文】

为麋同名[①]，俱斗，不俱二，二与斗也[②]。包、肝、肺、子、爱也[③]。桔茅，食与招也[④]。白马多白，视马不多视，白与视也[⑤]。为丽不必丽，不必丽与暴也[⑥]。为非以人，是不为非[⑦]，若为夫勇不为夫，为屦以买衣为屦[⑧]，夫与屦也。

【注释】

①为麋同名：张纯一校为："物尽同名。"张云："物尽二字，旧错置于前，今移此。"作牒经标题。

②"二与斗"句：此句言词义有广狭之分。二与贰通。贰，《尔雅·释诂》："贰，疑也。"即有敌对的意思。斗，斗必二人，但二人为之不必都是斗。《说》表明有二人然后斗，然只可说"俱斗"，不可说"俱二"。这说明"斗殴"和"疑贰"都有敌对的含义，但两者仍不可混淆，因为"二"的含义比"斗"要广。

③"爱也"句：此句言"异名同实"。据谭戒甫校为："包、肝、肺，子与爱也。"《战国策·秦策》："子元元。"高诱注："子，爱也。"可见这里的"子与爱"两名不同，而"爱"实同。包、肝、肺，都是人们用来表达心爱的意思，也是用异名来表达同实。

④"食与招"句：此句言"同音异实"。孙诒让云："窃疑此'橘'当为'楙'，《尔雅·释木》云：'楙，木瓜'。《毛诗·卫风·木瓜》，传云：'木瓜，楙木也，可食之木。'《说文》'楙'从林矛声，与'橘'上半形相近，声类与'茅'同。此谓二字同音，而一以食，一以招，同音异实也。"招：招神。

⑤"白与视"句：此句言"构词形式同而语意异。"孙诒让云："视马，盖言马之善视者。此谓白马、视马，语意异而辞例同。"

⑥"丽与暴"句：此句据张其锽校为："为丽不必丽，为暴不必暴，丽与暴也。"此句言"词同而用在不同场合，意异。"如："为丽不必丽"，第一个

"丽"，相偶也；第二个"丽"，美丽也。又如："为暴不必暴"，第一个"暴"，恶也；第二个"暴"，暴露也。

⑦"为非"句：据谭戒甫校为："为非以是不为非"。语意是："是非"的"非"，不是"非议"的"非"。此句与下两句均言"同一字组合不同，则意义不同。"

⑧为屦以买衣为屦：孙诒让校为："为屦以买不为屦。"

【译文】

物尽同名，例如："二与斗"，即"疑贰"与"斗殴"，都有敌对的含义，但词义的广狭不同。"子与爱"，以及包、肝、肺，人们都用来表达"爱"意，但用的"名"不同。人吃的"梂"和祭祀用的"矛"音同，但有人食用和神享用的不同。"白马"和"视马"构词方式相同，但词意不同。"白马"可以说白色毛多，但"视马"不能说视力多。"为丽不必丽，为暴不必暴"中的"丽"和"暴"，同一词用在不同场合，有不同的含义。"是非"的"非"，与"非议"的"非"含义不同，"勇夫"的"夫"，与"丈夫"的"夫"含义也不同。"买屦"于人，不等于自己"做屦"，这三例告诉我们：同一字组合不同，其义也不同。

【原文】

二与一亡，不与一在[①]，偏去[②]，未[③]。

【注释】

①二与一亡，不与一在：孙诒让云："此言分一体为二，一既化二，即为无一。"即言一物体已损去为二，原来的一体就不存在了。如：一方桌为四足，今损去一足，使此方桌分为两部分。一部分三足，一部分一足。那么，原来的四足方桌就不存在了。

②偏去：孙云：“下疑脱‘之’字。”

③未：孙云：“此字疑衍，似即上句‘之’字讹。”

【译文】

一物体已偏去为二，原来的一体就不存在了，因为损去了一部分。

【原文】

有文实也[①]，而后谓之；无文实也，则无谓也。不若敷与美，谓是[②]，则是固美也，谓也[③]，则是非美，无谓则报也[④]。

【注释】

①文：孙诒让云：“谓‘文’并当为‘之’，之，犹此也。”

②谓是：谓此，与下文“谓他”相对。即谓此实为花。

③谓也：孙云：“疑当读为‘他’。”谓他，即谓此实为花以外的东西。

④报：谭戒甫校为“疑”，此句为：“无谓则疑也”。

【译文】

有此实体，而后才能肯定它有某一属性，如果没有此实体，就无由肯定它有某一属性。如花与美，谓此实为花，则可肯定它有“美”的属性；如果谓此实为他物，则不可肯定它有“美”的属性。如有实体而无谓，那万物就疑而不定了。

【原文】

见不见离，一二不相盈，广修坚白[①]。

【注释】

①此《说》依高亨校为：“见不见不离，一二相盈，广修，坚白。”

【译文】

石头中见到的“白”与不见的“坚”，不能相离，一二、广修都如此。

【原文】

举不重，不与箴[1]，非力之任也。为握者之觭倍[2]，非智之任也。若耳目异[3]。

【注释】

①举不重，不与箴：梁启超校为：“不，举重不与箴。”不：牒经标题。箴：鍼叚字，即针。

②为握者：谭戒甫云：“握是古时算法一种筹码。《汉书·律历志》说：‘算法：用竹径一分、长六寸、二百七十一枚而成六觚，为一握。’‘为’，使用，此引申释作‘认’。”觭：孙诒让云：“‘觭’当为‘觭’，形近而误，其读当为奇。《周礼·大卜》杜子春注云：‘觭，读为奇偶之奇。’《说文·角部》云：‘觭，角一俛一仰也。’《庄子·天下篇》云：‘觭偶不仵。’《经上》云：‘倍为二也，’觭倍者，觭为一，倍为二，与觭偶义同。”

③若耳目异：孙云：“谓视听殊用，各有所不能。”即耳不能见，目不能听，但仍不妨害他们各自是耳朵和眼睛。

【译文】

能举重的不能拈针缝纫，拈针不是有力人的职责，能认筹码的单双，但不是聪智人的职责。比如耳不能见，目不能听，但并不妨害它们是耳、是眼一样。

【原文】

木与夜孰长[1]？智与粟孰多？爵、亲、行、贾[2]，四者孰贵？麋与霍孰高[3]？

麋与霍孰霍[4]？蚵与瑟孰瑟[5]？

【注释】

①木与夜：“木”的长短是空间距离的“量”，“夜”是时间长短久暂的“量”，两者“量”不同，故不能相比。下面所举的例子都是“异类不吡”的。

②爵：官爵。亲：父母亲。行：德行。贾：商品价值。

③霍：即鹤。

④麋与霍孰霍：孙诒让云：“此句疑涉上句衍。”

⑤蚵与瑟孰瑟：高亨云：“‘蚵’与瑟孰瑟’疑当作‘蚵与瑟孰悲’，蚵蚵、悲瑟并形近而误。蚵疑与蜩一字，音义俱同。”

【译文】

木和夜谁长谁短？智和粟谁多谁少？爵位、父母、德行、价值等四者谁贵谁贱？麋与鹤谁高谁矮？蝉声与瑟声谁悲谁乐？（言物类不同不能比较）

【原文】

偏，俱一无变[1]。

【注释】

①俱一无变：方孝博云：“《经上》：‘同，异而俱之于一也。’可见本条《经说》所谓‘俱一’就是许多不同事物的一个集合体。就是‘总和’，也就是一个系统。物理学中常有‘封闭系统’的概念；系统内包含许许多多不同的物体，和系统外部环境不发生任何相互的作用，这个系统就是封闭的，孤立的，也就是墨经中‘俱一’的含义。对于一个封闭系统，物质只能在系统内部迁移变化，但整个系统的物质总量则守恒，也就是没有变更，所以说：‘俱一无变’。”

【译文】

偏，不同事物的一个集合体其总和不变。

【原文】

假[①]，假必非也而后假[②]。狗假霍[③]也，犹氏霍也[④]。

【注释】

①假：吴抄本无此字。

②后假：此“假”为假借，前一“假”，为虚假。

③霍：鹤的省文。

④犹氏霍：谭戒甫云：“‘犹’是玃父一类动物，形颇像狗。氏，与字同，俗言别号。”

【译文】

虚假的必定不是真的，然后才能假借。狗假鹤名，犹别号为鹤，但它们毕竟不是鹤。

【原文】

物，或伤之[①]，然也[②]。见之，智也。告之，使智也[③]。

【注释】

①或：指代有人。伤：伤病。

②然：所以然。

③使智：使之智。

【译文】

物，有人伤病，这是“所以然”，看见别人伤病，这是“所以知”，告诉别人伤病的原因，就是“使人知”。

【原文】

疑，逢为务则士①，为牛庐者夏寒②，逢也。举之则轻，废之则重，非有力也。沛从削，非巧也。若石羽③，循也④。斗者之敝也以饮酒⑤，若以日中⑥，是不可智也⑦。愚也。智与？以已为然也与？愚也⑧。

【注释】

①逢：亲眼目见。为务：忙于事务。

②牛庐：《说文·广部》云：“庐，寄也。秋冬去，春夏居。”即牛棚。

③若石羽：此三字依谭戒甫校，应移至“废之则重”后。

④循：因循事理。

⑤斗者：斗殴之人。敝：指斗殴后的狼狈样子。

⑥日中：孙诒让云：“日中谓市也。《易·系辞》云‘日中为市’，市以日中时为最盛。即《周礼·司市》所谓‘大市日昃而市’，故因谓日中。”此处指市场交易。

⑦智：通“知”。下同。

⑧愚：孙云：“依《经》当作‘过’也……谓已过之事。”

【译文】

疑，看见忙于做事的，就以为是士君子；看到盖牛棚的，就以为取其夏凉，这就是由于逢见产生的怀疑。举起羽毛则很轻，放下石头则很重，不必怀疑力的大小；刨木花从刨削得来，不必怀疑技艺的巧妙，这是因循事理的怀疑。斗

殴的人那种狼狈样子，是因为酗酒发生的呢，还是因为在集市买卖中发生的呢？这是不可知道的，这就是由于偶遇而产生的怀疑。对过去的事，是本来就知道，还是认为自己所做的事都是正确的？这是对已住的事产生的怀疑。

【极文】

合：（缺）

【原文】

俱，俱一，若牛马四足[①]。惟是，当牛马。数牛，数马，则牛马二；数牛马，则牛马一。若数指[②]，指五而五一。

【注释】

①若：比如。四足：指四只脚的兽。

②指：手指。

【译文】

俱，具有共同属性的一个类别，如牛和马都属于四足兽类；单独的实体，如牛和马本身就是。分开来数牛、数马，牛、马就是两个单独的实体。合起来数牛马，那就是属四足兽一类。如同数指头，分开数有五个单独的指头，合起来看就只有手指的一个整体概念。

【原文】

长宇，徙而有处[①]，宇[②]。宇[③]，南北在旦有在莫[④]，宇徙久。

【注释】

①徙：指物质运动。处：空间某一地点。

②宇：空间。

③宇：指地球的范围而言。

④南北在旦有在莫：刘昶云："南北二极，递见日光者各有六月，除暮光七十余日外，北旦三月半，即南暮三月半；南旦三月半，即北暮三月半，更相徙易，亘古如斯，故云'宇，南北在旦有在莫，宇徙久。'"墨子用此来说明空间和时间相互密切的关系。"有"：与"又"古通。"莫"：古"暮"字。

双系红陶壶（战国）

【译文】

长宇，物质运动过程中的每一瞬间必然是处在空间某一地点。如地球的南北二极，在同一时间，此为旦则彼为暮。所以，空间的变迁和时间的流动是紧密联系在一起的。

【原文】

不坚白：（缺）

【原文】

无坚得白[①]，必相盈也。

【注释】

①无：谭戒甫云："'无'，'抚'的省文，亦与拊同。"

【译文】

抚坚得白，二者必相含容。

【原文】

在，尧善治，自今在诸古也[1]。自古在之今，则尧不能治也。

【注释】

①在：察。诸：之。古：指古代的事物。

【译文】

在，说尧善于治理，是从今天的角度去考察古时的事物；如果从古时的角度来观察今天的事物，那连尧也不善于治理了。

【原文】

景，光至景亡，若在，尽古息[1]。

【注释】

①此《说》进一步说明《经》文中“改为”的含义。栾调甫云：“徙指物体自空间之此所徙至彼所，而影不动者，因影本由光线遇阻，改变光度而起差别所致。盖光自光源直射而来，一遇物体阻光前进，物所蔽处即无光，便与四周有光之处，明暗差别而成影。借令物徙，则前见影处，光无阻而至，影遂灭亡。若物不徙，则影永在，终古止息而不徙也。是故物体运动而人见其影，一若随之而动，其实皆光线改为也。”

【译文】

景，光线射到之处，影子就会消亡；若光源在，物不徙，则影永在，终古止息而不移。

【原文】

景，二光夹一光[1]，一光者景也[2]。

【注释】

①二光夹一光：后一“光”字疑由前一“光”字影响而误，当为“物”字。“二光夹一物”，此《说》是进一步说明《经》所说重影产生的原因，是由于二光源夹一物产生的影子才有重叠。

②一光者景也：一光源只能产生一个影子。

【译文】

景，两个光源夹着一物才能产生重影，一个光源只能产生一个影子。

【原文】

景，光之人煦若射[1]。下者之入也高[2]，高者之人也下。足敝下光，故成景于上；首敝上光，故成景于下。在远近有端与于光[3]，故景库内也[4]。

【注释】

①人：当为“入”之误，下文两“人”字，都当为“入”之误，形近而误。煦：当为“照”之误。

②下者之入也高：指物体的下面射入小孔的光线达到照壁的高处。

③于光：指物体被光线直线所射。

④库：《经上》：“库，易也。”此处是指物体的正像变易为倒像。

【译文】

景，光线照入小孔，如同箭一样直线射入。从物体的下面射入小孔的光线达到照壁的高处，而从物体的上面射入小孔的光线达到照壁的下面。如人足在下，遮蔽了下光，所以足影映在照壁的上方；人头在上，遮蔽了下光所以头影映在照壁的下方。总之，由于在物体的远处或近处有一小孔，同时物体被光线直线穿过小孔，所以影像就变易倒立在里面的照壁上。

【原文】

景，日之光反烛人[①]，则景在日与人之间。

【注释】

①反烛：反照。孙诒让云："日照于东则人景在西，今以西镜之光反烛人成景，则景又在东矣，故云'在日与人之间'。"

【译文】

景，太阳的光被某一平面镜所反射，光线的方向反转照在人身上，那么，人影就在太阳和人的中间了。

【原文】

景，木柂[①]，景短大。木正，景长小。大小于木[②]，则景大于木，非独小也，远近。

【注释】

①木：谓木立柱。
②大小于木：孙诒让云："疑当作'光小于木'。"

【译文】

景，以木立柱为例，立柱歪斜，影子短而大。立柱端正，影子长而小。光源比立柱小，则影子比立柱大。不独是光源的大小如此，光源的远近对影子大小也有影响。

【原文】

临，正鉴[1]，景寡[2]，貌能[3]、白黑、远近、柂正，异于光[4]。鉴景当俱[5]，就去尒当俱[6]，俱用北[7]。鉴者之臭[8]，于鉴无所不鉴。景之臭无数，而必过正[9]。故同处，其体俱，然鉴分。

【注释】

①正鉴：正面对着镜子而立。

②景寡：孙诒让云："疑当作'景多寡'。"即言影像的大小。

③貌能：能即態（态），指容貌仪态。

④异于光：都因被照的光体不同而不同。

⑤俱：都存在。

⑥就：靠近鉴面。去：离开鉴面。尒：毕沅云："'尒'疑'亦'字。"

⑦北：背道而驰。

⑧臭：《礼记·内则》："缨衿佩容臭。"方孝博云："容与臭连言，臭本是一种香物，因为可以用它来修饰仪容，就叫容臭；进一步就把'臭'代表容貌，是很可能的。"

⑨过正：指鉴中之影像与真实的容貌有差别。

【译文】

临，正面对着球面镜，镜内影像的大小、外貌形态、黑白明暗、距离远近、斜倒正立，都因所照的物体不同而不同。镜子和影像总是同时存在的，物体靠近或离开镜面，影像也同时靠近或离开，并且物体和影像是背道而驰的。凡照镜子物体的容貌都会在镜子中反映出来。各种物体在镜中的影像无数，但与真实的样子总有一定差别。若是凹凸不平的镜面，同一形体站在同一处，在镜中会形成几个不同的影像。

【原文】

鉴，中之内①，鉴者近中，则所鉴大，景亦大②。远中，则所鉴小，景亦小，而必正③。起于中缘正而长其直也④。中之外⑤，鉴者近中，则所鉴大，景亦大⑥。远中，则所鉴小，景亦小，而必易⑦。合于中而长其直也。⑧

【注释】

①中之内："中"，指焦点。中之内，即焦点与镜面之间。

②鉴者：照镜的人。近中：靠近焦点。所鉴：即"所照"，也是指照镜的人。此句讲：当人立在焦点与镜面之间，如他靠近焦点，从"中"这个角度看，他则大，所以镜内的影像也大（如图一中的人AA和像A′A′）

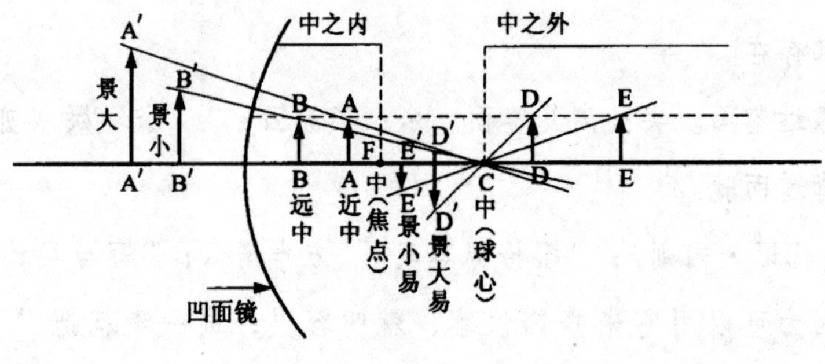

图一

③必正：影像总是正立的。此句讲：如此人远离焦点，从"中"这个角度看，他则小，所以镜内的影像也小。（如图一中的人BB和像B′B′）但只要人立在焦点之内，影像总是正立的。

④"起于中"句：方孝博云："'起于中'意谓从焦点F和球面中心C开始（如图二所示），光线射向镜面；'缘正'意谓这两条光线进行方向约略与镜面正交；'长'意谓向镜后延长之；'直'就是'值'字，是相交的意思，意谓这两条光线向镜后延长相交，就在镜后面构成了与物点相当的像点了。"

⑤中之外：此“中”为球面中心。（见图一）

⑥此句讲：当人立在球面中心以外，人体靠近球心，则所照见的人体大，影像也大。（如图一中人 DD 和像 D′D′）

⑦必易：其人像必变易倒立。（如图一中人 EE 和像 E′E′）。

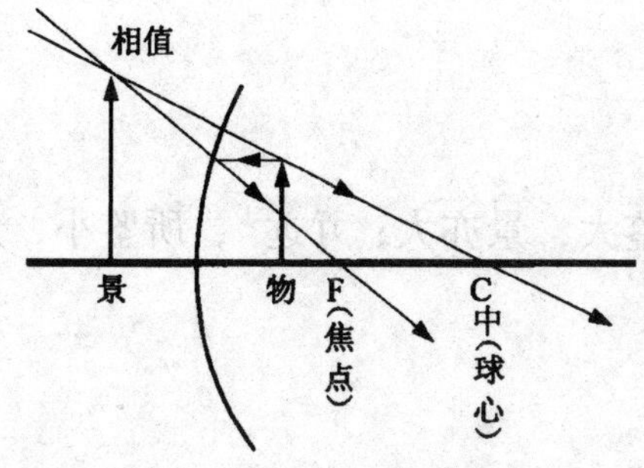

图二

⑧“合于中”句：方孝博云：“意谓从物体发出的光线通过焦点和球面中心的都向着中（焦点和球面中心）之间汇合，延长之后相交，即得和物点相当的像点了。”（如图三所示）

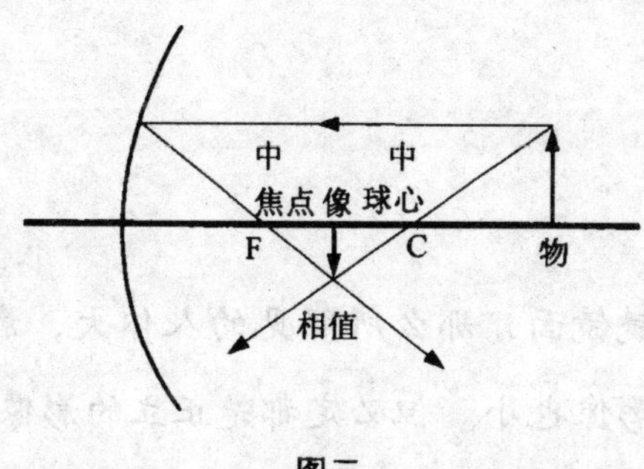

图三

【译文】

鉴，当人立在焦点与镜面之间时，如果他靠近焦点，从“中”这个角度看，他体大，所以镜中的影像也大；如果他远离焦点，从“中”的角度看，他体小，所以镜中的影像也小，但影像必定都是正立的。这是因为人体发出的光线从焦点和球面中心开始，射向镜面，这两条光线的进行方向约略与镜面正交，向镜后延长相交的缘故。当人立在球面中心之外，人体靠近球心，从“中”的角度来看，他体大，所以影像也大；如果他远离球心，从“中”的角度来看，他体小，所以影像也小。但影像必定都是变易倒立的。这是因为人体发出的光线通过球心与反射到镜面的光线通过焦点向中间（焦点和球面中心之间）汇合，引长相交的缘故。

【原文】

鉴，鉴者近，则所鉴大，景亦大；亓远[①]，所鉴小，景亦小，而必正。景过正故招[②]。

【注释】

①亓：王引之云：“‘亓’，古‘其’字。”

②景过正，故招：孙诒让将“故招”二字，校入下句，不可通。此句是墨者推测物体距镜过近或过远，可能会出现过正的状态（倒像），因而摇晃不定（看不清了）。

【译文】

鉴，人体靠近凸面镜镜面，那么所照见的人体大，影像也大；距离凸面镜远，所照见的人体小，影像也小。但必定都是正立的影像。（人体距镜面过近或过远），影像则超过正常状态就摇晃不定（而看不清了）。

【原文】

负，衡木[①]，加重焉[②]，而不挠，极胜重也[③]。右校交绳[④]，无加焉而挠，极不胜重也。

【注释】

①衡木：桔槔的横木杆。“桔槔”是我国古代劳动人民创造的一种井上汲水

的工具，在井旁树上或架子上用绳子挂一杠杆（衡木），一端系水桶，一端坠重物，一起一落，汲水可省力。

②加重：指水桶汲井水加重。

③极：指固定在标端的重物。

④右校交绳：将横木与树或架子的交绳向右移。

【译文】

负，桔槔的横木杆，一端的水桶汲水加重而不偏翘的，是因为标尾捆绑的重物能胜任重量。如果把桔槔的立柱与横木的绞绳往右移，不汲水加重量而会偏翘的，是因为标尾捆绑的重物不能胜任本端的重量。

【原文】

衡，加重于其一旁，必捶①。权重相若也相衡②，则本短标长③。两加焉，重相若，则标必下④，标得权也。

【注释】

①捶：梁启超校为“垂”，即下垂。

②权：称锤。

③本：支点到重点（称的重物）的距离。标：支点到称锤这个力点间的距离。

④下：向标尾一方下垂。

【译文】

衡，秤处于平衡状态时，无论在本端，还是在标端略加一重量，立即会向加重的一方下垂。标端的权和本端的重物处于相应的位置时，可获得平衡，那一定是本短标长。两边同时加一重量相等之物，则标端必下垂，这就是所谓的

"标得权"。

【原文】

挈，有力也；引，无力也[①]。不正[②]，所挈之止于施也[③]。绳制挈之也[④]，若以锥刺之。挈，长重者下[⑤]，短轻者上[⑥]，上者愈得[⑦]，下下者愈亡[⑧]。绳直，权重相若，则正矣[⑨]。收，上者愈丧，下者愈得，上者权重尽[⑩]，则遂挈[⑪]。

【注释】

①引：重物被绳索垂直地悬系着，不用人用力往下拽，也会往下落。看来墨者当时似乎已感到有某一种力在往下拽，但还未发现地心的引力。故云："引，无力也。"意谓：引，是不要人去用力拽的。

②正：毕沅云："旧作心，以意改。"此处从谭戒甫校为"必"。

③施：即"扡"字，斜也。此处代表斜面。我国古代劳动人民创造两种向上提物的方法。一是利用斜面往上提，一是利用滑轮往上升。

④制：製的省文，牵曳也。

⑤下：向下运动。

⑥上：向上运动。

⑦得：接近高处，得以提升。

⑧下下：衍一"下"字。亡：丧失，指下降的一边愈来愈丧失其高度。

⑨正：当为"止"字误，静止。

⑩尽：指一端的"权"上升到顶点，一端的重物下降到地面。

⑪挈：提挈下来。

【译文】

挈，提物上升，是要用力拉动滑轮绳；重物被滑轮绳索垂直地悬系着，是无须人去用力的。要提升重物不一定仅只将重物放在斜面上来运输，也可以用绳索穿过滑轮牵曳来提升，这就像锥子刺穿物一样省力。提物上升，滑轮绳子长挂着石头之类重物的这头向下运动，绳子短挂轻物的那头向上运动，向上的那头愈来愈提到最高点获得成功，向下的这头则愈来愈丧失原来的高度而落地。如果滑轮的绳索垂直，一头所捆绑的石头之类与另一头所挂的物体重量相等，那就静止不动了。取物下落，向上那头的"权"愈来愈丧失原来的低点，向下的重物这头就愈来愈接近地面而获得成功，向上的那头"权"上升到顶点，重物落到地面，滑轮的作用到此而完成。如果要再使用它，就得用人力把重物挈下。(那端的"权"就会自动地坠落下来)

【原文】

两轮高，两轮为輲①，车梯也。重其前②，弦其前③。载弦其前④，载弦其軲⑤，而县重于其前⑥。是梯，挈且挈则行⑦。凡重⑧，上弗挈，下弗收，旁弗劫⑨，则下直⑩。扡，或害之也⑪。汖梯者不得汖⑫，直也。今也废尺于平地⑬，重不下，无膀也⑭。若夫绳之引軲也，是犹自舟中引横也。倚，倍、拒、坚、⑮躲，倚焉则不正⑯。

【注释】

①端（船）：古代载棺柩的车子叫作"輲车"。《礼记·杂记上》："载以輲车。"郑玄注："輲，读为辁……许氏《说文解字》曰：'有辐曰轮，无辐曰辁'。"此处言"两轮为輲"，是指车梯的前面两轮为"輲"，即小而无辐的车轮。

②重：重心。

③弦：绳。此处作动词用，言系一根绳在车梯前面。

④载弦其前：孙诒让云："涉上下文而衍。"当删。

⑤载：语助词。軲：孙诒让云："軲，疑为'前胡'之叚字。《周礼·大行人》侯伯'立当前侯'，注：'郑司农云：前侯，驷马车辕前胡，下垂拄地者'，

是也。胡在车前，与此上文正合。”方孝博言：“兽颔下垂者为胡，车前绳索下垂则为軲。”

⑥重：重物。

⑦挈且挈：方孝博云：“此处连续用两个‘挈’字，前一个‘挈’字指提挈绳端重物而去之，后一‘挈’字指挈车的前端离地而起，文字异常简妙周密。”

⑧凡：大凡。重：重物。

⑨劫：强推用力。

⑩下直：垂直自由下落。

⑪害：限制、阻碍。

⑫沶梯者不得沶直也：此句中第一个“沶”字，据毕沅云：“《公羊传》桓十年有云‘沶血’，陆德明《音义》云：‘古流字’。”此处引申为滑动。第二“沶”字，毕沅云：“旧作‘沶，据上改。’”沶，即“下”的繁文。

⑬废：放置。尺：孙诒让云：“疑当为石。”

⑭蹄：即旁。此指从旁作用的力。

⑮倚：偏倚。倍：即背，此指背负重物。拒：撑拒。坚：孙诒让云：“坚当作挐，……与‘牵’通。”

⑯绌：谭戒甫云：“毕谓唐宋字书无‘䠶’字，按‘射’篆作射疑右偏‘寸’以形似误为‘出’耳。射者张弓射物，身心偏倚。”

【译文】

后面的两轮高而有辐条，前面的两轮小而无辐条，这就是车梯。它的重心在车身前面，车前又装有绳索，绳索下垂，并悬挂一重物。这种车梯，提起悬挂的重物甩掉，同时提起车前的輲，这样车梯就能行走了。大凡重物，不往上提举，不往下拽取，也不从旁强推使力，那么就会垂直下落；若有偏斜，就要受到限制阻碍了。沿着车梯斜面滑动就不能垂直落下。现在放置一块石头于平面上，虽有重量，但不垂直下落，是因为没有从旁作用的力。人背负绳索牵引车梯的车轱，这就犹如用绳索牵引着水面上船只前面的横木一样。偏倚有以下一些情况：如背负，撑拒、牵引、射箭等，偏倚就不端正了。

【原文】

谁[①]，跰石絫石耳[②]。夹帝者法也[③]。方石去地尺[④]，关石于其下[⑤]，县丝于其上[⑥]，使适至方石，不下，柱也。胶丝去石[⑦]，挈也。丝绝[⑧]，引也[⑨]。未变而名易[⑩]，收也。

【注释】

①谁：据《经》文，此应为“柱”，牒经标题。《经》误作“推”，《说》又误作“谁”。

②跰：“并”的繁文。絫：同“垒”。

③夹帝者：《尔雅·释宫》：“室有东西厢曰庙。”郭注：“夹室，前堂。”又云：“无东西厢，有室曰寝。”《集韵》：“寝，古作帝。”此处言修筑前堂和寝室。法：法则、道理。

④去：离开。

⑤关：谭戒甫云：“关，同贯。”即“塞进”。

⑥丝：绳。

⑦胶丝：用绳胶捆住方石。

⑧绝：断。

⑨引：引力。

⑩名：谭戒甫校为“石”。

【译文】

柱，将石头并排堆垒，垒砌成夹室寝室而不坍倒，都是根据这个道理。将一块方石离地一尺，塞进一石于方石之下，再悬挂一根绳子在方石的上面，它的下端刚至方石，此方石虽未受绳索的挈力仍不下落，这是因为下面塞进的石头支撑的缘故。如果用绳子将方石胶捆，再去掉下面塞进的石头，此时方石仍不下落，是因为绳索上面提挈的缘故。如果绳子断绝，方石下落，这是引力的缘故。如果绳子未断而方石的位置变易，那就一定是有收拽的拉力的缘故。

【原文】

买，刀籴相为贾[①]。刀轻则籴不贵，刀重则籴不易[②]。王刀无变[③]，籴有变，岁变籴则岁变刀。若鬻子[④]。

【注释】

①刀：毕沅云："刀谓泉刀。"战国时多铸泉刀，当时货币。籴：指谷物。

②易：谭戒甫云："易，偒的省文。《说文》训'偒'为'轻'，义与'贱'同。因为战国所铸的刀钱，有轻有重。轻刀易于携带，人民乐用；反之，重刀为人所厌苦。《汉书·食货志》云：'或用轻钱，百加若干；或用重钱，平称不受。'意谓轻钱贵，每百加轪子（俗称谓'补水'）若干；重钱贱，不肯平价兑换。"

③王刀：王者铸造的钱币。

④鬻：卖。

【译文】

买，钱币和谷物相互为价。钱币的价值高谷物就不贵，钱币价值低谷物就不贱。王者所制的法钱不变化，而谷物的价格有变化。年岁因丰、欠的变化而改变谷物的价格，那么年岁因丰、欠的变化也会改变钱币的价值，所以荒欠年会出现卖儿女的现象。

【原文】

贾，尽也者，尽去其以不雠也[1]。其所以不雠去，则雠。缶贾也宜不宜[2]，缶欲不欲。若败邦鬻室嫁子[3]。

【注释】

①其：孙诒让云："'其'下，据下文亦当有'所'字。"

②缶贾：即正价。谭戒甫云："货物有价格，价值之分。价格即正价，价值即时价。正价是一种固定之价，不随时涨跌的。"

③败邦：战败的国家。子：同"女"。

【译文】

贾，所谓"尽"，就是指那种种不能售出的原因尽数去掉了。种种不能出售的原因去掉了，那就可以出售。正价合宜不合宜，取决于买的人想要不想要，好比战败国出卖房屋、出嫁女儿一样（要贬值）。

【原文】

无，子在军不必其死生[1]，闻战亦不必其生[2]。前也不惧，今也惧。

【注释】

①不必：不能断定。

②闻战：听说战争爆发。

【译文】

无，儿子在军中，不能断定他的生死，听说战争爆发了也不能断定他是否活着。先前不惧怕，现今却害怕了。

【原文】

或，知是之非此也[1]，有知是之不在此也[2]，然而谓此南北，过而以已为然。始也谓此南方，故今也谓此南方。

【注释】

①知是之非此：知道这里（是南方）不是这个（北方）。墨家当时以为“宇”自南向北移徙，所以用南北作喻。地理上的南、北区域并不是固定的，因“宇”不停地“徙”，自然南、北在不停地变化。我们早上所指的南方已经不是晚上指的南方了。

②有：又。

【译文】

或，知道这里（是南方）不是这个（北方），又知道这个（北方）不在这个（南方），然而却说这里是南方或是北方，以过去的已然为现在的当然。开头说这里是南方，所以现在仍然称这里为南方。

【原文】

智论之[1]，非智无以也。

【注释】

①智论之：以“智”辩论。

【译文】

有人既以其“智”与人辩论，而又无智，这显然自相矛盾，没有理由。

【原文】

谓，所谓非同也，则异也。同则或谓之狗，其或谓之犬也。异则或谓之牛，牛或谓之马也[①]。俱无胜，是不辩也[②]。辩也者，或谓之是，或谓之非，当者胜也。

【注释】

①牛：孙诒让云："'牛'字疑当为'其'，与上句文例同。"

②不辩：不构成"辩"。

【译文】

谓，所谓不是同，那就是异。例如见到一只狗，有人说"这是狗"，有人说"这是犬"，这两人说的全同，是"两可"而"无胜"的。有人说"这是牛"，有人说"这是马"，两人所说异，两句话也都不正确，这是"两不可"而"无胜"的。上面所举虽都是"无胜"的例子，但它们本来就不成为"辩"啊！所谓"辩"，或是说它是什么，或是说它不是什么，恰当的一边胜利。

【原文】

无，让者酒，未让，始也[①]，不可让也。若殆于城门与于臧也[②]。

【注释】

①始：据《经》文，当作"殆"。

②臧：谭戒甫云："臧作葬解。"此句原错简在"尧之义"条最后，孙诒让校移至此。

【译文】

无，礼让的是敬酒饮酒，不礼让的是"殆"，路途狭仄是不可以礼让的。

例如城门狭仄和丧葬拥挤，都是不可礼让的。

【原文】

于，石一也①，坚白二也，而在石②。故有智焉③，有不智焉，可。

【注释】

①石一：指石头是一个整体。

②在：存在。

③智：同“知”。

【译文】

于，石头是一个整体，坚硬和白色是它的两种属性，统一存在于一块石头之中。所以有被知晓的，有不被知晓的，这是可以理解的。

【原文】

有指，子智是①，有智是吾所先举②，重③。则子智是，而不智吾所先举也。是一④。谓“有智焉，有不智焉”，可。若智之⑤，则当指之智告我，则我智之。兼指之⑥，以二也。衡指之⑦，参直之也。若曰“必独指吾所举，毋举吾所不举”，则者固不能独指。所欲相不传⑧，意若未校⑨。且其所智是也，所不智是也。则是智是之不智也⑩，恶得为一⑪，谓而有智焉，有不智焉。

【注释】

①智：同“知”。是：这个，指代“白”或“坚”。

②举：提出。

③重：二。指二者都知。

④一：知其一。

⑤若：第二人称代词，你。

⑥之：指代“坚”与“白”。

⑦衡：同“横”，与下文“直”相对。

⑧所欲相不传：孙诒让云：“‘相’疑亦‘指’之误。”“所欲指不传”，此句接上句“则者固不能独指”，即这本来就不能单独指示，如独指“坚”，所欲指的“白”不传；如独指“白”，所欲指的“坚”不达。

⑨校：谭戒甫云：“校，犹言彰明较著。”

⑩是之：谭校为“之是”，“之”同“与”。

⑪恶：何。

【译文】

有指，你知道这个白（或坚），又知道这是我先提出来的，这是二者都知。若你知道这个白（或坚），而不知道这是我先提出来的，这是知其一。说“有的被知晓，有的不被知晓”，是可以理解的。你所知道的，就应当把它指示出来告知我，那么我也就知道它了。兼指坚和白，那只是二；若横指坚白二属性，直指石头这一整体，那就是三了。如果说“必须单独指示出我所举的，不要举出我所不举的”，那么，这本来就不能单独指示，如独指“坚”，所欲指的“白”则不传；如独指“白”，所欲指的“坚”则不达。坚、白、石三者的意义如此不能明确。况且你所知道的是这个“白”（或“坚”），所不知道的是这个“坚”（或“白”），那么，“此知”与“此不知”是二，怎么是一呢？所以说有的被知晓，有的不被知晓啊！

【原文】

所，春也，其執固不可指也[①]。逃臣不智其处[②]，狗犬不智其名也[③]。遗者，巧弗能两也[④]。

【注释】

①“春也”句：张惠言云：“‘埶’疑当为‘埶’，与‘势’同。”张又云：“言春之在时不可指。”张纯一案：“张说是也。《礼乡·饮酒》云‘春之为言蠢也。’郑注云‘蠢，动生之貌也’。”故此句意：如春之蠢动，人知之而莫能指之。

②“逃臣”句：张之锐云：“逃亡臣仆，虽知其人，而不能指其逃亡之处。”

③“狗犬”句：谭戒甫云：“因为犬类极繁而形多同，有名号的极少，故难于明晓。”

④“遗者”句：孙诒让云：“‘两’疑当为‘网’，或作‘罔’。《孟子·公孙丑》篇：‘以罔市利’，赵注云：‘罔罗而取之’。‘网’与‘两’形近而误。言人偶有遗物，虽使至巧罔罗索取之，不能必得也。”

【译文】

所，如春之蠢动，人能知之而不能指示出来；逃亡臣仆，虽知其人，而不能指其逃亡之处；狗犬类繁，不可能尽知其名；人们偶有遗失之物，虽使至巧罔罗索取之，也不能必得。

【原文】

智，智狗，重，智犬，则过。不重则不过①。

【注释】

①此《说》依谭戒甫校为：“智狗不重智犬，则过；重则不过。”

【译文】

智，知道狗不能重复知道犬，这是过错了；知道狗又重复知道犬，那就没有过错了。

【原文】

通，问者曰："子知𩣡乎[①]？"应之曰："𩣡何谓也？"彼曰："𩣡施。"则智之。若不问𩣡何谓，径应以"弗智"，则过。且应必应，问之时若应，长应有深浅。大常中在，兵人，长所[②]。

【注释】

①𩣡：谭戒甫云："𩣡，即的讹体，这是把网变作西、把绊马足的变作凡而又从下移到右边的缘故。因为绊马足用革，故其字改作羇。后又写作羈，变为形声字，马的原形不见了。𩣡施，此当写作羈施，假借为旖施。"

②"且应必应……长所"：这段话据谭戒甫校："且'应'必应'问'之时。若应'长'，应有'深浅'、'大小'，不中；在'兵'人'长'。"谭云："'大小'不中，原误作'大常中'，此因篆文二字误合写作一个𡗜字。兵(长)，原误作'兵'，兹并据曹耀湘改。"谭又云："'长'，音掌。不中，不得。兵，本是'长'的古文。长人，犹云长者。此'长人长'，和《孟子·告子》篇的'长人之长'相同。"

【译文】

通，有人问："你知道'羈'吗？"答道："'羈'是什么？"他说："'就是'羈施'。"那就知道了。如果不问"羈"是什么，就径直回答"不知道"，这就是过错了。并且回答问题一定要在提问的时候。比如回答一个"长"字，却回答有多深多浅、多大多小，这就不中肯了，因为问的是"长者"的"长"。

【原文】

室堂，所存也。其子，存者也。据在者而问室堂[①]，恶可存也？主室堂而问存者[2]，孰存也？是一主存者以问所存，一主所存以问存者。

【注释】

①在：与“存”义同。

②主：根据。

【译文】

居室厅堂，是人们所存在居住的地方。他的儿子，是存居的人。根据存居的人来问居室厅堂，应该问“何处可存居”呢？根据居室厅堂来问存居的人，则应问“谁在居住”呢？这个一是根据存居的人来询问存居的地方，一是根据所存居的地方来询问存居的人。

【原文】

五合，水土火，火离然[1]。火铄金，火多也。金靡炭，金多也[2]。合之府水，木离木[3]。若识麋与鱼之数，惟所利[4]。

【注释】

①此句依范耕研校：“五，金水土火木离。”“然”字为下句首字。此句言构成物质的五种元素金、水、土、火、木是相互分离、独立的。但是常常发生关系，下即举例说明相互之间的关系及环境、条件。

②铄：销，即熔化。靡：灭，即耗尽。“火铄金，火多也”，言火多金少时，火可以熔化金。反过来，“金靡炭，金多也”，金多炭少时，大量的金就可以耗尽炭火。这个例子有力地驳斥了“火常胜金”的说法。火能否胜金，要看条件，故云“五行不常胜”。

③合：当为“金”。府：毕沅云：“府疑同腐”，引申为“刻”。水：道藏本、吴抄本作“木”，当为“木”。“木离木”，依范校为：“木离火”。“离”，

同“罹”，遭遇。此句言：金能刻木，但火亦能烧毁木。此例说明“五行”中，绝不是固定“某行”常胜“某行”。

④识：认识、知道。麋：鹿类动物，居住于山。数：道理。所利：所宜。

透雕蟠螭纹青铜镜（战国）

【译文】

五，金、水、土、火、木五行相互分离独立。然而，火能熔金，是由于火多；金能耗尽炭火，是因为金子太多。金能刻木，火也能烧毁木。如同我们知道麋鹿长居于山，鱼长潜于水的道理，只因为环境、条件适宜罢了。

【原文】

无，欲恶伤生损寿，说以少连[①]，是谁爱也[②]？尝多粟，或者欲，不有能伤也。若酒之于人也，且恕人利人，爱也[③]，则唯恕，弗治也[④]。

【注释】

①少连：《礼记·杂记》篇：“少连，大连善居丧。”少连，古贤人，与柳下惠齐名。

②谁爱：即爱谁。

③且恕人利人，爱也：伍非百校为：且恕不利，不爱也。

④弗治：伍非百云：“弗治，犹言弗求。《经上》曰：‘治，求得也’。”

【译文】

无，欲望、厌恶不适宜就可能伤害身体减损寿命。就拿善于居丧的少连来说，他究竟能爱谁呢？比如吃粟或是人的欲求，吃多了，不又伤胃吗？又如酒对于人来说是不利的，但人们却爱它，然则知道不利，就不求了。

【原文】

损，饱者去余，适足，不害。能害，饱，若伤麋之无脾也[1]。且有损而后益智者[2]，若疟病之之于疟也[3]。

【注释】

①麋：谭戒甫云："麋，字同糜。按《说文》有'鬻'，即糜的本字，俗省作粥，亦呼稀糜粥。《释名释饮食》：'糜，煮米使糜烂也'即是。"伤麋：言多吃糜粥而受伤害。

②益智：谭校为"智益"，即"知益"。

③之之：曹耀湘校为"之止"。

【今译】

损，过饱的人去掉多余的食物，恰好足够，就不为害。能害人的，是过饱，比如多吃糜粥而伤害了脾胃，就和没有脾胃一样了。且有先是减损，而后才知道是有益处的，如人患疟疾而去掉了疟疾一样。

【原文】

智，以目见，而目以火见，而火不见。惟以五路智久不当。以目见，若以火见。

【译文】

智，人们用眼睛见事物，而眼睛凭借火光看事物，但火光本身是看不见事物的。只凭借五官去认识长久时间内的事物是不恰当的。凭借眼睛认识长久时间内的事物，就如同用火光去看事物一样。

【原文】

火，谓火热也，非以火之热，我有若视曰智[①]。

【注释】

①此《经》后两句，依曹耀湘校为："非以火之热我有，若视日。""曰"为"日"之误，"智"为下面《经说》的牒经标题。

【译文】

火，说火本身是热的，不是因为火气使我感到热才具有热性，比如看到太阳就感到热一样。

【原文】

杂所智与所不智而问之[①]，则必曰："是所智也，是所不智也。"取去俱能之[②]，是两智之也。

【注释】

①杂：夹杂在一起。

②取去：取舍。

【译文】

夹杂所知的和所不知的一起去问人，别人则一定会说："这是我所知道的，这是我所不知道的。"取什么舍什么都知道，这就是"两知"了。

【原文】

无，若无焉[①]，则有之而后无。无天陷，则无之而无。

【注释】

①焉：谭戒甫云："'焉'是黄色鸟，亦名黄凤，字又作翳、鹥、鷖等。《论语·子罕》篇：'凤鸟不至。'《墨子·备城门》篇也说：'由圣人之言，凤鸟之不出。'那都是慨叹古有凤而今已无，故说'有之而后无'。"

【序文】

无，比如现在说没有黄凤鸟，那是古时有而现在没有的。又如现在说没有天陷，那是古时本来就没有而现在也没有的。

【原文】

擢，疑无谓也。臧也今死，而春也得文文死也可[①]，且犹是也[②]。

【注释】

①臧、春：都是仆役的名字。文文：孙诒让校为"之又"，此句为"而春也得之又死也可。"

②且：将来。

【译文】

擢，疑惑就是没有事实的必然。奴仆臧现在得这种病死了，而奴仆春又得这种病，也会死的，这样推断是可以的。将来还是这样。

【原文】

且然，必然。且已，必已[①]。且用工而后已者[②]，必用工而后已。

【注释】

①已：完成、结束。

②工：同“功”。

【译文】

且然，将要这样，一定这样。将要结束，一定成功。将要用功而后结束的，一定努力干而后完成。

【原文】

均，发均县[①]，轻重而发绝[②]，不均也。均，其绝也莫绝。

【注释】

①县：古“悬”字。

②轻重：指悬挂的物体时轻时重。

【译文】

均，一丝头发均衡地悬挂物体不会断绝，如时轻时重头发就会断绝，因为破坏了头发的均衡状态。状态均衡，其断绝的地方也不会断绝了。

【原文】

尧霍[①]，或以名视人[②]，或以实视人。举友富商也，是以名视人也。指是臛也，是以实视人也。尧之义也，是声也于今，所义之实处于古。[③]

【注释】

①霍：据谭戒甫移至“指是臛也”句中“指”字下。即“指霍是臛也”。谭云：“霍，鹤之省文。臛，霍之繁文，亦即鹤字，或此特加偏旁以别之耳。”

②视：与“示”同。

③之后有“若殆于城门与于臧也”句。据孙诒让校云：“审校文义，疑当

在上文‘无让者酒，未让，始也，不可让也’之下”。已移至“无让者酒”条。

【译文】

尧，有时用名声示人，有时用事实示人。比如提出“友是富商”，这是用名声来示人；指出“鹤是此鹤”，就是用事实来示人。唐尧的义利，其声名流芳至今，而他所行义利的事实却出现在古代。

【原文】

狗，狗犬也[①]，谓之杀犬[②]，可，若两膍。

【注释】

①狗犬也：此处应为：“狗，犬也。”
②之：指代杀狗。

【译文】

狗，狗是犬，说杀狗为杀犬，是可以的，如同人身的两髀一样。

【原文】

使，令使也。我使我，我不使亦使我。殿戈亦使，殿不美亦使，殿[①]。

【注释】

①此《说》错字太多，义不可通，依谭戒甫校为：“使，令使也。义使，义；义不使，亦义。使役，义亦使役，不义亦使役。”令使：上级号召征用。

【译文】

使，就是上级号召征用。正当的使役，是正当的；正当的不使役，也是正当的。而役使呢，正当的使役，不正当的也使役。

【原文】

荆沇[1]，荆之贝也[2]。则沇浅非荆浅也。若易五之一[3]。

【注释】

①荆：应为牒经标题，所以应和“沇”分开。沇：当为“沅”，大泽。下同。

②贝：当为“有”之误。拥有。

③若易五之一：张纯一云：“言荆与沅，若五与一之比。”

【译文】

荆，沅泽为楚地拥有，然则沅泽浅而不是楚地浅，楚地与沅泽就像五与一之比。

【原文】

以楹之抟也[1]，见之，其于意也不易[2]，先智意相也[3]。若楹轻于秋[4]，其于意也洋然[5]。

【注释】

①抟：圆。

②意：臆断。易：改变、更易。

③“先智”句：此句标点有误。应为：“先智。意，相也。”相：想象。

④秋：孙诒让云：“秋当读为萩。”萩，古书上说的一种蒿类植物。

⑤洋然：茫然，无知的样子。

【译文】

以为柱子是圆的，亲自去看，这个臆断不可改变的话，这是先知。所谓臆断，就是想象。假若说柱子比蒿草还轻，这种臆断就茫然无知了。

【原文】

段、椎、锥俱事于履[1]，可用也。成绘屦过椎[2]，与成椎过绘屦同，过件也[3]。

【注释】

①段：《说文·殳部》云：“段，椎物也。”椎：《说文·木部》云：“椎，击也，齐谓之终葵。”锥：《说文·金部》云：“锥，锐也。”以上三者，是古代制鞋必用的工具，所以说“俱事于履。”

②绘屦：彩绣的鞋子。

③件：依《经》当作“仵”。

【译文】

段、椎、锥都是制造鞋子的工具，这个臆断是正确可用的。但如果说做成彩绣的鞋子要经过椎子击打，和制成椎子也要经过彩绣鞋子绘画是相同的，那这个臆断就是错误不可用的。

【原文】

一，五有一焉[1]，一有五焉[2]，十，二焉[3]。

【注释】

①五：指个位上的“五”。

②一：指十位数上的“一”。

③十，二焉：指“十”中有两个“五”。

【译文】

一，个位上的“五”之中含“一”，十位上的“一”中含有“五”。比如“十”，就含有两个“五”。

【原文】

非，斫半，进前取也[①]。前，则中无为半，犹端也。前后取则端中也[②]。斫必半，毋与非半[③]，不可斫也。

【注释】

①进前取：此言“斫半”的第一种方法：“前，则中无为半，犹端也。”方孝博云：“设有一直线段 ab，从它的 a 端开始向 b 端前进，进到全长的一半 c 处就斫而去之，剩余的 cb 是全长的一半；再如前法取 cb 的一半 cd 斫而去之，剩余 db 是全长的 1/4；再如前取法……照这个方法继续前进斫取至无穷多次，最后必将达到线的最前端 b 点，这一点是最前的端点。‘无序而最前’，不可能从其中再取半，也就是无从斫了。所以说‘前，则中无为半，犹端也’。”

②前后取：此言“斫半”的另一种方法。方孝博云：“线上任何地方都有‘端’点存在，不仅仅两端才是‘端’。因之斫取的方法除上面叙述的‘进前取’而外，还可以‘前后取’。……‘前后取’则是从线的两端 a 和 b 同时向线的中央斫取。……不断地向中央斫取至无穷多次，最后必将达到线段的正中央一点，没有广狭厚薄长短，不可能再取其半而斫去之，这就是位于线的中央的‘端’了。所以《经说》言‘前后取，则端中也’。”

③毋：同“无”。

【译文】

非，将线段折取一半的方法有两种：一种是“进前取”法，不断地向前折取线段的中点至无穷多次，最后必将不能再折半，这就是端点了。另一种是“前后取”法，这种方法剖取的端点就在线段的正中央。剖取必定是取其半而去之，“无半”和“非半”，都是不能剖取的。

【原文】

可，无也，已给①，则当给不可无也。②。

【注释】

①给：具备。

②之后有“久有穷无穷”句：孙诒让云：“此五字与上下文皆不属，……疑当在后‘民行修必以久也’之下，而误错在此。”已移。

【译文】

可，没有的，已经具备，就应当说具备了，不能再说没有。

【原文】

正，九①，无所处而不中县②，抟也。

【注释】

①九：孙诒让云：“今以文义校之，当是‘丸’之形误，谓正圜之丸。”《说文》：“丸，圜也，倾侧而转者。”

②县：即悬。方孝博云：“指悬点，而在此处指支点，就是圆球和平面的接触点。由图可见：无论球体回转到什么位置，通过球中心 c 的铅垂线恒能过球

与平面的接触点o，所以说‘无所处而不中县’。”（如图）

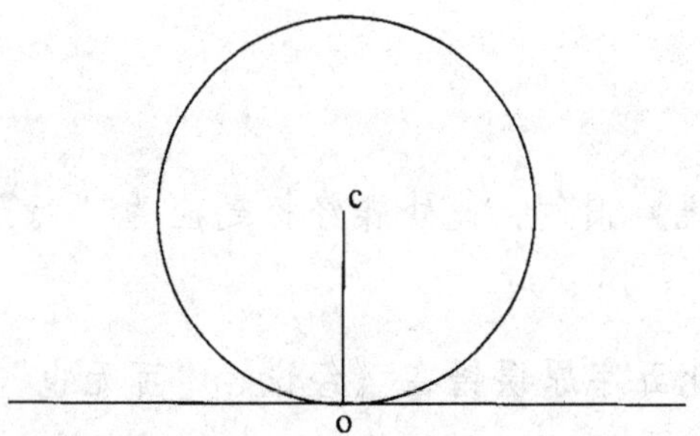

【译文】

正，球丸，无论它回转到什么位置，通过球中心的铅垂线恒能过球与平面的接触点，因为它是圜形体。

【原文】

宇[①]，伛不可偏举[②]，字也[③]。进行者先敷近[④]，后敷远。

【注释】

①宇：牒经标题，原倒误在“伛”字下，据梁启超校正。

②伛：区的繁文，指某一区域。

③字：孙诒让云：“‘字’当作‘宇’。”

④进行者：指在宇内进行的人。这是以某一起点为坐标的，所以先举步处为近，后举步处为远。所以说“先敷近，后敷远。”

【译文】

宇，在无穷的宇中不能偏举某一区域来代表空间全量。在宇内某一区域行进的人，则以先举步为近，后举步为远。

【原文】

行者[①]，行者必先近而后远。远近修也，先后久也。民行修必以久也。久有穷无穷[2]。

【注释】

①行者：按《经说》惯例，此处牒经标题应为“行”，多“者”字，疑因下文而衍。

②久有穷无穷：此五字原误错在《经说》“可无也”条后，据孙诒让说移至此。

【译文】

行，行走的人必然是先到近处而后才能到达远处。远近，是指路程的长短；先后，是指时间的久暂。人们走远路必定要花费很久的时间。时间是有穷然又无穷的。

【原文】

一[1]，方尽类，俱有法而异[2]，或木或石，不害其方之相合也。尽类犹方也，物俱然。

【注释】

①一：应为牒经标题，故与“方尽类”分开。

②异：指不同的实质。

【译文】

一，方形物体都是方类，都遵守同一法则而实质有不同。或是木头，或是石头，但不妨害其方形物体外貌相符合。全皆同类倒是由于同方。事物都如此。

【原文】

牛狂与马惟异[1]，以牛有齿，马有尾，说牛之非马也，不可。是俱有[2]，不偏有偏无有[3]。曰之与马不类[4]，用牛有角，马无角，是类不同也。若举牛有角马无角以是为类之不同也[5]，是狂举也。犹牛有齿，马有尾。

【注释】

①“牛狂”句：此句依曹耀湘校为：“狂，牛与马惟异。”

②是俱有：指这牛马都有牙齿和尾巴。

③不偏有偏无有：不是牛偏有齿偏没有尾巴、马偏有尾巴偏没有齿。

④之：谭戒甫校为“牛”，“之”与“牛”篆文形似致误。

⑤若举：依伍非百校为“若不举”。

【译文】

狂，牛与马虽有区别，但用牛有齿、马有尾，而说牛不是马，这是不可以的。因为牙齿、尾巴是牛马都有的，不偏是一个有一个没有、或偏是一个没有一个有。又说牛和马不同类，用牛有角、马无角为据，说明它们不同类。若是不举牛有角、马无角来说明类别的不同，这也是妄举，和说牛有齿、马有尾是没有什么区别的。

【原文】

或不非牛而非牛也[1]，则或非牛或牛而牛也[2]，可。故曰：“牛马非牛也”，未可；“牛马牛也”，未可。则或可或不可，而曰：“牛马牛也未可”亦不可。且牛不二，马不二，而牛马二。则牛不非牛，马不非马，而牛马非牛非马，无难[3]。

【注释】

①不非牛：即是牛。

②或牛：此二字据孙诒让校，疑衍。此句应为：则或非牛而牛也。

③无难：不难明白。

【译文】

或者说牛马这个整体概念是牛和不是牛可以，或者说不是牛和是牛也可以。所以说“牛马不是牛”不可以，说“牛马是牛”也不可以。那么，或可或不可，若说“牛马是牛不可以”也是不可以的。牛不是两个个体，马也不是两个个体，但牛马这个整体是两个个体组成。因此，牛就是牛，马就是马，牛马这个概念不是牛，也不是马，就不难明白了。

【原文】

彼，正名者彼此[①]。彼此可[②]：彼彼止于彼，此此止于此。彼此不可[③]：彼且此也。彼此亦可[④]：彼此止于彼此。若是而彼此也，则彼亦且此此也[⑤]。

【注释】

①正名者彼此：指正名的人对“彼此”的理解有下列几种意义。

②“彼此可”句：詹剑峰云：“义主相同，‘彼此可’，肯定彼是彼限于彼，肯定此是此限于此。例如说，指山为山就限定于山，指水为水就限定于水。这就是说，山是山，水是水，必认定始终是同一的。”

③“彼此不可”句：詹云：“义主相违，‘彼此不可’，肯定彼是彼又是此，肯定此是此又是彼。例如，说山是山又是非山，说水是水又是非水。自语相违，那是万万不可以的。”

④“彼此亦可”句：詹云：“义主相拒，‘彼此止于彼此’，这就是说，或彼或此止于或彼或此，不得有第三者。例如，雪是白或是非白，两者必居其一。”

⑤彼亦且此此：疑为“彼彼此此”之误。

【译文】

彼，正名者对“彼此”的理解有三义。一是这样理解“彼此”可以：即肯定彼是彼限于彼，肯定此是此限于此。二是这样理解“彼此”不可以：即肯定彼是彼又是此。三是这样理解“彼此”也可以：即或彼或此止于或彼或此，不得有第三者。若这样理解“彼此”，那“彼此”就与“彼彼此此”相同了。

【原文】

唱无过①，无所周②，若粺③。和无过④，使也⑤，不得已⑥。唱而不和，是不学也。智少而不学，必寡⑦。和而不唱，是不教也。智而不教，功适息⑧。使人夺人衣⑨，罪或轻或重；使人予人酒⑩，义或厚或薄。

【注释】

①过：孙诒让云：“‘过’疑当作‘遇’，遇与偶通。”“唱无遇”，即有倡导的而没有和应的。

②周：孙云：“疑当为‘用’之误。”

③粺：孙云：“当为‘稗’，《说文·禾部》云：‘稗，禾别也。’比喻无所用，若荑稗。”

④过：同注①。

⑤使：使之如此。

⑥不得已：指应和者不得已。

⑦寡：小。

⑧功适息：张惠言云：“我有知而不以告人，则功息绝矣。”

⑨“使人夺人衣”句：此从反面举例说明“唱”与“和”贯穿的功用：唆使别人去抢夺人衣，如没有人应和，未形成事实则罪轻；如有人应和，形成事实则罪重。故云“罪或轻或重”。

⑩“使人予人酒”句：谭戒甫云：“末句，原缺义字，兹据《大取篇》‘义可厚，义可薄’句补。”此从正面举例说明“唱”“和”贯穿的功用：教导人敬酒给别人，如有人应和形成事实则义厚，反之，如无人应和未形成事实则义薄。

【译文】

有倡导而没有应和的，就没有用处，好像荑稗一样无用。有和应的而没有人倡导，使之如此，是不得已的。唱而不和，这是不学；知识少而不学，功绩一定很小。和而不唱，这是不教。虽有知识而不教人，功绩也只会灭绝了。唆使人抢夺别人衣物，没有和者罪轻，有和者罪重。叫人给别人敬酒，有和者义重，无和者义薄。

【原文】

闻，在外者，所不知也。或曰：“在室者之色若是其色。”是所不智若所智也[①]。犹白若黑也[②]，谁胜[③]？是若其色也，若白者必白。今也智其色之若白也，故智其白也。夫名以所明正所不智[④]，不以所不智疑所明[⑤]。若以尺度所不智长。外，亲智也；室中，说智也。

【注释】

①智：同“知”。下同。

②若：谭戒甫云：“同‘或’。”

③谁胜：指白或黑，谁充任这个色？

④名：名称、概念。所明：所明白的。正：同“证”，即验证。

⑤疑：谭戒甫云：“疑，凝的省文。”即“拟”。

【译文】

闻，在屋外对屋内的情况是不知的。有人说：“屋内的颜色，像外面这个颜色。”这就是所不知的如同所知的了。比如白色或黑色，谁是这个色呢？内中若有这个颜色，像白的东西必定是白色。现在知道那个颜色像白的东西，所以知道那是白色了。名称是用所明白的去确定所不明白的，而不用所不明白的去拟议所明白的。就如同用尺子去度量未知的长度一样。外面的，是亲知的；屋内的，是说知的。

【原文】

以，誖，不可也。出入之言可[①]，是不誖，则是有可也。之人之言不可，以当[②]，必不审[③]。

【注释】

①出入：孙诒让云：“以下文校之，‘出入’当作‘之人’，形近而误。”

②当：得当。

③审：审慎。

【译文】

以，谬误，就是“不可”的意思。这个人说话可以，就是不谬误，那么这是有可信的了。这个人说话不可以，若以为得当，这一定是不审慎的说法了。

【原文】

惟[①]，谓是霍可[②]，而犹之非夫霍也[③]。谓彼是是也[④]，不可。谓者毋惟乎其谓。彼犹惟乎其谓，则吾谓不行。彼若不惟其谓，则不行也。

【原文】

①惟：牒经标题，同“唯”，下同。

②霍：同“鹤”。下同。

③非：否定。夫：助词。

④是是：是此。

【译文】

惟，说这只是鹤，可以，而犹同否定那只也是鹤。说彼就是此，不可。说话的人自己说的东西不必要他人应诺。对于我所说的不正确的概念他若应诺，那么我所说的不行；对于我所说的正确的概念他若不应诺，那么他也不行。

【原文】

无，南者有穷则可尽[①]，无穷则不可尽。有穷无穷未可智，则可尽不可尽不可尽未可智[②]。人之盈之否未可智，而必人之可尽不可尽亦未可智[③]，而必人之可尽爱也，誖。人若不盈先穷[④]，则人有穷也。尽有穷无难[⑤]。盈无穷，则无穷尽也，尽有穷无难[⑥]。

【注释】

①南者：南方。

②不可尽：应删去一个“不可尽”。

③必：衍字，删去。

④先穷：孙诒让校为“无穷”。

⑤尽有穷：尽爱有穷的人。

⑥有穷：孙诒让校为“无穷”。

【译文】

无，南方有穷，人就可尽；南方无穷则人就不可尽。天下有穷无穷不可知，那么人的可尽与不可尽也不可知。人们能不能充满天下不可知，人的可尽和不可尽也不能知晓，但一定要说人都可尽爱，这是谬误的。人们若不能充满无穷的天下，那么人是有穷的，尽爱有穷的人没有难处。人们若能充满无穷的天下，那么无穷的天下可尽，尽爱无穷的人也没有难处。

【原文】

不，二智其数[①]，恶智爱民之尽文也[②]？或者遗乎其问也[③]？尽问人则尽爱其所问。若不智其数而智爱之尽文也，无难。

【注释】

①二："不"之误。

②文：孙诒让云："'文'当作'之'，下同。"

③遗：遗漏。

【译文】

不，不知道天下的人数，何以知道爱民是尽爱了呢？或者对于人口的询问调查有遗漏吧！全部去查询人口，则就会去爱那些所询查的人。这样，虽不知道天下的人的数量，但知晓对天下全部尽爱之，是没有难处的。

【原文】

仁，仁爱也。义，利也。爱利，此也[①]。所爱所利，彼也[②]。爱利不相为内外，所爱利亦不相为外内。其为仁内也，义外也，举爱与所利也，是狂举也[③]。若左目出右目入。

【注释】

①"爱利"句：孙诒让云："言爱利之心在于己，明其同在内。"

②"所爱所利"句：孙云："言所爱所利惠加于人，明其同在外。"

③狂举：妄乱的举法。

【译文】

仁，仁是爱，义是利。爱利之心在于己，同在内。所爱所利惠加于人，同在外。爱和利不能交互相为内外，所爱所利的人、事、物也不能交互相为内外。那些说仁为内，义为外，举出内心的爱和外在的所利交错在一起，这是妄乱的举法。如同说成看东西是从左眼出、右眼入一样。

【原文】

学也[①]，以为不知“学之无益”也[②]，故告之也，是使智“学之无益”也，是教也，以学为无益也教，誖。

【注释】

①也：疑衍，牒经标题不应有“也”。

②以为不知：指谤学者以为别人不知。

【译文】

学，谤学者以为别人不知道“学习是无益的”，所以才告诉别人。如此使别人知道“学习是无益的”，这就是教啊，既认为“学习是无益的”，又去教人家，这是荒谬的。

【原文】

论诽，诽之可不可，以理之可诽[①]，虽多诽，其诽是也；其理不可非，虽少诽，非也。今也谓多诽者不可，是犹以长论短。

【注释】

①诽：张惠言云：“当为非。”

【译文】

批评，讨论批评的应该与不应该：根据道理是应该批评的，即使批评得多，这种批评也是对的；如果根据道理是不该非议的，即使是非议得很少，也是不对的。现在说批评得多的是不对的，这好似以长论短了。

【原文】

不诽[1]，非己之诽也[2]。不非诽，非可非也[3]。不可非也，是不非诽也。

【注释】

①不诽：孙诒让云："依《经》当作'非诽'。"即非议批评。
②非己之诽：把自己的"非议批评"这一批评也给否定了。
③非可非：人有错误是可以非议的。

【译文】

你若非议批评，就把你自己的"非议批评"这一批评也给否定了。你若不非议批评，即人有错误是可以非议的了。如果人有错误是不可非议的，你也不该非议批评。

【原文】

物，甚长甚短，莫长于是[1]，莫短于是，是之是也，非是也者，莫甚于是。

【注释】

①莫：与"无"同，即"没有"。是：标准。

【译文】

物，说物体很长或者很短，即没有长于标准的，没有短于标准的，这就是肯定了一个标准。如果没有一个标准，就没有一个比较于标准的“很”了。

【原文】

取，高下以善不善为度[1]，不若山泽[2]。处下善于处上，下所请上也[3]。

【注释】

①高下：指地位的高下。度：衡量。

②不若山泽：不像山和泽，即不能说山高就善，泽下就不善。

③下所请上：下层所要请求的是上面。

【译文】

取，地位高下要用善和不善来衡量，不像山和泽。处于下位的往往要比处于上位的善，而下层所要请求的则是上面。

【原文】

不是[1]，是则是且是焉。今是文于是，而不于是，故是不文。是不文则是而不文焉。今是不文于是，而文于是，故文与是不文同说也[2]。

【注释】

①不是：牒经标题，即否定——肯定。

②此《说》，孙诒让云：“此节文讹脱难通，参互推校，大意以是与不对举，是之与不之对举，凡‘不’字并当读为‘否’，‘文’字疑并‘之’字误。”综合各家校为：

不是，是则是，且是焉。今是之于是，而不之于是，故是否之是不之，则是而不之焉。今否之于是，而是之于是，故是与不是之同说也。

【译文】

不是，“是”就是肯定，并且肯定这个。现在对于这个“是”肯定，而对于那个“是”就否定了，所以是与否之中的“是”就否定了，那整个“是”也否定了。现在对于这个“是”否定，对于那个“是”就肯定了，所以说“是”与“不是”判断相同。

大取

【题解】

《大取》述说墨家的伦理学和逻辑学思想，其中有极精彩的理论观点，如对利害的权衡弃取原则、对同异的辩证分析和对“故、理、类”推论三原则的规定等。本篇的伦理学思想，强调普遍爱人利人，批评儒家“爱有差等”和“爱利分离”（“有爱而无利”）的观点。其逻辑学思想，最重要的，是提出推论的三原则，要求“辞以故生，以理长，以类行”，即建立论题要有充足的理由，用合理的方式推出，用同类的事例进行论证。并提出概念分类的理论。其对同异的辩证分析，是重要的方法论思想。但此篇文字讹误窜乱甚多，校勘、诠释不易。本书的译注，在一定程度上带有尝试性和假定性，但力求接近原义，对研读原文有帮助。

【原文】

天之爱人也，薄于圣人之爱人也[①]；其利人也，厚于圣人之利人也。大人之爱小人也，薄于小人之爱大人也[②]；其利小人也，厚于小人之利大人也。以臧为其亲也而爱之[③]，非爱其亲也；以臧为其亲也而利之，非利其亲也。以乐为利其子，而为其子欲之，爱其子也；以乐为利其子，而为其子求之，非利其子也。

【注释】

①薄：通“博”，广博。

②大人：指统治者、君子。小人：指被统治者，下民。

③臧：古代对奴婢的贱称。

【译文】

上天爱人，比圣人爱人要广博；上天施利给人，比圣人施利给人要厚重。君主爱臣民，比臣民爱君主要广博；君主施利给臣民，比臣民施利给君主要厚重。把奴隶臧当作自己的父亲去爱，这是爱自己父亲的表现；把奴隶臧当作自己的父亲而给他实际利益，这不是利自己的父亲。认为教儿子学习音乐对他有利，而去替儿子设想音乐，这是爱儿子的表现，认为学习音乐对儿子有利，而为儿子到处去求取音乐，这不是有利于儿子的。

【原文】

于所体之中，而权轻重之谓权①。权非为是也，非非为非也。权，正也。断指以存掔，利之中取大，害之中取小也。害之中取小也，非取害也，取利也。其所取者，人之所执也。遇盗人，而断指以免身，利也；其遇盗人，害也，断指与断掔，利于天下相若，无择也。死生利若，一无择也。杀一人以存天下，非杀一人以利天下也。杀己以存天下，是杀己以利天下。于事为之中，而权轻重之谓求。求为之，非也。害之中取小，求为义，非为义也。

青铜鎏金蟠虺纹扁壶（战国）

为暴人语天之为是也，而性为暴人歌天之为非也[2]。诸陈执既有所为[3]，而我为之陈执，执之所为，因吾所为也；若陈执未有所为，而我为之陈执，陈执因吾所为也。暴人为："我为天之。"以人非为是也，而性不可正而正之。利之中取大，非不得已也；害之中取小，不得已也。所未有而取焉[4]，是利之中取大也。于所既有而弃焉，是害之中取小也。

【注释】

①前一个"权"：动词，衡量。后一个"权"：名词，称东西的秤锤。

②天之：即天志。墨书中言"天志"多写作"天之"。

③诸陈执：指人们所持的主张、学说。所为：有成效，有结果。

④所未有：所未出现的情况。

【译文】

人们在体察事物的时候，用来衡量轻重的东西叫作"权"。权并非为是而设，也并非为非而设。权，是讲公正的。砍断手指以保存手腕，那是在利中选取大的，在害中选取小的。在害中选取小的，并不是为了取害，这是为了取利。他所选取的利，正是别人拿着的。遇上强盗，砍断手指以免杀身之祸，这是利；从他遇上强盗来看，这就是害。砍断手指和砍断手腕，对天下的利益是相似的，那是没有区别的。就是生死，只要有利于天下，也都没有选择。杀一个人以保存天下，并不是杀一个人以利天下；杀死自己以保存天下，这是杀死自己以利天下。在做事中衡量轻重叫作"求"。求，是辨明是非的。在害中选取小的，求的是辨义，并非真正行义。

给暴戾的人论述天意是对的，而只替暴戾之人去歌颂天意就不对了。各种学说既已流传天下，如果我再为它们陈说阐释，那么，各种学说必因我而更加发扬光大。如果各种学说没有流传天下，如果我再为它们陈说阐述，那么，各种学说必因我而流传天下。暴戾的人自私自利，却说："是天的意志。"把人们认为错误的看作正确的，这些人的天性不可改正，但也要想法加以改正。在利中选取大的，不是不得已。在害中选取小的，是不得已。在所未有的事中选取，这是利中选取大的；在已有的东西中舍弃，这是害中选取小的。

【原文】

义可厚，厚之：义可薄，薄之，谓伦列[①]。德行、君上、老长、亲戚，此皆所厚也。为长厚，不为幼薄。亲厚，厚[②]；亲薄，薄。亲至，薄不至。义，厚亲不称行而顾行[③]。为天下厚禹，为禹也。为天下厚爱禹，乃为禹之爱人也。厚禹之加于天下，而厚禹不加于天下，若恶盗之为加于天下，而恶盗不加于天下。爱人不外已，已在所爱之中。已在所爱，爱加于已。伦列之爱已，爱人也。圣人恶疾病，不恶危难。正体不动，欲人之利也，非恶人之害也。圣人不为其室，臧之故，在于臧。圣人不得为子之事。圣人之法，死亡亲[④]，为天下也。厚亲，分也，以死亡之，体渴兴利[⑤]。有厚薄而毋伦列，之兴利为己。

语经[⑥]：语经也，非白马焉。执驹焉说求之，舞说非也，渔大之舞大[⑦]，非也。三物必具，然后足以生[⑧]。臧之爱已，非为爱已之人也。厚不外已，爱无厚薄。举已，非贤也。义，利；不义，害。志功为辩。有有于秦马，有有于马，也智来者之马也。

【注释】

①伦列：平等。

②亲厚，厚：指亲戚中关系密切的，要厚爱。

③不称行：不计较行为。

④亡：通“忘”。

⑤体渴兴利：指人尽其所能去从事兴利。渴，尽力。

⑥语经：言语之经，即今逻辑学，又称辩学。

⑦渔大之舞大：孙诒让云：“疑当作‘杀犬之无犬’。”

⑧三物必具，然后足以生：孙诒让认为此句窜误，当接最后一段的“以故生，以理长，以类行也者”之后。据此译于后。

【译文】

义理上可以厚爱的，就厚爱；义理上可以薄爱的，就薄爱。这是所谓无等差的爱。有德行的、在君位的、年长的、亲戚之类，这都是应当厚爱的。厚爱年长的，却不薄爱年幼的。亲戚关系密切的自然要厚爱些，亲戚关系疏远的自然就薄爱些。亲近至亲，对不是至亲的自然就有所薄。按照义理，厚爱父母，要不计较他们的行为得失，而只希望看到他们有善行。天下人厚爱禹，是因为禹能爱天下人。厚爱禹的作为能加利于天下，而厚爱禹并不加利于天下，就像厌恶强盗的行为能加利于天下，而厌恶强盗并不加利于天下。爱别人并非不爱自己，自己也在所爱之中。自己既在所爱之中，爱也加于自己。无差等的爱自己，也就是爱人。圣人厌恶疾病，不厌恶危险艰难，能保重自身，这是想着如何利人，并不是害怕有人危害自己。圣人不以为自己的居室可以贮藏货物，就只想着如何贮藏。圣人往往不能侍奉在父母身边。圣人的丧法是父母死了，心已无知，就节葬短丧，为天下兴利。厚爱父母，是人子应尽的本分；但父母死后，之所以节葬短丧，是想竭尽自己的力量为天下兴利。圣人爱人，只有厚没有薄，普遍地为天下兴利，才是真正为自己。

语经，言语的常经说白马不是马，守着小马说求之无马，这就不对了，说杀狗不是杀犬，也是不对的。男奴臧只爱自己，并非能同样爱人，所以不能称为是爱己之人。厚爱别人并不是不爱自己，爱别人与爱自己，要没有厚薄的区分。赞誉自己，并非贤能。义，就能有利于人；不义，就是有害于人。人们的想法应该依实际所做的事情来辨别。朋友中有人有秦马，有人有马，无论是秦马还是马，我只知道来此者都县马。

【原文】

爱众世与爱寡世相若[1]。兼爱之有相若。爱尚世与爱后世[2]，一若今之世人也。鬼，非人也；兄之鬼，兄也。天下之利驩。圣人有爱而无利，伣日之言也[③]，乃客之言也。天下无人，子墨子之言也，犹在。

不得已而欲之，非欲之也。非杀臧也。专杀盗，非杀盗也。凡学爱人。

小圜之圜，与大圜之圜同。方至尺之不至也，与不至钟之至不异，其不至同者，远近之谓也。是璜也，是玉也。

意楹[④]，非意木也，意是楹之木也。意指之人也，非意人也。意获也，乃意禽也。志功，不可以相从也。利人也，为其人也。富人，非为其人也，有为也以富人[⑤]。富人也，治人有为鬼焉。为赏誉利一人，非为赏誉利人也。亦不至无贵于人。智亲之一利[⑥]，未为孝也，亦不至于智不为已之利于亲也。

【注释】

①后一“众”字衍。众世：整个人类。寡世：某一朝代。

②尚世：指过去时代的人。后世：指未来的人。

③伣日之言：借用某来譬喻某。

④意：意念、揣度、想。楹：堂屋前的柱子。

⑤有为也以富人：有所作为而使人富。

⑥智：通“知”。

【译文】

爱所有的时代和爱一个时代相同。兼爱古今世人也一样。爱前代人与爱后代人，要像爱今人一样。鬼，并不是人；兄变成了鬼，仍然是兄。因天下人喜欢逐利，故圣人提倡爱而不提倡利，那些借爱而反利的言辞，不过是托词罢了。天下无兼爱之义，故墨子的学说将永远存在世上。

不得已而这样做，并不是想要这样做。为了利天下而杀奴，并不是为了杀奴而杀奴。为了利天下才杀盗，并不是为了杀盗而杀盗。大凡要学会爱人。

小圆的圆与大圆的圆是一样的，一尺之地走不到与千里之地走不到是没有差别的。因为同样是走不到，只是远近不同罢了。璜与璧同样是玉，区别在于璜是半圆形的玉，璧是全圆形的玉。

考虑柱子，并不是考虑整个木头。考虑人的指头，并不是考虑整个人。考虑猎物，却是考虑禽鸟。动机和效果，不可以相等同。施利给人，是为了那人；使那人富有，并不是为了那人，使他富有是有目的的。使那人富有，一定是他能够从事人事，祭祀鬼神。借着赏誉使一个人受利，并不是借赏誉施利给人（赏誉虽然不能遍及于人）但也不至于因此就不用赏誉。只知道有利于自己的父母亲，不能算是孝；但也不至于明知自己有利于父母亲而不愿做。

【原文】

智是之世之有盗也，尽爱是世。智是室之有盗也，不尽是室也[①]。智其一人之盗也，不尽是二人。虽其一人之盗，苟不智其所在，尽恶其弱也[②]

诸圣人所先为[③]，人欲名实[④]。名实不必名。苟是石也白[⑤]，败是石也[⑥]，尽与白同。是石也唯大，不与大同。是有便谓焉也。以形貌命者，必智是之某也，焉智某也。不可以形貌命者，唯不智是之某也，智某可也。诸以居运命者，苟人于其中者[⑦]，皆是也，去之，因非也。诸以居运命者，若乡里、齐荆者，皆是。诸以形貌命者，若山丘室庙者，皆是也。

【注释】

①不尽是室也：孙诒让注："'不尽'下，以下文推之，当有'恶'字。"

②弱：孙诒让云："疑当为'朋'形近而误。言盗虽止一人，然不能审知其谁某，则尽恶其朋党也。"

③先为：先务，最先要做的。

④名实：声名、称谓与实际的情形、成果。

⑤苟：如果。

⑥败：毁坏。

⑦人："入"字之误。

【译文】

知道这个世界上有强盗，仍然爱这个世界上所有的人。知道这座房子里有强盗，不全都讨厌这座房子里的人。知道两人中有一个人是强盗，不能讨厌这两个人。虽然其中一个人是强盗，如果不知他在何处，那么对隐蔽强盗的朋党可能都厌恶。

圣人首先要做的，是考核名实，有名不一定有实，有实不一定有名。如果这块石头是白的，把这块石头打碎，它的每一小块也都是白的，白都相同。这块石头虽然很大，但不和大石相同，因为大石之中仍有大小的不同，这是各依其便而称的。用形貌来命名的，一定要知道它反映的是什么对象，才能了解它。不是用形貌来命名的，虽然不知道它反映的是什么对象，只要知道它是什么就可以了。那些以居住地和迁徙地来命名的，如果进入其中一地去居住，就称为此地方的人，离开此地，就不属于此地方的人了。那些以居住地或迁徙地来命名的，像乡里、齐楚等。那些以形貌来命名的，如山丘、室庙都是。

【原文】

智与意异。重同[①]，具同，连同，同类之同，同名之同，丘同，鲋同[②]，是之同，然之同，同根之同。有非之异，有不然之异。有其异也，为其同也，为其同也异。一曰乃是而然，二曰乃是而不然，三曰迁，四曰强。子深其深，浅其浅，益其益，尊其尊[③]。察次山比因至[④]，优指复；次察声端名，因请复，正夫辞恶者[⑤]，人右以其请得焉。诸所遭执，而欲恶生者，人不必以其请得焉。

圣人之附 渍也[⑥]，仁而无利爱。利爱生于虑。昔者之虑也，非今日之虑也；昔者之爱人也，非今之爱人也，爱获之爱人也，生于虑获之利，虑获之利，非虑臧之利也；而爱臧之爱人也，乃爱获之爱人也。去其爱而天下利，弗能去也。昔之知啬，非今日之知墙也[⑦]。贵为天子，其利人不厚于正夫。二子事亲，或遇孰，或遇凶[8]，其亲也相若，非彼其行益也，非加也。外执无能厚吾利者。藉臧也死而天下害，吾持养臧也万倍，吾爱臧也不加厚。

【注释】

①重同：一个实体两个名称。

②鲋：同“附”。

③尊：减少。

④察次山比因至：据曹耀湘、王闿运校注应为“察次由比因至”。察次，按次观察。由，产生的原因，比，比类。

⑤正：孙诒让：“当为‘匹’。”即匹夫。

⑥抚溃：即“拊渎”抚育的意思。

⑦墙：俞樾注：“乃‘啬’字之误。”啬，指节俭。

⑧孰：通“熟”，年成好曰熟，年成不好曰凶。

【译文】

感知与意会是不同的，同一实体有两个名称叫重同；形貌不同而同处一体叫具同；同体相连叫连同，有同属一类的同；有同名的同；有同区域的同；有所附丽相同的同；有实际本同的同；有实际未必同而认为它相同的同；有同根的同；有实际不同的异，有是非各执的异。事物之所以有异，是因为有同，才显出异。(是不是的关系有四种)。第一种：客观实际是什么，就是什么；第二种：客观实际是，而结果不是；第三种：从前是，现在不是；第四种：形貌是，而本情不是，这叫勉强。对于墨家的学说，该深奥的就深入探求，该浅近的就浅近研究，该增的增，该减的减，考察物的顺序，从它的产生而比类推理，从而得出正确的结论，进而观察其声名的发端，名产生的缘由，从而得知物的本情。匹夫打官司诉讼言辞虽烦，但从中可以了解到实情。那些遭囚系而不想活的人，虽有委屈也不愿申诉，人们就必定不了解他的实情。

圣人抚育天下万民，本于仁心，没有爱人利人的区别。一般人的爱人利人产生于私人有所求。过去的所求，不是今日的所求。过去的爱人之心，也不是今日的爱人之心。爱婢这种爱人之心，产生于求婢之利，不是求奴之利。爱奴的这种爱人之心，正如爱婢一样。有爱才能有利，离开爱而想使天下利，天下就失去利，因此爱是不能去掉的。从前讲节用，不等于今日讲节用。贵为天子，他利人并不比匹夫利人厚。两个儿子侍奉父母亲，一个遇到丰年，一个遇到荒年，但他们侍奉父母这一点是相同的，并不是那遇丰年的儿子侍奉父母就特别的好。外物也不会使我利亲的心加厚。假使奴死对天下有害，我持养奴一定万倍，并不是对奴的爱心加厚，我为的是利天下。

【原文】

长人之异，短人之同，其貌同者也，故同。指之人也与首之人也异[①]，人之体、非一貌者也，故异。将剑与挺剑异。剑，以形貌命者也，其形不一，故异。杨木之木与桃木之木也，同。诸非以举量数命者[②]，败之尽是也，故一人指，非一人也，是一人之指，乃是一人也。方之一面，非方也[③]，方木之面，方木也[④]。

【注释】

①指之人：即人的指。首之人：人之首（头）。

②诸非以举量数命者：指凡不用举量和数来分析命名的事物。

③方之一面，非方也：一个方面，不是一个方体。

④方木之面，方木也：从方木的一面，可知一个方体。

【译文】

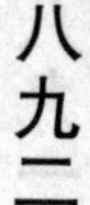

高的人与矮的人相同，是因为他们具有人的外貌，所以就相同。人的手指与人的头是不一样的，是因为人的身体，并不是一种形貌，所以不同。持剑和拔剑是不相同的，因为剑是因形貌命名的，形貌不一，所以不同。杨木的木与桃木的木，从同是木材这点，是相同的。那些不以量和数来举出命名的事物，比比皆是。所以一个手指，不能断定是哪一个人的，一个人的手指，才能断定是指的某个人。说一个方面，并不是指一个方体，一块方木的面，就能看出这块方木是一个方体。

【原文】

以故生，以理长，以类行也者。立辞而不明于其所生，忘也。今人非道无所行，唯有强股肱，而不明于道，其困也，可立而待也。夫辞以类行者也，立辞而不明于其类，则必困矣。故浸淫之辞，其类在鼓栗。圣人也，为天下也，其类在于追迷。或寿或卒，其利天下也指若，其类在誉石[1]。一日而百万生，爱不加厚，其类在恶害。爱二世有厚薄[2]，而爱二世相若，其类在蛇文。爱之相若，择而杀其一人，其类在阬下之鼠。小仁与大仁[3]，行厚相若，其类在申。凡兴利除害也，其类在漏雍。厚亲不称行而类行，其类在江上井。不为己之可学也，其类在猎走。爱人非为誉也，其类在逆旅。爱人之亲若爱其亲，其类在官苟[4]。兼爱相若，一爱相若，其类在死也[5]。

【注释】

①誉：疑当作“礜”，礜石可染缁。

②二：疑为“三”字之误。

③仁：通“人”。

④官：公。苟：即“敬”。

⑤也：“蛇”字之误，张悦之认为是指《贾子新书·春秋篇》中记载的楚国著名令尹孙叔敖杀双头蛇的事。孙叔敖小时候出外游玩，见双头蛇，恐蛇复祸他人，将其杀埋。

【译文】

言词因事故而产生，又顺事理而发展，借同类的事物相互推行。创立言词，却不知道言词产生的原因，一定是谬误的。现在人不遵循道理，就不能做事，只有强壮的身体，而不知道做事的道理，就会遭到困难，这是立等可待的。言词要依照类别才能成立，如创立言词却不明白它的类别，那么，就必定遭受困难。所以亲附淫乱的言辞，目的在于鼓动人恐惧。圣人为天下谋利，极力解人之惑，使人返正。无论长寿与夭折，圣人利天下的目的都是化民向善，如礜石可以染缁。一日之中，天下有成百上万的生灵诞生，但我的爱不会加厚，正如为天下除害。爱上世、今世、后世有厚有薄，但爱其实相同，正如蛇身有文，文文都相似一样。爱两人相同，而杀其中一人，正如墙下的老鼠打洞危及墙，故要除之一样。一般人与天子，德行厚薄是相同的，看他能否施展才能。举凡兴利除害，正如瓮漏水，堵住漏，就得便利。厚爱自己最亲的，不依他的行事而或厚爱或薄爱，而以类推由亲及疏去厚爱、薄爱，正像江上井一样，虽然利人，也很有限。不为己是可以学的，就像打猎时追逐、奔驰一样。爱人并非为了名誉，正像旅店一样，是为了利人。爱别人的亲人，好像爱自己的亲人，自己的亲人也在爱、敬之中。兼爱相同，爱自己也和爱众人相同。孙叔敖小时出门玩耍见双头蛇，因害怕其又去祸害他人而将蛇杀埋，这就是说，爱众人与爱自己是等同的。

【评析】

《大取》篇的内容，从现代科学分类系统说，属于逻辑学、方法论和伦理学范畴。从研究专题说，属于逻辑学的概念种类、推论原理和推论事例，方法论的同异之辩，及伦理学的权衡利害原则。

就逻辑学的概念种类来说，“以形貌命者”和“不可以形貌命者”，是对概念的一种二分法。“以形貌命者”，是以事物的形体状貌来命名的语词概念。其特点是，一定要知道这个事物是什么，才能了解它。所谓“以形貌命者”，是指实体概念，具体概念，如“山”“丘”“室”“庙”等。“不可以形貌命者”，即不能够以事物的形体状貌来命名的语词概念，虽然不知道这个事物是什么，也能了解它。这是指抽象概念，属性概念，如“白”“黑”“大”“小”等。

“不可以形貌命”的抽象概念，属性概念，又分两种情况。第一种情况，如“白”“黑”等，是绝对的性质概念，它反映渗透在物质中的绝对性质。假如一块石头是“白”的，把这块石头打碎，每一小块也都是“白”的。第二种情况，如“大”“小”等，是相对的关系概念，它反映物质之间的相对关系。假如一块石头是“大”的，把它打碎了以后，每一小块却不一定都是“大”的。这是因为有使之成为“大”的另一参照物以供比较的缘故。这些关于概念种类的理论，十分精彩。现在看来，还是正确和有用的。

就逻辑学的推论原理来说，《大取》有一部分叫“语经”。“语经”，孙诒让解释是“言语之常经”，即“辞以故生，以理长，以类行”三句话。这是思维表达的基本规律，论证原理的经典性概括。“辞以故生”，即一个论题成立，要有充足理由。建立一个论题，而不明白它所以成立的充足理由，可能虚妄不实。这相当于逻辑的充足理由律。“辞以理长”，即推论形式有效，顺理成章。犹如出行，要明白路线。出行不明白路线，虽有强健身体，也要立刻受困。“辞以类行”，即推论过程符合类的同异关系，这相当于逻辑的同一律和矛盾律。《经下》第1条，紧接《经上》末尾，总结止式论证说：“止，类以行之，说在同。”即“止”这种反驳方式，应该按照事物的类别来进行，遵守同一律和矛盾律。

就逻辑学的推论事例来说，所选《大取》八组资料，是墨家逻辑赖以概括的辩论素材，从中可以窥见墨家思想发展的轨迹。其中第一组资料，最引人注目。从思想内容来说，是墨家兼爱思想的继续发展。其中“爱”字用了十次，“爱人”两次，“兼爱”一次，“仁”两次，“圣人”“为天下”“利天下”、“兴利除害”各一次，并提出新的论证，如“兼爱相若，一爱相若，一爱相若，其类在死蛇”，是论证“兼爱”这一关系命题（所有人爱所有人）的不可分割性。

从论证形式来说，第一组推论事例，十三次重复“其类在”的同一论证格式，即先列出一个一般命题，然后用一个同类的典型事例，或一个类似的事例，来加以证明。

用一个同类的典型事例来证明，整体构成一个典型分析式的科学归纳推理。用符号表示，即“所有 M 是 P，其类在 M_1”。其中“所有 M 是 P”，是一个一般命题；“其类在”的含义是：“用以论证的典型事例是”。“M_1”则是所列举的典型事例。如“凡兴利，除害也，其类在漏壅”，凡兴办对人民有利的事，都包含着革除对人民有害的事，用以论证的典型事例是：兴办水利，需革除堤坝溃漏的水害。

这类似印度逻辑惯用事例：“所有人工制造出来的都是非永恒的，如瓶”；“凡有烟处都有火，如厨房”。这种“其类在”的格式，在《经下》被概括为：所有 M 是 P，说在 M_1。如《经下》第 166 条说：“一法者之相与也尽类，说在方。”

用一个类似的事例来证明，整体构成一个类比推理。用符号表示，即“所有 M 是 P，其类在 M_1”。其中“所有 M 是 P”，是一个一般命题；“其类在”的含义是：“用以论证的类似事例是”。“M_1”则是所列举的类似事例。如“不为己之可学也，其类在猎走”，其中“不为己之可学也”，是待证的一般命题，意即“不为己”的忘我牺牲精神是可以学到的。“其类在猎走”，是举出一个类似的事例，意即“这犹如竞走的技艺是可以学到的一样”。

第二组，“乃是而然”，“乃是而不然”，是概括两类比辞类推的模式，在《小取》被展开为有丰富事例的类推模式。而“迁”和“强”，则指出转移论题和牵强论证的逻辑谬误类型，是属于批判性思维的理论闪光。

第三至第五组，从推论形式说，都是属于《小取》“一是一非”比辞类推的模式。从思想内容说，都各有精微奥妙的意蕴内涵，耐人寻味。其中第三组“以臧为其亲也而爱之，爱其亲也；以臧为其亲也而利之，非利其亲也。以乐为利其子而为其子欲之，爱其子也；以乐为利其子而为其子求之，非利其子也。”把爱亲、爱子的感情，与物质利益实事求是地区分开来，是墨家思想从空想到更接近于实际的发展，并保留了墨子“非乐”论辩的余韵，体现了为人父母者担心儿子因沉溺音乐而玩物丧志的忧愁，很有现实感。

第四组，即知道这个世界上有强盗，还是要尽力提倡“兼爱这个世界上所有的人”这一最高理想和目标。但是知道这个房间里有强盗，却不能提倡厌恶这个房间里所有的人。假定这个房间里有两个人，又确知其中有一人是强盗，也不能同时厌恶这两个人。虽然确知其中有一人是强盗，但不知道强盗究竟是这两人中的哪一个，同时厌恶这两个人也是不对的。

这是进一步指出，爱要尽量多，即使知道这个房间里有强盗，也还要“尽爱是世”。但是“恶”（厌恶），却要尽量少。即使知道这个房间里有一人是强盗，也要严格控制只“恶”（厌恶）这一个强盗，而绝对不能把“恶”（厌恶）扩大化，牵累扩及好人，彰明墨家力图兼爱众人的人道、人文关怀。

第五组，提倡思虑与时俱进，反映今昔变化，是狭义《墨经》进化论历史发展观的发挥。“昔者之爱人也，非今之爱人也”，寓意“爱人”要持之以恒，推陈出新，不断立新功。“爱获之爱人也，生于虑获之利”，寓意爱女仆人获得情感，根植于考虑获的物质利益。而考虑获得利益，不等于考虑臧的利益，要因人制宜。“而爱臧之爱人也，乃爱获之爱人也”，寓意“爱人”的普遍性，爱男仆人臧，也要爱女仆人获，不存在性别歧视。“昔之知穑，非今日之知穑也”，是说勤俭节约，要持之以恒。

第六组，从推论形式说，是属于《小取》“是而然”比辞类推的模式。从思想内容说，是回应荀子的批评。荀子说：“凡邪说辟言之离正道而擅作者，无不类于三惑者矣。”所谓“三惑”，即“用名以乱名”“用实以乱名”和“用名以乱实”三种诡辩。“用名以乱名”的诡辩，用“所为有名”（制名目的）的原则反驳。荀子把“圣人不爱己”作为“惑于用名以乱名”谬误的典型。

“圣人不爱己”，颇似墨子观点。墨子提倡以古代圣人夏禹为榜样，自苦利

人，“爱人”而“不爱己”。荀子认为，圣人爱人，圣人也是人，所以圣人爱人包括爱自己。说“爱人不爱己”，是把自己这个人，从“人”的普遍概念中排除，即用“不爱己”的概念，把“爱人”的概念搞乱，这不符合制名以辨别同异的原则。《大取》因为荀子的批评，修正了本派祖师墨子的观点，把墨子极端损己利人的片面性，拨正为“爱人包括爱自己”的常人常识观点，回归到普通逻辑。

第七组，即至少有一匹秦马为我的朋友所有，则至少有一匹马为我的朋友所有。这是用“个别寓有一般”这一辩证命题公式，回应公孙龙“白马非马”，即“个别排斥一般”这一诡辩命题公式，捍卫常人常识的观点。

第八组，都是关于伦理学的应用逻辑，即对于人口多世代人们的爱，与对于人口少世代人们的爱是相等的，在兼爱他们这一点上是相等的。爱过去世代的人们，与爱未来世代的人们，和爱当今世代的人们，都是一样的。这是墨家对墨子兼爱学说的从新角度出发的再论证，是墨家人道人文思想的新发挥。

说“圣人只给予爱而不考虑利益”，把爱利截然两分，这是儒者的言论，是论敌的言论。《论语·子罕》载孔子“罕言利”。《论语·里仁》载孔子说：“君子喻于义、小人喻于利。”《孟子·梁惠王上》说：“何必言利，亦有义而已矣。”《汉书·董仲舒传》载董仲舒说：“正其谊（义）不谋其利，明其道不计其功。”儒家讲“义利分裂”，墨家讲“义利统一”，是两家针锋相对的不同观点。墨家讲“义利”的对立统一，是合乎辩证法的合理思维。

说假定在将来的某一天，天下果真没有人了，我们老师墨子的言论，还会作为真理而永远存在着，这表明墨子后学对墨子思想的无比相信和崇拜心理。我们对墨子的思想，应采取“取其精华，弃其糟粕”的辩证分析方法与科学态度。

说“志功为辩”，即动机和效果应该加以分辨。“志功不可以相从也”，即动机和效果不一定恰相一致。并非有什么动机，紧跟着就有什么效果。墨家讲“志功”，即动机和效果的对立统一，是合乎辩证法的合理思维。

说利人，就是为人考虑；单纯地从口头上称誉人的“富有”，不等于为人考虑；采取实际措施，以便使人富有，才是真正的富人之举。这是“一是一非”的比辞推论模式。其中说“有为也以富人”，即采取实际措施，以便使人富有，有积极的现实意义。

就方法论的同异之辩来说，两个名称指一个实体，叫“重同”。不同的人共同处于一个房间，叫“俱同”（合同）。不同部分在同一个整体之内互相联系，叫“连同”（体同）。不同事物在某一方面有共同性质，叫“同类之同”（类同）。不同事物使用同一名称，叫“同名之同”。不同事物共处同一区域，叫“丘同”。不同事物附属于同一整体，叫“附同”。

不同论点都符合实际（是真理），叫“是之同”。不同语句都说事物“是如此”，叫“然之同”。不同支脉有同一根源，叫“同根之同”。不符合实际（是错误）的不同论点，叫“非之异”。说事物“不是如此”的不同语句，叫“不然之异”。

小圆的圆与大圆的圆都同样是圆。不够一尺与不够一钟（容量单位）不同，因为一关远近，一关容量。但是不够一尺与不够一丈有相同一面，因为都是关于远近的。高个子的人与矮个子的人，在都作为人这一点上是相同的，这是由于他们的状貌性质相同，因此才相同。

以指头为代表的人与以头部为代表的人，在用来作代表的部位上是不同的，这是由于人的身体有不同的部位，因此才不同。用于体现将军威仪的大剑与战士用来刺杀的小剑，是不同的，这是由于剑足以形体状貌来命名的，它们的形体状貌不一样，因此才不同。杨木的木头与桃木的木头，在都作为木头这一点上是相同的。

中国古代同异之辩，是有关辩证法世界观和方法论的重要课题，各家各派都卷入争论，墨家仔细研究事物同异的各种表现，是准备用来参与争鸣的辩论素材。其中特别值得关注的精彩语句是：“有其异也，为其同也；为其同也异。”这是讨论“异”这一概念，对“同”这一概念的依赖性。意即事物有其不同的一面，恰恰是因为有其相同的一面；这是在有相同一面基础上的不同一面。

世界上的事物千差万别，这是“异”；但这千差万别的事物，说到底都统一于“物质”，是同一物质的分化和不同表现；“异”为“同”所决定和制约，这跟《庄子·天下》所列惠施“万物毕同毕异”命题的意涵一致。

就伦理学的权衡利害原则来说，在所亲身经历的事情中，权衡利害的轻重大小，叫作“权”。“权”，即权衡。“权”不等于“是”，也不等于“非”。“权”是提供一个衡量利害大小即是非的标准。

在不得已的情况下，宁肯断掉一个指头，也要争取保存手腕。在利中是取大的，在害中是取小的。所谓“害中取小”，在一定意义上可以说不是“取害”，而是“取利”。这里所谓“取”，是指人对事物的把握和取舍。遇到强盗，被迫断掉一个指头以保住生命，就保住生命这一点来说是利，就遇到强盗被迫断掉一个指头来说是害。

在利中取大的，不是被迫不得已的，而是自己主动从容争取的。在害中取小的，是被迫不得已的。在利中取大的，是在尚未存在的事情中，去争取实现某一种。在害中取小的，是在已经存在的事情中，被迫舍弃某一种。

这段话，突出体现墨家理论的长处，是从实践中总结概括正确的思维方法。这段话中理论思维的闪光，是从亲身经历的事情中，概括“利之中取大”和“害之中取小”的实践哲学原则，包含概念对立转化的辩证思维原则。

“害之中取小也，非取害也，取利也。”即按照害中取小的理论原则和前提，处理两害相权取其小的实践课题时，“取害”的概念，在整体保存和发展的意义上，就转化为“取利”，得出逻辑结论“非取害也，取利也”，即不是“取害”，而是“取利”。“遇盗人”谋财害命，是“害”。假如被迫“断指以免身”，在生命整体保存和发展的意义上，就转化为“利”。

墨家从实践中概括了权衡利害轻重，利中取大，害中取小的正确原则。《大取》篇名的立意，由此得以引申和确立。这是辩证逻辑理论和应用研究的先驱，极具启发借鉴意义。

【故事阐微】

黄香忠孝两全受尊敬

黄香出生在一个生活清贫的家庭里，经常吃不上饭，也更谈不上穿一件好衣服。但父母却很重视对他的教育，既教给他做人的道理，也教给他学习《四书》《五经》。所以，小小的黄香就写得一手好文章。可是，天有不测风云，在黄香八九岁的时候，他的母亲突然身患重病，卧床不起。家里又没有多余的钱来给母亲治病，尽管黄香和父亲竭尽全力来帮助母亲减轻痛苦，但不久妈妈就撇下年幼的黄香，撒手西去。没有了母亲，黄香悲痛欲绝，他守在妈妈的灵前，既不吃饭也不睡觉，由于过度悲伤，小黄香骨瘦如柴，叫人看了心酸。从此黄香与父亲相依为命，他似乎一下子长大了。黄香想："妈妈已经没有了，父亲的心里一定很难过，我不能再加重父亲的负担了。"他要把对母亲的无限追思全部用在孝敬父亲上，他要让父亲生活得更舒心一点。

黄香家的房屋很破，每到夏天，热得人都喘不过气来。加上蚊子特别多，真是难以入睡。为了让父亲能休息得好，黄香一到晚上，先给父亲放好帐子，把蚊子驱赶干净，再把席子用扇子扇凉，干完这一切以后，黄香早已大汗淋漓了。父亲很心痛儿子，让黄香不要再扇了。但黄香坚持天天如此。到了冬天，四处透风的房子简直冷透了。为了能让父亲觉得暖和一点，黄香每天晚上都要早早地躺到父亲的被窝里，用自己的身子给父亲把被窝焐热以后，才让父亲入睡。尽管生活十分清苦，但黄香总是表现出很快乐的样子，白天高高兴兴地帮父亲到地里干活，晚上，就默默地在灯下学习。长大成人以后，黄香到了京城洛阳求学。他多才多识，以至于当时就有民谚流传："天下无双，江夏黄童。"

在汉安帝时，黄香被任命为魏郡太守。他非常关心人民的疾苦。当时魏郡发生水灾，黄香就亲自到灾区去，组织民众抗洪救灾。黄香还把自己的俸禄拿

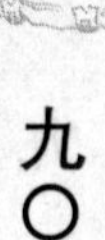

出来，用于赈济灾民。后来黄香因为父亲病重而辞官回家。黄香孝父爱民的故事，在中国老百姓中间流传得十分久远。

小取

【题解】

《小取》是墨家逻辑体系的简明纲要，论述清晰流畅。本文一论“辩”学即古代逻辑学的目的、宗旨，二论或（特称）、假（假设）、效（建立、代入公式）、譬（譬喻式类比）、侔（对照同类词句的类比）、援（援例类比）、推（归谬类比）等判断、推论形式的定义、特点，三论譬、侔、援、推等推论形式的局限和易犯的错误，四论推论正确与错误的5种不同情况。本文是古代逻辑学的专论，是理解其他《墨经》各篇逻辑思想的钥匙和方法论的启示，在中国和世界逻辑史上占有重要地位。

【原文】

夫辩者，将以明是非之分，审治乱之纪，明同异之处，察名实之理，处利害，决嫌疑。焉摹略[①]万物之然，论求群言之比。以名举实，以辞抒意，以说出故。以类取[②]，以类予[③]。有诸己不非诸人，无诸己不求诸人。

【注释】

①摹略：模量，也即探求。

②取：举例子。

③予：推论。

【译文】

辩论的目的是用于分清是非对错的分别，明察治乱的道理，审明相同和不同的所在，体察名实的道理，权衡利害、决断疑惑。于是要探求万物的本来样子，分析、比较各种不同言论的相同关系。用名称来表达实物，用言辞来表达概念，再说出其中的理由。以同类的原则举例，以同类的原则推论。自己已有的，不非议别人没有，自己没有的，不要求别人要拥有。

【原文】

或[①]也者，不尽也。假者，今不然也。效[②]者，为之法也，所效者，所以为之法也。故中效，则是也；不中效，则非也。此效也。辟[③]也者，举也物而以明之也。侔[④]也者，比辞而俱行也。援也者，曰："子然，我奚独不可以然也?"推也者，以其所不取之同于其所取者，予之也。"是犹谓"也者，同也。"吾岂谓"也者，异也。

【注释】

①或：可能。

②效：标准。

③辟：同"譬"，指譬喻。

④侔：齐等。即意义一致。

【译文】

可能的，是说不是全都这样。假设的，是说现在还不是这样。标准，就是成事的法则，所定的标准，就是之所以成事的法则。所以符合标准的，就是准确的。不符合标准的，就是错误的。譬喻，就是举其他事物来说明。意义一致，就是对比言辞，可以互相推论。援引，就是说："你可以这样说，为什么我就不可以这样说呢?"推求，就是用对方不赞成的命题，来得出对方所赞成的命题，以此来反驳对方。"这就好比说"是指含义一致。"我难道是说"是指含义不一致。

【原文】

夫物有以同而不[1]，率遂[2]同。辞之侔也，有所至而正[3]。其然也，有所以然也；其然也同，其所以然不必同。其取[4]之也，有所以取之；其取之也同，其所以取之不必同。是故辟[5]、侔[6]、援[7]、推[8]之辞，行而异，转而危[9]，远而失，流而离本，则不可不审也，不可常用也。故言多方[10]，殊类，异故，则不可偏观也。

【注释】

①不：同“否”，不同的意思。

②率遂：“率”“遂”都是述的意思。

③正：应该是“止”，也即局限。

④取：举例。

⑤辟：譬喻。

⑥侔：意义一致。

⑦援：援引。

⑧推：推求。

⑨危：同“诡”，指诡辩。

⑩方：术，指技巧。

【译文】

有的事物之间有相同和不同的地方，但说起来却是一样的。同样的言辞，他们的相同也是有局限的。事物这样，有之所以是这样的原因；他们的状况是相同的，但之所以这样的原因却不一定是相同的。他们举这个例子，有举这个例子的原因；他们所举的例子是相同的，但他们之所以举这个例子的原因不一定是相同的。所以举例、意义一致、援引、推求的言辞，施行起来会有不同，转而会变成诡辩，会离得太远而丧失本真，会支离破碎而远离根本，这是不可以不审察的，是不能经常使用的。所以说话有很多技巧，不同类别的，根据理由又不相同，那就不可以混在一起看待。

【原文】

夫物或乃是而然，或是而不然[①]，或一周[②]而不一周，或一是而一不是也。不可常用也，故言多方殊类异故，则不可偏观也[③]，非也。

【注释】

①或是而不然：依据文意，后面应该有“或不是而然”。

②周：周遍，也即普遍。

③不是也。不可常用也，故言多方殊类异故，则不可偏观也：衍文，应该删去。

【译文】

事物有些是前提肯定，结论也肯定，有些是前提肯定，结论不肯定，有的是前提不肯定，但结论是肯定的，有的是一方面普遍而一方面不普遍，有的是一方面对另一方面不对。

【原文】

白马，马也；乘白马，乘马也。骊马[①]，马也；乘骊马，乘马也。获，人也；爱获，爱人也。臧，人也；爱臧，爱人也。此乃是而然者也。获之亲，人也；获事其亲，非事人也。其弟，美人[②]也；爱弟，非爱美人也。车，木也；乘车，非乘木也。船，木也；人船[③]，非人木[④]也。盗人，人也；多盗，非多人也；无盗，非无人也。奚以明之？恶多盗，非恶多人也；欲无盗，非欲无人也。世相与共是之。若若是，则虽盗人人也，爱盗非爱人也；不爱盗，非不爱人也；

杀盗人非杀人也，无难盗无难矣[⑤]。此与彼同类，世有彼而不自非也，墨者有此而非之，无也故焉，所谓内胶[⑥]外闭与心毋空[⑦]乎？内胶而不解也。此乃是而不然者也。

【注释】

①骊马：深黑色的马。

②美人：貌美的人。

③人船：应该是“入船”。

④人木：应该是“入木”。

⑤无难盗无难矣：应该是“无难矣”。

⑥内胶：“胶”即“固”，即固执。

⑦空：同“孔”。

【译文】

白马是马；乘白马，就是乘马。深黑色的马，是马；乘深黑色的马，就是乘马。女奴婢，是人；爱女奴婢，就是爱人。男奴婢，是人；爱男奴婢，就是爱人。这就是前提是肯定的，结果也是肯定的。女奴婢的父母，是人；但女奴婢侍奉自己的父母，就不能说是侍奉人。女奴婢的弟弟是貌美的人；但爱他的弟弟，并不能说是爱貌美的人。车，是木头；但是乘车，不能说是乘木头。船，是木头，但是进入船里，不能说是进入木头。盗贼是人；但很多盗贼，不能说是很多人；没有盗贼，也不能说是没有人。何以证明这个道理呢？因为憎恶盗贼多并不是憎恶人多；只是希望没有盗贼而不是希望没有人。世上人都共同承认这是对的。如果是这样，那么虽然盗贼是人，但爱盗贼并不是爱人；不爱盗贼并不是不爱人；杀盗贼并不是杀人，这并不是难以成立的。前者和后者是一样的，世上有自己主张前者而不认为自己是错的，墨家是主张后者的，他们却反对，这没有其他的缘故，这难道就是所谓的内心固执而对外闭塞，就是所谓的心窍不通吗？是内心固执而顽固不化啊！就是前提是肯定的，但结论是否定的了。

【原文】

且夫读书，非好书也[①]。且斗鸡，非鸡也[②]；好斗鸡，好鸡也。且入井，非入井也；止且入井，止入井也。且出门，非出门也；止且出门，止出门也。若若是，且夭，非夭也；寿夭也[③]。有命，非命也；非执有命，非命也，无难矣。此与彼同类。世有彼而不自非也，墨者有此而罪非之[④]，无也故焉，所谓内胶外闭与心毋空乎？内胶而不解也。此乃是而不然者也。

【注释】

①且夫读书，非好书也：应该是“夫且读书，非读书也；好读书，好书也”。

②非鸡也：应该是“非斗鸡也”。

③寿夭也：应该是“寿且夭，寿夭也”。

④墨者有此而罪非之：应该是“墨者有此而非之”。

【译文】

将要读书，并不是读书；读书，就是爱好书。将要斗鸡，并不是斗鸡；喜爱斗鸡，就是喜爱鸡。将要跳井，并不是跳井；制止将要跳井，就是制止跳井了。将要出门，并不是出门；制止将要出门的，就是制止出门了。如果是这样的话，将要夭折，那就不是夭折；延长将要夭折者的生命，就是延长生命。秉持有命论，并不是命；否定秉持有命论，就是反对命，这并没什么难以成立的。前者和后者是一样的，世上有自己主张前者而不认为自己是错的，墨家是主张后者的，他们却反对，这没有其他的缘故，这难道就是所谓的内心固执而对外闭塞，就是所谓的心窍不通吗？是内心固执而顽固不化啊！这就是前提是肯定的，但结论是否定的了。

【原文】

爱人，待周爱人而后为爱人。不爱人，不待周不爱人；不周爱，因为不爱人矣。乘马，不待周乘马然后为乘马也；有乘于马，因为乘马矣。逮至不乘马，待周不乘马而后为不乘马。此一周而一不周者也。

【译文】

爱人，要等到普遍地爱所有人才可以说是爱人。不爱人，不用等到普遍地不爱所有人就可以说是不爱人；不普遍地爱人，就可以说是不爱人。乘马，不用等到乘遍所有的马然后才可以说是乘马；曾经乘过马，就可以说是乘马。等到什么马都不乘，才可以说是不乘马。这就是所谓的一方面是普遍而另外一方面不普遍。

【原文】

居于国，则为居国；有一宅于国，而不为有国。桃之实，桃也；棘之实，非棘也。问人之病，问人也；恶人之病，非恶人也。人之鬼，非人也；兄之鬼，兄也。祭人之鬼，非祭人也；祭兄之鬼，乃祭兄也。之马之目盼[①]，则为[②]之马盼；之马之目大，而不谓之马大。之牛之毛黄，则谓之牛黄；之牛之毛众，而不谓之牛众。一马，马也；二马，马也。马四足者，一马而四足也，非两马而四足也。一马，马也[③]。马或白者，二马而或白也，非一马而或白。此乃一是而一非者也。

青铜蟠虺纹提梁盉（战国）

【注释】

①盼：应该是“眇”，指眼瞎。

②为：应该是“谓”。

③一马，马也：衍文，应该删去。

【译文】

居住在某个国家，就可以说是居住在某个国家；有一座住宅在某个国家，则不能说是有某个国家。桃树的果实，是桃子；荆棘的果实，却不是荆棘。问候别人的病情，是问候人；憎恶人的病，却不是憎恶人。人的鬼不是人；兄长的鬼魂，却是兄长。祭祀人类的鬼魂，不是祭祀人类；祭祀兄长的鬼魂，却是祭祀兄长。这匹马的眼睛瞎了，那就可以说这匹马瞎；这匹马的眼睛很大，但却不能说是这匹马很大。这头牛的毛是黄色的，就可以说这头牛是黄色的；这头牛的毛很多，却不能说牛很多。一匹马，是马；两匹马，也是马。说马有四条腿，是说一匹马有四条腿，而不是说两匹马有四条腿。马有的是白色的，是说两匹马中有的是白色的，并不是说一匹马中有的是白色的。这就是所谓的一方面是对的，而另一方面是不对的。

【评析】

《小取》是中国古代罕见的逻辑学专论，是墨辩（墨家逻辑）的简明读本和纲领，在中国和世界逻辑史上占有重要地位。

常言说：“纲举目张。”《韩非子·外储说右下》说：“善张网者引其纲。”郑玄《诗谱序》说：“举一纲而万目张，解一卷而众篇明。”善解《小取》，就像举一纲而万目张，则《墨经》众篇逻辑皆明。

《荀子·劝学》说：“若挈裘领，屈五指而顿之，顺者不可胜数也。”《小取》就像《墨经》的领子，屈指抖动，则《墨经》逻辑的众毛皆顺。《小取》

是理解墨辩（墨家逻辑）精言妙道的钥匙、关键、门径和方法论。

《墨子》托名战国初期（前5世纪）墨翟撰。从内容看，《小取》是战国后期墨家后学所撰。文中两次自称“墨者”，是墨家后学的口气。写作时间在前4世纪末至前3世纪初，与《公孙龙子·名实论》和《荀子·正名》同一时代。

《小取》开宗明义先说辩学目的论，即“辩”这门学问的目的，是用来判明真理与谬误的分别，审察治理和混乱的头绪，判明同一与差异的所在，考察概念和实际的原理，权衡处置利益与祸害，洞察决断迷惑和可疑的痕迹。所以能反映概括万事万物的面目与根源，讨论探求各种言论的利弊和得失。

这是墨辩的目的、宗旨，突出墨辩的工具性。古今中外逻辑，都是思维工具。亚里士多德的逻辑著作叫《工具论》。培根的逻辑著作叫《新工具》。墨家逻辑是中国古代百家争鸣辩论和朴素科学思维的工具。

《小取》再说思维规律论，即根据事物的类别取例证明，根据事物的类别予例反驳。自己赞成的论点不能反对别人赞成，自己不赞成的论点不能要求别人赞成。

《尚贤下》载，墨子要成立“治国任贤能”的论点，就取“王公大人杀牛羊、制衣裳、治疲马和张危弓，都知道任贤能”的同类事例来证明，这是“以类取”。墨子批评王公大人不知“治国任贤能”的论点为荒谬，就取“王公大人杀牛羊、制衣裳、治疲马和张危弓，都知道任贤能”的同类事例来反驳，这是“以类予”。

因为“王公大人杀牛羊、制衣裳、治疲马和张危弓，都知道任贤能”，就不能非难墨子“治国任贤能”的论点，这是“有诸己不非诸人”。因为王公大人不放弃“杀牛羊、制衣裳、治疲马和张危弓任贤能”的论点，就不能要求墨子放弃“治国任贤能”的论点，这是“无诸己不求诸人”。这是表达同一律和矛盾律的思想，要求保持思维的一致性，避免自相矛盾，表明中外逻辑的共性，都遵守同一律、矛盾律。

《小取》再说思维形式论，即用语词概念反映事物实质，用语句命题表达思想意念，用推论说词揭示理由根据。这名辞说三者，恰与西方传统逻辑的概念论、命题论和推理论三部分相当。

“或”是表示一类事物中仅有一部分是如此，即并非全部都是如此。“假”是表示思想上的假定，并非表示现实就是如此。“效”是提供标准的辩论形式和法则，所“效”是被提供的标准辩论形式和法则，所以合乎这些标准辩论形式和法则的是正确的，不合乎这些标准辩论形式和法则的是不正确的，这就是“效”。

“或”是一个区别的特称量词。即在一类事物中，仅有部分是如此，并非全部是如此。如说：“马或白。”指在马类事物中，仅有部分马是白的，并非所有马是白的。公式是：S或P=有S是P，并非所有S是P。

“假”是假定、假设、假想，而现实并非如此。如梁启超在《墨子之论理学》中说：“假使今日中国有墨子，则中国可救。”而“今日中国有墨子”，只是假定，并非事实。公式是：假定S是P。

“效”是建立公式（法式、标准、原则、模型、形式、格式）。“所效”是公式（法式、标准、原则、模型、公式、形式、格式）。“中效”是代入公式，符合公式者为是、对、正确；不符合公式者为非、错、不正确。如《经说上》说：“彼举然者，以为此其然也，则举不然者而问之”，“取此择彼，问故观宜。以人之有黑者、有不黑者也，止黑人”。即建立公式：M_1是P，M_2是P，所以所有M都是P，用“有M不是P”反驳。如说张三是黑的，李四是黑的，所以，所有人是黑的，这时，我就可以用“有人不是黑的”来反驳。这便是代入公式，并且“中效”的正确推论。

“譬”是列举其他事物来说明这一事物，简称譬喻类推。“侔”是比较同类词句说明它们都是行得通的，简称比辞类推。“援”是说：“你可以这样，我为什么偏偏不可以这样呢？”简称援例类推。“推”是我摆出一个证明给对方来反驳他，我这个证明是说明，对方所不赞成的与对方所赞成的本为同类，简称归谬类推。

"援"和"推"都是以同一律与矛盾律为根据的论证方式。"是犹谓"（这就好比说）的说法，是用来表示前后两种议论同类，是正类比的连接词。"吾岂谓"（我难道说）的说法，是用来表示前后两种议论不同类，是反类比的连接词。

《小取》论名、辞、说、辩等思维表达方式和或、假、效、譬、侔、援、推等论辩方式，从中国古代辩论实践中总结出来，又回到辩论实践中去，为墨家和诸子百家普遍运用，是墨辩和中国古典逻辑的范式，跟西方逻辑相比，有共性，也有个性。

就共性说，中外逻辑推论都遵守同一律和矛盾律。就个性说，《小取》特别重视类推，即广义的类比论证。其所总结的譬、侔、援、推等推论方式，有类比和归纳的或然性推论成分，也有归谬法的必然性推论成分。《小取》所列举推论方式的性质，是类比、归纳和演绎推论因素的朴素结合和综合运用，是古代论辩和论证的逻辑。

《小取》再说思维谬误论，即事物有相同之处，并不因此就完全相同。词句的同类比较（侔），在一定范围内是正确的。事物的现象或结果，有其所以形成的原因。其现象或结果相同，其所以形成的原因不一定相同。赞成某一论点，有其所以赞成的理由。双方都赞成某一论点，他们所以赞成的理由不一定相同。所以，"譬""侔""援""推"的词句，无类比附会混淆差异，辗转列举会发生诡辩，生拉硬扯会失去本义，牵强推论会离开根据，于是就不能不慎重，也不能到处搬用。所以对言论的多方面的道理、特殊的类别和不同的缘故，就不能片面地观察。

《小取》论譬、侔、援、推辩论方式的合理性界限和容易发生的谬误，跟事物、思维和语言的复杂性有关，跟认识论和批判性思维结合，是具体分析和讲道理的演绎成分，增强了古代论辩和论证的必然性与可靠性。

《小取》再说比辞类推式，列举五种典范的比辞类推式。其用古汉语元语言总结的"是而然，是而不然，不是而然，一周而一不周，一是而一非"等术语，使用排列组合、正反对照的修辞技巧，富有美感和欣赏价值，充分体现出作者的深思熟虑和语言技巧。

第一种，“是而然”，即前一命题肯定，后一命题肯定。从其所举例来看，其公式是：A=B，并且 CA=CB。如：白马是马，乘白马是乘马。骊马是马，乘骊马是乘马。获是人，爱获是爱人。臧是人，爱臧是爱人。

第二种，“是而不然”，即前一命题肯定，后一命题否定。从其所举例来看，其公式是：A=B，并且 CA≠CB。如：获得父母是人，获侍奉她的父母不能说是“侍奉人”（指作别人的奴仆）。她的妹妹是美人，她爱妹妹不能说是“爱美人”（指爱美色）。车是木头做的，乘车不能说是“乘木头”（指乘一根未加工的木头）。船是木头做的，入船不能说是“入木”（指进入木头）。强盗虽然是人，但某地强盗多，不能简单地说“某地人多”；某地没有强盗，也不能简单地说“某地没有人”。怎么知道这一点呢？讨厌某地强盗多，并不是讨厌某地人多；想让某地没有强盗，并不是想让某地没有人。世上的人大都赞成这些观点。如果是这样的话，那么我们说“强盗虽然是人，爱强盗却不能说是‘爱人’，不爱强盗不能说是‘不爱人’，杀强盗也不能简单地说是‘杀人’（指杀好人，犯杀人罪）”，也就应该是没有困难的。后者和前者是属于同类，世人赞成前者而不自以为不对，墨家的人主张后者却要加以反对，没有其他的原因：这就是所说的“内心纠结，对外封闭，听不进不同意见”，与“心里边没有留下一点空隙，纠结而解不开”的缘故。

第三种，“不是而然”，即前一命题否定，后一命题肯定。从其所举例来看，其公式是：A≠B，并且 CA=CB。如：“读书”不等于“书”，“好读书”却等于“好书”。“斗鸡”不等于“鸡”，“好斗鸡”却等于“好鸡”。“将要入井，不等于“入井”，阻止“将要入井”却等于阻止“入井”。“将要出门”不等于“出门”，阻止“将要出门”却等于阻止“出门”。如果是这样的话，那么我们说“将要夭折，不等于‘夭折’，阻止‘将要夭折’却等于阻止‘夭折’。儒家主张‘有命，论，不等于真的有‘命’这东西存在；墨家‘非执有命’，却等于‘非命，（即墨家反对儒家坚持有命的论点，等于实实在在地否定‘命’的存在）”就也应该是没有困难的。后者和前者是属于同类，世人赞成前者而不自以为不对，墨家的人主张后者却要加以反对，没有其他的原因，这就是所说的“内心纠结，对外封闭，听不进不同意见”，与“心里边没有留下一点空隙，纠结而解不开”的缘故。

第四种，一周而一不周，即一种说法周遍，而一种说法不周遍。从其所举例来看，其公式是：AB 一语，A 有时遍及于 B 的所有分子，有时不遍及于 B 的所有分子。如：说“爱人”，必须周遍地爱所有的人才可以说是“爱人”；说“不爱人”，不依赖于周遍地不爱所有的人：没有做到周遍地爱所有的人，因此就可以说是“不爱人”了。说“乘马”，不依赖于周遍地乘过所有的马，才算是“乘马”：至少乘过一匹马，就可以说是“乘马”了。但是说到“不乘马”，依赖于周遍地不乘所有的马，然后才可以说是“不乘马”。

第五种，一是而一非，即一种语句结构，代入一种内容成立，代入另一种内容不成立。从其所举例来看，其公式是：F（A）=G（A），并且 F（B）≠G（B）。如：居住在某一国内，可以简称为“居国”；有一住宅在某一国内，却不能简称为“有国”。桃树的果实称为“桃”，棘树的果实却不称为“棘”（称为枣）。探问别人的疾病可以简称为“探问人”，讨厌别人的疾病却不能简称为“讨厌人”。人的鬼魂不等于人，兄的鬼魂在某些特殊情况下可以权且代表兄。祭人的鬼魂不等于祭人，祭兄的鬼魂可以权且说是祭兄。（作者持有鬼论）这个马的眼睛瞎，可以简称为“这马瞎”；这个马的眼睛大，却不能简称为“这马大”。这个牛的毛黄，可以简称为“这牛黄”；这个牛的毛众（指牛毛长得茂密），却不能简称为“这牛众”（牛众是指牛的个数多）。一匹马是马，两匹马是马，说“马四足”，是指一匹马四足，不是指两匹马四足；但是说“马或白”（指有的马是白的），却是在至少有两匹马的情况下才可以这样说，如果在只有一匹马的情况下就不能这样说。

以上《小取》所列比辞类推式，各有一大批丰富的例证来支撑，反映了当时诸子百家争鸣辩论的主题内容和生动激烈的状况。其对五种比辞类推形式的总结，跟先秦古汉语的语法、语义和语用紧密联系，表明墨家辩学即逻辑概括受中国民族语言特点的制约。

由《小取》的论述可知，墨家辩学（中国古代逻辑），是诸子百家争鸣辩论的利器，是中国古代的论证逻辑和语用逻辑，经过创造性诠释和改造转型，跟现实生活结合，可转化为中华民族锐利的思维工具。

【故事阐微】

李斯巧言撤销逐客令

秦王嬴政十年，王族大臣们都说："各诸侯国到秦国来做官谋职的人，大都是为自己的君主来游说，以挑拨离间我们君臣上下之间的关系，因此，请大王将他们一律驱逐出境。"于是，秦王下令全国实行大搜索，驱逐外来人。

客卿楚国人李斯也在被逐之列，他在临离开前上书秦王说：从前穆公招纳贤才，由西部戎地选得由余，东方宛城物色到百里奚，在宋国迎来了蹇叔，在晋国寻求到丕豹和公孙枝，为此，秦国得以兼并二十多个封国，而称霸西戎；孝公任用商鞅实行变法，使各国亲和服从，以至今日天下大治，国势强盛；惠王采纳张仪的策略，拆散六国的合纵联盟，使它们为秦国效力；昭王得到范雎的辅佐，加强了王室的权力，遏制了贵族家族的势力。这四位君王都是依靠客卿的作用而建功立业的。如此看来，客卿有什么地方辜负了秦国啊！美色、音乐、珠宝、美玉都不产在秦国，大王享受的却很多。但你对人的取舍偏不是这样，不问可不可用，不论是非曲直，凡非秦国人就一概不用，凡是客卿就一律驱逐。以此来说，你只是看重美色、音乐、宝珠、美玉等物质享受，而轻视人才了。我听说泰山不辞细小的泥土，故能成就其巍峨；河海不择细流，故能成就其深广；圣贤的君王不抛弃民众，故能明示他的恩德。这便是三皇五帝之所以能无敌于天下的原因。现在您抛弃那些非秦国籍的平民百姓，使他们去帮助敌国；辞退那些外来的宾客，令他们去为各诸侯效力，这就是所谓的把武器借给入侵者，把粮秣送给盗匪了。嬴政看了李斯上的这封信，立即召他入见，恢复他的官职，并撤销逐客令。

此时李斯已走到了骊邑，他接到秦王诏令后即刻回返。嬴政后来采纳了李斯的计策，暗中派遣能言善辩的人携带金玉珠宝去游说各国国君。对各国有名望、有势力的人，凡是可以用钱财贿赂的，嬴政便出重金收买回来，结交他们；凡是不肯受贿的，便持利剑刺杀他们。同时秦王还命人挑拨各国国君与臣民之间的关系，离间他们的感情，然后派良将率兵攻打各国。这样，几年之内，秦国终于兼并了天下。

耕柱

【题解】

《耕柱》《贵义》《公孟》《鲁问》四篇为墨家语录，由弟子和再传弟子缀集而成。每篇若干章，摘取首章二字为篇题，章与章之间无关联，全篇无中心思想。其编排方式与《论语》《孟子》相同，语言浅显，风格朴实，接近口语。《耕柱》共21章，一部分为墨子与弟子问对之辞，另一部分记录了墨子与儒家之徒的辩论。

【原文】

子墨子怒耕柱子。耕柱子曰：“我毋俞于人乎？”[①]子墨子曰：“我将上大行，驾骥与羊[②]，子将谁敺？”耕柱子曰：“将敺骥也。”子墨子曰：“何故欧骥也？”耕柱子曰：“骥足以责。”子墨子曰：“我亦以子为足以责。”

巫马子谓子墨子曰：“鬼神孰与圣人明智？”子墨子曰：“鬼神之明智于圣人，犹聪耳明目之与聋瞽也。昔者夏后开使蜚廉折金于山川[③]，而陶铸之于昆吾，是使翁难雉乙卜于白若之龟[4]，曰：‘鼎成，三足而方，不炊而自烹，不举而自臧[5]，不迁而自行。以祭于昆吾之虚[6]，上乡[7]！’乙又言兆之由曰：‘飨矣！逢逢白云[8]，一南一北，一西一东，九鼎既成，迁于三国。’夏后氏失之，殷人受之，殷人失之，周人受之。夏后、殷、周之相受也，数百岁矣。使圣人聚其良臣与其桀相而谋[9]，岂能智数百岁之后哉？[10]而鬼神智之。是故曰，鬼神之明智于圣人也，犹聪耳明目之与聋瞽也。”

【注释】

①耕柱子：墨子弟子。俞：通“愈”，胜过。

②羊：疑为“牛”之误。

③夏后开：即夏启，汉代人避景帝（刘启）讳而改。折金：采金，指开发金属矿藏。

④雉：衍文。白：“百”的错字。

⑤臧：通“藏”。

⑥虚：同“墟”。

⑦上乡：即“尚飨”，祭祀之辞。

⑧逢逢：通“蓬蓬”。

⑨桀：同“杰”。

⑩智：通“知”。

【译文】

墨子恼怒耕柱子。耕柱子说：“我没有超过别人的地方吗？”墨子说：“我将要去太行山，驾车的有良马和牛，你将使用其中的哪一种？”耕柱子说：“将用良马驾车。”墨子说：“为什么用良马驾车？”耕柱子说：“良马足以担此重任。”墨子说：“我也认为你能担当重任。”

巫马子对墨子说：“鬼神与圣人相比，哪个更明智？”墨子说：“鬼神比圣人明智，就像耳聪目明的人与耳聋眼瞎的一样。从前，夏启让蜚廉在山上开发矿藏，并在昆吾铸鼎；又命令卜官翁难乙用百灵之龟来占卜，说：'鼎已铸成，四脚方形，不用生火而自己烹烧，不用抬举而自己隐藏，不用搬动而自己行走。用它在昆吾之旷野祭祀，请神灵享用！'又念了卦兆的占辞：'神灵已享用！蓬蓬白云，一簇在南，一簇在北，一簇在东，一簇在西，九鼎已经铸成，将它留传于三国。'夏人失掉它，殷人得到了它；殷人失掉了它，周人得到了它。夏商周更迭接受它，已有好几百年。假使让圣人聚积他的良臣和他的杰出相国来谋划，哪里能知道数百年之后的事呢？但鬼神知道。所以说，鬼神比圣人明智，就好像耳聪目明的人与聋子瞎子相比一样。"

【原文】

治徒娱、县子硕问于子墨子曰[①]："为义孰为大务[②]？"子墨子曰："譬若筑墙然，能筑者筑，能实壤者实壤，能欣者欣[③]，然后墙成也。为义犹是也，能谈辩者谈辩，能说书者说书，能从事者从事，然后义事成也。"

巫马子谓子墨子曰："子兼爱天下，未云利也[④]；我不爱天下，未云贼也。功皆未至，子何独自是而非我哉？"子墨子曰："今有燎者于此，一人奉水将灌之，一人掺火将益之，功皆未至，子何贵于二人？"巫马子曰："我是彼奉水者之意，而非夫掺火者之意。"子墨子曰："吾亦是吾意，而非子之意也。"

【注释】

①治徒娱、县子硕：皆为墨子弟子。

②大务：最重要的方面。

③欣：王引之云："欣当读为晞。"《说文》："晞，望也。"按王注：晞为操表测量观测之意。

④云："有"之意。

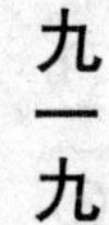

【译文】

治徒娱、县子硕问墨子说："行义，什么是最重要的方面？"墨子说："好比筑墙一样，能筑墙的就筑墙，能填土的就填土，能测量的就测量，这样墙就可筑成。行义也是这样，能谈论的就谈论，能解说书籍的就解说，能做事的就做事，然后义事就成了。"

巫马子问墨子说："你兼爱天下，没有什么好处；我不爱天下，也没有什么害处。功效都还没有到达，你为什么只自认为正确而指责我不正确呢？"墨子说："现在有人在这里放火，一个人捧着水去浇灭它，另一个人拿着火去助燃它，功效都还没有到达，你赞成其中的哪一个？"巫马子说："我赞同那个捧水灭火的人，反对那个拿火助燃的人。"墨子说："我也认为我的兼爱天下是对的，而认为你的不爱天下是错误的。"

【原文】

子墨子游荆耕柱子于楚①。二三子过之②，食之三升，客之不厚。二三子复于子墨子曰："耕柱子处楚无益矣！二三子过之，食之三升。客之不厚。"子墨子曰："未可智也。"毋几何而遗十金于子墨子③，曰："后生不敢死④，有十金于此，愿夫子之用也。"子墨子曰："果未可智也。"

巫马子谓子墨子曰："子之为义也，人不见而耶⑤，鬼而不见而富⑥，而子为之，有狂疾。"子墨子曰："今使子有二臣于此，其一人者见子从事，不见子则不从事；其一人者见子亦从事，不见子亦从事，子谁贵于此二人？"巫马子曰："我贵其见我亦从事，不见我亦从事者。"子墨子曰："然则是子亦贵有狂疾也。"

【注释】

①荆：为衍文。

②二三子：指耕柱子的几位同门、同学。

③毋几何：没多久。

④后生：弟子、后辈。不敢死：指不敢贪图财利去违章犯法以取死罪。言下之意，这十金并非不义之财，而是省用积蓄起来的。

⑤耶："助"字之讹。

⑥"鬼"后"而"字衍。富：通"福"，赐福，保佑。

【译文】

墨子通过游说推荐耕柱子去楚国做官。几个同门前去拜访耕柱子，耕柱子只供给三升米招待他们，接待并不优厚。这几个同门回来告诉墨子说："耕柱子在楚国没有好处啊！我们几个同门去拜访他，他只用每餐三升米招待我们，接待并不优厚。"墨子说："还不能预料呢。"没过多久，耕柱子让人给墨子送来十镒黄金，说："学生不敢贪赃枉法以取死罪，这里有十镒黄金，请老师收下使用。"墨子说："果然不可预料吧！"

巫马子对墨子说："你行义，没有见到别人帮助你，也没见到鬼神赐福给你，可你却还在行义，你这是有疯病。"墨子说："现在假设你有两个手下在这里，其中一个见到你就干活，不见到你就不干活，其中另一个见到你也干活，没见到你也干活，对于这两个人，你看重哪一个？"巫马子说："我看重那个见到我也干活，没见到我也干活的人。"墨子说："那么你也是看重有疯病的人。"

【原文】

子夏之徒问于子墨子曰[①]："君子有斗乎[②]？"子墨子曰："君子无斗。"子夏之徒曰："狗豨犹有斗[③]，恶有士而无斗矣？"子墨子曰："伤矣哉！言则称于汤文，行则譬于狗豨，伤矣哉！"

巫马子谓子墨子曰："舍今之人而誉先王，是誉槁骨也。譬若匠人然，智槁木也，而不智生木。"子墨子曰："天下之所以生者，以先王之道教也。今誉先王，是誉天下之所以生也。可誉而不誉，非仁也。”子墨子曰：“和氏之璧，隋侯之珠[④]，三棘六异[⑤]，此诸侯之所谓良宝也。可以富国家，众人民，治刑政，安社稷乎？曰不可。所谓贵良宝者，为其可以利也。而和氏之璧，隋侯之珠，三棘六异，不可以利人，是非天下之良宝也。今用义为政于国家，人民必众，刑政必治，社稷必安。所为贵良宝者，可以利民也，而义可以利人，故曰：义天下之良宝也。”

【注释】

①子夏：孔子的学生。

②斗：打斗。

③豨：古书上指猪。

④隋侯之珠：即明月珠。《淮南方·览冥训》中记载：春秋时代隋国国君曾救活一条受伤的大蛇，后来大蛇从江中衔来一颗明珠来报答他，后人称作隋侯珠。

⑤三棘六异：代指传国之宝。即三翮六翼，九鼎之别名。

【译文】

子夏的学生问墨子说：“君子有争斗吗？”墨子说：“君子没有争斗。”子夏的学生说：“猪狗还有争斗，哪有士人没有争斗的呢？”墨子说：“可悲呀！言谈就称举商汤文王，行为则拿猪狗相比，真是可悲呀！”

巫马子对墨子说：“舍弃当今的人而称誉古代圣王，这是称誉死人。好比木匠一样，只知道枯木，而不知道活生生的木材。”墨子说：“天下之所以生存的原因，是因为有先王的道德教化。现在称誉先王，是称誉天下之所以能生存的道德学说。可以称誉却不去称誉，这不是仁。”墨子说：“和氏之璧，隋侯之珠，三翮六翼的鼎，这是诸侯们所说的宝物，它们可以使国家富裕，使人口众多，使刑政治理，使社稷安定吗？回答：不能够。所谓的贵重宝物，是因为它们可以有利于人。但和氏之璧、隋侯之珠、三翮六翼的鼎，不能够利于人，它们不是天下的宝物。现在用行义来在国家施政，人民必定众多，刑政必定治理，社稷必定安定。所谓宝物珍贵，是因为它们可以利人，义可以利人，所以说义是天下的宝物。"

【原文】

叶公子高问政于仲尼曰[①]："善为政者若之何？"仲尼对曰："善为政者，远者近之，而旧者新之。"子墨子闻之曰："叶公子高未得其问也，仲尼亦未得其所以对也。叶公子高岂不知善为政者之远者近也[②]，而旧者新是哉[③]？问所以为之若之何也。不以人之所不智告人，以所智告之，故叶公子高未得其问也，仲尼亦未得其所以对也。"

子墨子谓鲁阳文君曰："大国之攻小国，譬犹童子之为马也[④]。童子之为马，足用而劳。今大国之攻小国也，攻者农夫不得耕[⑤]，妇人不得织，以守为事；攻人者，亦农夫不得耕，妇人不得织，以攻为事。故大国之攻小国也，譬犹童子之为马也。"

【注释】

①叶公子高：叶公名诸梁，字子高，楚国大夫。

②也：当作"之"。

③是：当作"之"。

④童子之为马：指小孩用手着地作马行走。

⑤攻者："守者"之误。

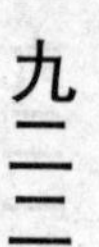

【译文】

叶公子高向仲尼问施政的道理："善于施政的人该怎么办？"仲尼回答说："善于施政的人，要对远者亲近，对故旧要待之如新。"墨子听说这件事后说：

"叶公子高没有得到想要的解答，仲尼也没有给出正确的回答。叶公子高难道不知道善于施政的人要对远者亲近，对故旧待之如新吗？他问的是怎样去做。仲尼是不拿人家所不知道的告诉人家，拿人家所知道的告诉人家。所以说叶公子高没有得到想要的解答，仲尼也没有给出正确的回答。"

墨子对鲁阳文君说："大国攻打小国，好比是儿童两手着地模仿马行一样。小孩子模仿马行，因此很劳累。现在大国攻打小国，对于被进攻的小国来说，农民不能耕作，妇女不能织布，大家都以防守为事；对于进攻的大国来说，也是农民不能耕作，妇女不能织布，大家都以攻打为事。所以大国攻打小国，就好比小孩子的模仿马行一样，很容易使自己劳累。"

【原文】

子墨子曰："言足以复行者，常之①；不足以举行者，勿常。不足以举行而常之，是荡口也②。"

子墨子使管黔滶游高石子于卫③，卫君致禄甚厚，设之于卿。高石子三朝必尽言，而言无行者。去而之齐，见子墨子曰："卫君以夫子之故，致禄甚厚，设我于卿，石三朝必尽言，而言无行，是以去之也。卫君无乃以石为狂乎？"子墨子曰："去之苟道④，受狂何伤！古者周公旦非关叔，辞三公东处于商盖⑤，人皆谓之狂，后世称其德，扬其名，至今不息。且翟闻之为义非避毁就誉。去之苟道，受狂何伤！"高石子曰："石去之，焉敢不道也！昔者夫子有言曰：'天下无道，仁士不处厚焉。'今卫君无道，而贪其禄爵，则是我为苟陷人长也⑥。"子墨子说，而召子禽子曰⑦："姑听此乎！夫倍义而乡禄者⑧，我常闻之矣。倍禄而乡义者，于高石子焉见之也。"

【注释】

①常之：常说。

②荡口：空口、徒费口舌。

③溉：毕沅注："疑'敖'字。"管黔敖：墨子弟子。高石子：墨子弟子。

④苟道：假如符合道义。

⑤商盖：即"商奄"，古国名。

⑥苟陷人长：疑为"苟啗人食"，意为只图吃人之食。

⑦子禽子：即禽滑釐，墨子弟子。

⑧倍：通"背"。乡：通"向"。

【译文】

墨子说："言论足以付诸实践，就经常讲说；不足以付之实行，就不要经常讲。不足以付诸实践却要经常讲，是信口胡说。"

墨子让管黔敖推荐高石子去卫国做官，卫国国君给予的俸禄很丰厚，安排他做了卿大夫。高石子三次入朝见卫君，必定说完自己的意见，但他所说的没有被采用。高石子离开卫国去齐国，见墨子说："卫国国君因为老师你的缘故，给我的俸禄很丰厚，安排我做了卿大夫，高石子我三次上朝都必定讲完我的意见，但意见没有被采纳，所以我离开了卫国。卫国国君恐怕要认为我高石子狂妄吧?"墨子说："离开卫国是因为符合道义，被认为狂妄又有什么关系！古代周公讨伐管叔，平定管叔的叛乱后，辞去三公爵位，去到东方的商奄，人们都说他张狂，但后世却称赞他的德行，颂扬他的美名，至今没有停止。况且墨翟我听说行义不是躲避诋毁追求称誉。离开卫国假如符合道义，被认为是狂妄又有什么关系！"高石子说："我离开卫国，怎么敢不符合道义原则呢？从前老师您说：'天下没有道义，仁义之人不处在俸禄丰厚的位置上。'现在卫国君主没有道行，如果贪图他的俸禄和爵位，那就是我只为苟且吃人家的食粮了。"墨子很高兴，召来禽滑釐说："姑且听听高石子这番话吧！那背信弃义而向往俸禄的，我常听说到。这样背弃俸禄而向往仁义的，在高石子身上见到了。"

【原文】

子墨子曰："世俗之君子，贫而谓之富，则怒，无义而谓之有义，则喜。岂不悖哉!”

公孟子曰：“先人有则三而已矣[1]。”子墨子曰：“孰先人而曰有则三而已矣？子未智人之先有。”

后生有反子墨子而反者[2]，“我岂有罪哉？吾反后。”子墨子曰：“是犹三军北，失后之人求赏也。”

公孟子曰：“君子不作，术而已。”子墨子曰：“不然，人之其不君子者[3]，古之善者不诛，今也善者不作[4]。其次不君子者，古之善者不遂[5]，已有善则作之，欲善之自己出也。今诛而不作，是无所异于不好遂而作者矣。吾以为古之善者则诛之，今之善者则作之，欲善之益多也。”

【注释】

①则：法则，此作动词，效法。三：张纯一《墨子集解》注：“《说文》：天地人之道也”。

②前一个“反”字当为背叛的意思，后一个“反”，通“返”，返回。

③其：綦，极之意。

④诛：当作“述”。也：“之”字之误。

⑤遂：疑为“述”之误。

【译文】

墨子说：“世俗的君子，如果他贫穷却说他富裕，他就恼怒，如果他无义，却说他有义，他就喜欢。这难道不是违背常理吗!”

公孟子说：“先人只效法天、地、人之道而已。”墨子反问：“什么先人说只效法天、地、人之道而已？你不知道人应该先有义。”

有个背叛墨子又返回墨子门下的人说：“我难道有罪吗？我不过是回头晚一点罢了。”墨子说：“这好比军队打了败仗，逃跑在后头的人要求奖赏一样。”

公孟子说：“君子不创作，只要阐述而已。”墨子说：“不对。人群中极其没有君子品行的人，对古代的善不阐述，对当今的善不创作。其次一等没有君子品行的人，对古代的善不阐述，自己有善就创作，这是想说明善出于自己。现在述而不作，这与不阐述古代的善却喜欢自己创作善的人没有区别。我认为，对古代的善就阐述，对当今的善就创作，愿善的增多。"

【原文】

巫马子谓子墨子曰："我与子异，我不能兼爱。我爱邹人于越人，爱鲁人于邹人，爱我乡人于鲁人，爱我家人于乡人，爱我亲于我家人，爱我身于吾亲，以为近我也。击我则疾[①]，击彼则不疾于我，我何故疾者之不拂[②]，而不疾者之拂？故有我有杀彼以我，无杀我以利。"子墨子曰："子之义将匿邪，意将以告人乎？"巫马子曰："我何故匿我义？吾将以告人。"子墨子曰："然则，一人说子[③]，一人欲杀子以利己；十人说子，十人欲杀子以利己；天下说子，天下欲杀子以利己。一人不说子，一人欲杀子，以子为施不祥言者也；十人不说子，十人欲杀子，以子为施不祥言者也；天下不说子，天下欲杀子，以子为施不祥言者也。说子亦欲杀子，不说子亦欲杀子，是所谓经者口也[④]，杀常之身者也。"子墨子曰："子之言恶利也？若无所利而不言[⑤]，是荡口也。"

【注释】

①疾：痛。

②拂：接近、承受之意。

③说：通"悦"。

④经："到"之假借字。

⑤不：衍文。

【译文】

巫马子对墨子说："我与你不同，我不能兼爱。我爱邹国人超过越国人，爱鲁国人超过邹国人，爱我的乡里人超过鲁国人，爱我的家人超过乡里人，爱我的双亲超过我的其他家人，爱我自己超过我的双亲，因为更贴近自己的缘故。打我我就感到痛，打你我就不感到疼痛，我为什么不去还击打痛我的人，而去还击没有打痛我的人呢？所以我会杀他人来有利于我，而不会杀我自己去有利他人。"墨子说："你的这个道理学说，是要隐藏起来呢还是要把它告诉人家呢？"巫马子说："我为什么要隐藏我的观点？我要把它告诉人家。"墨子说："既然如此，那么一个人喜欢你的主张，一个人想杀你来有利自己；十个人喜欢你的主张，十个人想杀你来有利自己；天下人喜欢你的主张，天下人想杀你来有利自己。一个人不喜欢你的主张，一个人想杀你，认为你是散布不祥之言的人；十个人不喜欢你的主张，十个人想杀你，认为你是散布不祥之言的人；天下人不喜欢你的主张，天下人想杀你，认为你是散布不祥之言的人。喜欢你的观点的人也想杀你，不喜欢你的观点的人也想杀你，这是所说的招来杀身之祸的是口出不祥之言，杀身之祸常到这样的人的身上。"墨子说："你的言论有什么好处呢？如果没有好处而还要说，这是信口胡说。"

【原文】

子墨子谓鲁阳文君曰："今有一人于此，羊牛犓豢，维人但割而和之[①]，食之不可胜食也，见人之作饼，则还然窃之[②]，曰：'舍余食。'不知日月安不足乎[③]？其有窃疾乎？"鲁阳文君曰："有窃疾也。"子墨子曰："楚四竟之田[④]，旷芜而不可胜辟，評灵数千[⑤]。不可胜，见宋、郑之闲邑，则还然窃之，此与彼异乎？"鲁阳文君曰："是犹彼也，实有窃疾也。"

子墨子曰："季孙绍与孟伯常治鲁国之政，不能相信，而祝于社，曰：'苟使我和。'是犹弇其目而祝于蘐社也[⑥]，'若使我皆视。'岂不缪哉！"

子墨子谓骆滑氂曰："吾闻子好勇。"骆滑氂曰："然。我闻其乡有勇士焉，吾必从而杀之。"子墨子曰："天下莫不欲与其所好[⑦]，度其所恶[⑧]。今子闻其乡有勇士焉，必从而杀之，是非好勇也，是恶勇也。"

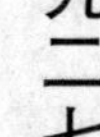

【注释】

①维人："饔人"之误，掌宰割烹调的人。

②还然：居然。

③日月：疑"耳目"之误。

④竟：通"境"。

⑤评灵：疑为"泽虞"之误。"泽"：古代掌川泽之官。"虞"：掌山林之官。

⑥蘩社：指神祠，古代神祠周围有茂密的丛林。

⑦与：通"举"，亲附。

⑧度："斥"字本字"庹"的形误，疏远的意思。

【译文】

墨子对鲁阳文君说："现在有一个人在这里，他养的牛羊，任凭厨师宰割烹调，多得吃也吃不完，他看见别人家做饼子，就迅速地去偷窃，还说：'给我吃吧！'不知是他的美味食物不充足呢？还是他有偷窃的毛病呢？"鲁阳文君说："他有偷窃的毛病。"墨子说："楚国四境之内的田野，空旷荒芜，开垦不完，空闲的土地数以千计，用也用不完，看见宋国、郑国的空城，就迅速地去窃取，这与偷饼子的人有什么不同呢？"鲁阳文君说："这与那一样，实在是有偷窃的毛病。"

墨子说："季孙绍与孟伯常共同治理鲁国的国政，不能相互信任，就到丛林中的祠庙里祷告说：'希望让我们和好。'这好比是遮盖自己的眼睛而在祠庙里祷告说：'希望让我们都能看见。'难道不是荒谬吗！"

墨子对骆滑氂说："我听说你喜爱勇武。"骆滑氂说："是的。我听说哪个乡有勇士，我必定去把他杀掉。"墨子说："天下没有人不想帮助他所喜欢的，除掉他所厌恶的人。现在你听说那个乡有勇士，必定去杀掉他，这不是喜欢勇武，是厌恶勇武啊!”

【评析】

《耕柱》生动形象，妙趣横生，从各个侧面补充论证墨子兼爱非攻等论题，表现墨子的性格特征和思想风貌。本篇与《贵义》《公孟》《鲁问》和《公输》等五篇，共同组成墨子的对话篇与言行录，类似儒家的《论语》。

在墨子跟儒家信徒的辩论中，墨子跟巫马子关于兼爱的辩论，意味深长。本篇第17章载，巫马子对墨子说：“我跟你不同。我不能兼爱，我爱邹国人超过爱越国人，爱鲁国人超过爱邹国人，爱家乡人超过爱鲁国人，爱家里人超过爱家乡人，爱父母超过爱家里人，爱我超过爱父母，因为越来越近于我。打我我感到痛，打别人我不感到痛。为什么使我疼痛的，我不去急于除去，而我不感到疼痛的，却要设法除去呢？因此，杀别人，以有利于我，而杀我，有利于别人。”

墨子兼爱的实质，是平等地爱全人类，是彻底的人道主义和人文精神。巫马子的爱，是从极端个人利己主义立场出发，以自我为中心，把人类划分为无数个同心圆，离自己越远，爱得越少。离自己越近，爱得越多。跟墨子的兼爱相比，这是有差别的偏爱、别爱。巫马子由这种偏爱、别爱的逻辑出发，引申出“有杀彼以利我，无杀我以利彼”，即只能损人利己，不能损己利人的极端个人利己主义思想。

墨子说：“你这种思想，要隐藏起来，还是要告诉别人呢?”巫马子说：“我为什么要把思想隐藏起来呢？我要告诉别人!”

墨子分析说：“那么，如果一个人相信你的说法，就有一个人想杀死你；十个人相信你的说法，就有十个人想杀死你；天下人都相信你的说法，天下人都想杀死你：这都是为了有利于自己。反之，如果有一个人不相信你的说法，就会有一个人想杀死你；十个人不相信你的说法，就会有十个人想杀死你；天下人都不相信你的说法，天下人就会都想杀死你：这都是因为你是散布不祥之言

的人。喜欢你的想杀死你；不喜欢你的也想杀死你：这就是轻率之言，将殃及自身啊！你的话有何利？如果没有利，还一定要说，就是信口胡说。”墨子用归谬反驳法和二难推理，以巫马子之矛，攻巫马子之盾，揭露巫马子谬论的利己主义本质。

本篇第3章载，巫马子对墨子说：“你兼爱天下，没有看到什么利益。我不爱天下，没有看到什么害处。都还没有实效，你为什么只认为自己对，而批评我呢？”墨子说：“现在假如有人在这里放火，一个人想用水灭火，一个人想火上浇油，把火点得更旺，都还没有实效，你认为哪种思想可贵呢？”

巫马子说：“我认为想用水灭火的人，意图是对的。想火上浇油，把火点得更旺的人，意图是不对的。”墨子说：“我认为兼爱的意图，是对的，是善意，有助于治理天下；你反对兼爱的意图，是不对的，是恶意，无助于治理天下。”

《论语·先进》说：“德行：颜渊，闵子骞，冉伯牛，仲弓。言语：宰我，子贡。政事：冉有，季路。文学：子游，子夏。”这是孔门四科，即四种业务的分科。跟孔门的情况相似，本篇第2章载，弟子治徒娱和县子硕问墨子说：“墨家实现仁义的理想，最要紧的是做什么事情？”墨子回答说，好比筑墙一样，能筑就筑，能夯土就夯土，能测量就测量。这样墙才可以筑成。实现仁义的理想也是如此：能谈话辩论就谈话辩论，能讲书就讲书，能做事就做事。这样仁义的理想才能实现。这是墨门三科，即墨家学派三种业务的分科。

“谈辩”，指研习谈话辩论的技巧。此科的最终成果，是广义《墨经》六篇，其中总结为辩学（中国古代逻辑学）。“说书”，指研习传统文化知识，结合当时情况，提出治国方略，推出尚贤、尚同、兼爱、非攻等政治伦理经济哲学论文。“从事”，指研习农工商兵实际技能，总结中国古代自然科学技术知识。此科的最终成果，是狭义《墨经》四篇，其中总结有数学、力学、物理学、简单机械学、光学和心理学等自然科学技术知识。

墨门三科，即墨家学派三种业务的分科“谈辩”“说书”和“从事”，为中华民族遗留宝贵的科学人文元典，经过创造性诠释和改造转型，可成为新时代国家民族复兴的思想资源和学术借鉴。

【故事阐微】

刘备荆州求贤才

起初，诸葛亮居住在襄阳的隆中，经常把自己比作管仲和乐毅。刘备在荆州，向襄阳人司马徽询访人才。司马徽推荐诸葛亮。

徐庶在新野县见到刘备，刘备对徐庶很是器重。徐庶对刘备说："诸葛亮乃是卧龙，将军愿见他吗？"刘备说："请你与他一起来。"除庶说："这个人，您可以去见他，但不可以召唤他来，将军应当屈驾去拜访他。"

刘备于是拜访诸葛亮，一共去了三次，才见到诸葛亮。刘备让左右的人都出去，对诸葛亮说道："汉朝王室已经衰败，奸臣窃据朝政大权，我不度德量力，打算伸张正义于天下，但智谋短浅，以至于遭受挫折，到了今天这个地步。但我的雄心壮志仍然还在，您认为应当如何去做？"诸葛亮说："如今，曹操已经拥有百万大军，挟持天子以号令天下，确实不可与他争锋。孙权占据江东，已经经营三代，地势险要，民心归附，贤能人才都为他尽力，此人可以与他联盟，却不可算计他。荆州地区，北方以汉水、沔水为屏障，南方直通南海，东边连接吴郡、会稽，西边可通巴郡、蜀郡，正是用武之地，但主人刘表却不能守卫。这恐怕是上天赐给将军的资本。益州四边地势险阻，中有沃野千里，是天府之地，而益州牧刘璋昏庸懦弱，平庸无能。北

三顾茅庐

边还有张鲁相邻，虽然百姓富庶，官府财力充足，却不知道珍惜，智士贤才都希望能有一个圣明的君主。将军既是汉朝王族，与孙权结盟，对内修明政治，对外观察时局变化，这样，就能建成霸业，复兴汉朝王室丁。”刘备说：“很好！”从此与诸葛亮的情谊日益亲密。关羽、张飞对此感到不满，刘备向他们解释说：“我得到诸葛亮，如鱼得水，希望你们不要再说了。”关羽、张飞才停止抱怨。

贵义

【题解】

本篇共二十章，一部分与“贵义”有关，也掺杂了其他内容。多数是“子墨子曰”式的独白，也有一部分是与他人问对与辩说之辞。其中驳斥日者的迷信尤为可贵。

【原文】

子墨子曰：万事莫贵于义。今谓人曰：“予子冠履，而断子之手足，子为之乎？”必不为，何故？则冠履不若手足之贵也。又曰：“予子天下而杀子之身，子为之乎？”必不为，何故？则天下不若身之贵也。争一言以相杀[1]，是贵义于其身也。故曰，万事莫贵于义也。

【注释】

①一言：即指义。相：选择。杀：指死亡。

【译文】

墨子说：世间万事没有比义更贵重的了。如果现在对别人说：“赠给你帽子和鞋子，但要砍断你的手和脚，你肯吗?”那人一定不肯，为什么呢?就是因为帽子和鞋子没有手和脚贵重。如果又说：“把天下送给你，但要把你杀死，你肯吗?”那人一定不肯，为什么呢?就是因为天下也没有自己的生命更贵重。为了争辩义而选择死亡，这是因为义比生命更贵重。所以说，世间万事没有比义更贵重的了。

【原文】

子墨子自鲁之齐，即过故人，谓子墨子曰[①]：“今天下莫为义，子独自苦而为义，子不若已。”子墨子曰：“今有人于此，有子十人，一人耕而九人处，则耕者不可以不益急矣。何故?则食者众而耕者寡也。今天下莫为义，则子如劝我者也[②]，何故止我?”

【注释】

①此句首当有“故人”二字。

②如：当、宜的意思。

【译文】

墨子从鲁国到齐国去，于是拜访了老朋友，朋友对墨子说：“现在天下没有人行义，只有你独自苦苦地行义，你不如停止了吧!”墨子说：“现在有一个人在这里，他有十个儿子，只有一个人耕种而其他九个都闲呆着，那么耕种的那个就不能不更加努力去做。为什么呢?就是因为吃饭的人多而种地的人少。现在天下没有人行义，那么你应该鼓励我，为什么反而阻止我呢?”

【原文】

子墨子南游于楚，献书惠王，惠王以老辞，使穆贺见子墨子。子墨子说穆贺，穆贺大说[①]，谓子墨子曰：“子之言则成善矣[②]，而君王，天下之大王也，

毋乃曰‘贱人之所为’而不用乎?”子墨子曰:“唯其可行。譬若药然,草之本③,天子食之,以顺其疾,岂曰‘一草之本’而不食哉?今农夫人其税于大人,大人为酒醴粢盛以祭上帝鬼神,岂曰‘贱人之所为’而不享哉?故虽贱人也,上比之农,下比之药,曾不若一草之本乎?且主君亦尝闻汤之说乎④,昔者汤将往见伊尹⑤,令彭氏之子御。彭氏之子半道而问曰:‘君将何之?’汤曰:‘将往见伊尹。’彭氏之子曰:‘伊尹,天下之贱人也。君若欲见之,亦令召问焉,彼受赐矣。’汤曰:‘非女所知也。今有药于此,食之,则耳加聪,目加明,则吾必说而强食之。今夫伊尹之于我国也,譬之良医善药也。而子不欲我见伊尹,是子不欲吾善也。’因下彭。氏之子,不使御。吾言足用矣⑥,舍言革思者⑦,是犹舍获而攈粟也⑧。以其言非吾言者,是犹以卵投石也,尽天下之卵,其石犹是也,不可毁也。君得之,则必用之矣。”

【注释】

①说:游说。下文“说”同“悦”。

②成:通“诚”。

③句首当补“一”字。

④主君:指称穆贺。春秋时本来用于诸侯与卿大夫,但后来也可以通行上下。

⑤伊尹:商朝著名的政治家,曾经做过奴隶。

⑥此处原作“彼苟然,然后可也”七字,依王焕镳说将其移置下文“何故皆不遂也”句下。此处移入以下五十四字:前四十六字本为此篇之末节,其“子墨子曰”四字移置下文“必去六辟”之前;后八字则移自于《公孟》首节。

⑦舍言:当作“舍吾言”。革:变更的意思。

⑧攈:即“捃”,拾的意思。

【译文】

墨子向南游历到了楚国,献书给楚惠王,楚惠王因为自己年老而推辞不见,却派穆贺去见墨子。墨子向穆贺游说，穆贺非常高兴，对墨子说："您的话的确很好，但是我们的君王，是天下的大王，或许会说'这是贱人所说的话'便不采纳吧?"墨子说："只要它是可行的就行。就好像药，一把草根，天子吃了它，也可以治疗他的病，难道会说'这是一把草根'而不吃吗?现在农夫缴租税给王公大人们，王公大人们把这做成祭品来祭祀上帝鬼神，难道会说'这是贱人缴的租税'就不享用吗?所以虽然是贱人说的话，向上比农夫，向下比药，难道还不如一把草根吗?再说您大概也听过商汤的故事吧，从前商汤准备前去见伊尹，命令彭氏的儿子驾车。彭氏的儿子在半路上问他说：'您要到哪里去呢?'商汤说：'准备去见伊尹。'彭氏的儿子说：'伊尹，这是天下很低贱的人。您如果想见他，就派人把他召来问话，他也算是受到赏赐了。'商汤说：'这不是你所能明白的。现在有药在这里，吃了它，耳朵就更加灵敏，眼睛就更加明亮，那我一定会很高兴地努力吃它。现在伊尹对于我们的国家，就好像良医和好药一样。可你却不想让我见伊尹，这就是你不希望我好啊!'因而命令彭氏的儿子下去，不让他驾车。我的学说是值得采用的，如果舍弃我的学说更改我的思想，就好像放弃收割而去拾谷穗一样。如果用别人的学说来攻击我的学说，这就像用鸡蛋来砸石头一样，用尽天下的鸡蛋，石头还是原来的样子，是无法破坏的。国君得到了我的学说，就必然会采用。"

【原文】

子墨子曰：凡言凡动，利于天鬼百姓者为之；凡言凡动，害于天鬼百姓者舍之；凡言凡动，合于三代圣王尧舜禹汤文武者为之；凡言凡动，合于三代暴王桀纣幽厉者舍之。

【译文】

墨子说：凡是言论和行动，有利于上天鬼神与百姓的就做；凡是言论和行动，有害于上天鬼神与百姓的就舍弃；凡是言论和行动，符合夏商周三代的圣王尧、舜、禹、商汤王、周文王、周武王之道的就做；凡是言论和行动，符合夏商周三代的暴君夏桀、商纣、周幽王、周厉王之道的就舍弃。

【原文】

子墨子曰：言足以迁行者[①]，常之[②]；不足以迁行者，勿常。不足以迁行而常之，是荡口也。

【注释】

①迁：登，有使行为向上的意思。

②常：通“尚”，崇尚。

【译文】

墨子说：言论如果能够改变行动，就崇尚它；言论如果不能改变行动，就不要崇尚它。言论不能改变行动而又崇尚它，那就是说空话。

【原文】

子墨子曰：嘿则思[①]，言则诲，动则事[②]，使三者代御，必为圣人。

【注释】

①嘿：同“默”。

②事：疑当为“义”字。

【译文】

墨子说：沉默的时候就要思考，讲话的时候就要教诲，行动的时候要讲究义，能对这三者交替使用，必定会成为圣人。

【原文】

子墨子曰：必去六辟[①]。必去喜、去怒、去乐、去悲、去爱[②]，而用仁义。手足口鼻耳[③]，从事于义，必为圣人。

【注释】

①六辟：指人的喜、怒、乐、悲、爱、恶六情。

②此下当补“去恶”二字。

③此下当补一“目”字。

【译文】

墨子说：必须要去掉六情。必须去掉喜、去掉怒、去掉乐、去掉悲、去掉爱、去掉恶，而要遵从仁义。手、脚、口、鼻、耳、眼，如果都用来从事于义，必定会成为圣人。

【原文】

子墨子谓二三子曰：为义而不能，必无排其道[①]。譬若匠人之斲而不能[②]，无排其绳。

【注释】

①排：当为“罪”字。下同。

②斯：砍。

【译文】

墨子，对他的几个弟子说：行义事若不能进行时，不要责怪道义。就好像木匠砍木头砍得不正的时候，决不会怪罪他的准绳。

【原文】

子墨子曰：世之君子，使之为一彘之宰，不能则辞之；使为一国之相，不能而为之，岂不悖哉！

【译文】

墨子说：世上的君子，让他去做杀一头猪的屠夫。如果做不了便会推辞；让他做一国的国相，虽然做不了却还要去做，这不是很荒谬嘛！

【原文】

子墨子曰：今瞽曰“钜者自也[①]，黔者黑[②]”，虽明目者无以易之。兼白黑，使瞽取焉，不能知也。故我日瞽不知白黑者，非以其名也，以其取也。今天下之君子之名仁也，虽禹汤无以易之。兼仁与不仁，而使天下之君子取焉，不能知也。故我日天下之君子不知仁者，非以其名也，亦以其取也。

【注释】

①钜：当作“银”。

②黔：黑色。

【译文】

墨子说：现在有个盲人说“银子是白色的，烟灰是黑色的”，即使是眼睛明亮的人也无法更改这个判断。如果把白的和黑的混在一起，让盲人分辨，他就不能知道了。因此我说盲人不知道白色和黑色的话，不是指这种颜色的名称，是指这种判别。现在天下的君子为仁下定义，即使是夏禹商汤都无法改变它。如果把仁和不仁的事物混在一起，让天下的君子去分辨，他们就不能判刚了。所以我说天下的君子不知道什么是仁，不是指这种仁的名称，也是指这种判别。

【原文】

子墨子曰：今士之用身，不若商人之用一布之慎也[①]。商人用一布布[②]，不敢继苟而雠焉[③]，必择良者。今士之用身则不然，意之所欲则为之，厚者入刑罚，薄者被毁丑，则士之用身不若商人之用一布之慎也。

【注释】

①布：古代一种货币名称。

②布布：衍一“布”字，当删。

③继苟：疑当为“轻苟”，即轻率苟且的意思。雠：同“售”。

【译文】

墨子说：现今的士人用身于世，还不如商人使用一枚钱币时谨慎。商人使用一枚钱币，不敢轻率随意地就做交易，必定要挑选最好的。现在士人用身于世却不这样，自己想做什么就做什么，重的受到刑法惩罚，轻的被人诟骂。这就是士人用身于世还不如商人用一枚钱币谨慎啊！

【原文】

子墨子曰：世之君子欲其义之成，而助之修其身则愠[①]。是犹欲其墙之成，而人助之筑则愠也，岂不悖哉！

【注释】

①愠：恼怒。

【译文】

墨子说：世上的君子都希望自己行义能够成功，但如果有人帮助他修身他

就很恼怒。这就好像他希望自己把墙筑好，别人来帮助他筑墙他就恼怒一样，这岂不是很荒谬嘛！

【原文】

子墨子曰：古之圣王，欲传其道于后世，是故书之竹帛，镂之金石[①]，传遗后世子孙，欲后世子孙法之也。今闻先王之遗而不为[②]，是废先王之传也。

【注释】

①镂：雕刻。

②遗：当为“道”字。

【译文】

墨子说：古代的圣王，想把他们的道义传于后世，所以把它写在竹和帛上，雕刻在金属和石头上，流传给后世子孙，想让后世子孙来效法。现在的人听说了先王的道义却不去实行，这是废弃了先王留传下来的道义啊！

【原文】

子墨子南游使卫[①]，关中载书甚多[②]，弦唐子见而怪之，曰：“五夫子教公尚过曰[③]：‘揣曲直而已。’今夫子载书甚多，何有也？”子墨子曰：“昔者周公旦朝读书百篇，夕见漆十士[④]。故周公旦佐相天子，其修至于[⑤]。今翟上无君上之事，下无耕农之难，吾安敢废此？翟闻之：同归之物[⑥]，信有误者，然而民听不钧[⑦]，是以书多也。今若过之心者，数逆于精微，同归之物，既已知其要矣，是以不教以书也。而子何怪焉？”

【注释】

①使：疑当为“于”字。

②关：古代车用木做成栏，可以放东西，称为“关”。

③公尚过：墨子的弟子。

④漆：同“桼”，即“七”字。

⑤句末当补一“此”字，“今”字属下读。

⑥归：疑当作“传”。下同。

⑦钧：通“均”。

【译文】

墨子向南方游历到了卫国，车厢里装了很多书，弦唐子看到后很奇怪，说：“老师您教公尚过说：‘书籍不过是衡量是非曲直的罢了。’现在您车上却装了这么多书，有什么用呢？”墨子说：“从前周公旦早上读书百篇，晚上会见七十个士人。周公旦辅佐天子，他还能勤于修身到这样的境地。现在我上没有侍奉国君的差事，下没有耕田种地的艰难，我怎么敢废弃读书呢？我听说：共同传述的事物，其中肯定会有错误的地方，这样的话民众听到的也就往往不一样，因此书就多了起来。现在像公尚过这样的人，他的心已经能够考究物理之精微了，共同传述的事物，既然已经知道它的要旨，所以就不用再拿书来教他了。而你为什么要感到奇怪呢？”

【原文】

子墨子谓公良桓子曰[①]：卫，小国也，处于齐、晋之间，犹贫家之处于富家之间也。贫家而学富家之衣食多用，则速亡必矣。今简子之家[②]，饰车数百乘，马食菽粟者数百匹，妇人衣文绣者数百人。吾取饰车食马之费与绣衣之财以畜士[③]，必千人有余。若有患难，则使百人处于前，数百于后，与妇人数百人处前后，孰安？吾以为不若畜士之安也。

【注释】

①公良桓子：卫国大夫。

②简：阅的意思。

③吾：当为“若”。

【译文】

墨子对公良桓子说：卫国是个小国，地处齐国和晋国之间，就像贫穷之家处于富贵人家之间一样。贫家如果要仿效富家的穿衣吃饭及庞大的花费，那就一定会很快招致灭亡。现在看一下你家，带装饰的车子有几百辆，吃粮食的马有几百匹，穿着华丽衣服的妇女有几百人。我如果拿这些装饰车子、饲养马匹的费用以及做华丽衣服的钱财来养士，一定会有千人以上。如果有危难，就派一百人在前边，几百人在后边，这与让几百个妇人分列前后相比，哪个安全呢？我认为不如养士安全啊！

【原文】

子墨子仕人于卫，所仕者至而反。子墨子曰：“何故反？”对曰：“与我言而不当[①]。曰‘待女以千盆[②]。授我五百盆，故去之也。”子墨子曰：“授子过千盆，则子去之乎？”对曰：“不去。”子墨子曰：“然则，非为其不审也[③]，为其寡也。”

【注释】

①当：读为“赏”，即“偿”字，实践诺言之意。

②女：同“汝”。盆：古时量粮食的器皿。

③审：应为“当”字，同前注。

【译文】

墨子派人到卫国去当官，当官的人一到卫国就回来了。墨子问：“为什么又回来了？”那人回答说：“卫国国君对我说话不算数。他说‘给你一千盆粮食来作为报酬’。实际却只给了我五百盆，所以我就离开了。”墨子说：“给你的粮食如果超过一千盆，那你还离开吗?”那人回答说：“不离开了。”墨子说：“这样看来，你不是因为卫国国君说话不算数，而是因为给你的粮食少了。”

【原文】

子墨子曰：世俗之君子，视义士不若负粟者[①]。今有人于此，负粟息于路侧，欲起而不能，君子见之，无长少贵贱，必起之。何故也？曰：义也。今为义之君子，奉承先王之道以语之，纵不说而行，又从而非毁之。则是世俗之君子之视义士也，不若视负粟者也。

【注释】

①不若：当作“不若视”。

【译文】

墨子说：世俗的君子看待义士还不如看待一个背粮食的人。现在如果有一个人在这里，背着粮食在路边休息，想起来却起不来了，君子看见了，无论老少贵贱，都必定会帮他起来。这是什么缘故呢？回答说：这是义。现在那些行义的君子，奉行传承先王的道义并告诉世俗的君子，世俗的君子纵然不高兴去实行也就罢了，却又去非议诋毁义士。这就是世俗的君子看待义士还不如看待一个背粮食的人。

【原文】

子墨子曰：商人之四方，市贾倍徙[①]，虽有关梁之难，盗贼之危，必为之。今士坐而言义，无关梁之难，盗贼之危，此为倍徙，不可胜计，然而不为。则士之计利不若商人之察也。

【注释】

①徙：即“蓰”，五倍的意思。下同。

【译文】

墨子说：商人奔走四方，做买卖可获利数倍，所以虽然有通过关卡的麻烦，有遇到盗贼的危险，但还是一定要做。现在士坐着讲义，没有通过关卡的麻烦，没有遇到盗贼的危险，这样做获得利益的倍数，多的无法计算，但却不去做。由此可见，士人计算利益不如商人精明啊！

【原文】

子墨子北之齐，遇日者[①]。日者曰：“帝以今日杀黑龙于北方，而先生之色黑，不可以北。”子墨子不听，遂北，至淄水[②]，不遂而反焉。日者曰：“我谓先生不可以北。”子墨子曰：“南之人不得北，北之人不得南，其色有黑者，有白者，何故皆不遂也？彼苟然，然后可也。且帝以甲乙杀青龙于东方，以丙丁杀赤龙于南方，以庚辛杀白龙于西方，以壬癸杀黑龙于北方，若用子之言，则是禁天下之行者也，是围心而虚天下也[③]。子之言不可用也。”

【注释】

①日者：古时以卜筮为业的人，即算卦先生。

②淄水：河名，在今山东省。

③围：当作“违”。

【译文】

墨子往北到齐国去，遇到一个算卦先生。算卦先生说：“天帝今天要在北方杀死黑龙，而您的脸色是黑的，不可以去北方。”墨子不听他的，继续往北走，到了淄水，无法渡河便回来了。算卦先生说："我对您说过不能往北方去的。"墨子说："淄水南岸的人不能北渡，淄水北岸的人也不南渡，而他们的脸色有黑有白，为什么都不能遂其心愿呢？他们如果能遂其心愿，然后才能证明你的说法。况且天帝甲乙日在东方杀青龙，丙丁日在南方杀赤龙，庚辛日在西方杀白龙，壬癸日在北方杀黑龙，假如按照你的说法，就是禁止天下所有的人通行了，这是令人心中有所忌讳从而使天下没有行人的办法。所以你的话不可取。"

【评析】

本篇共 19 章，其中有 13 章是墨子的独白，另有四章是墨子跟时人的对话，有两章是墨子跟弟子的对话。本篇墨子关于圣人观和"吾言足用"的自白，反映了墨子对自身历史使命感的自觉和自我评价，值得关注。

本篇第 6 章载墨子说，静默时就深入思考，出言说话就教诲别人，行动就从事正义的事业，使这三种要求交替地起统率驾驭作用，就能成为圣人。这是贯穿墨子全部议论的基本思想。《尚贤中》说，圣人应该"精其思虑，索天下之隐事遗利"。《尚贤下》说，为贤之道包含着"有道者劝以教人"的应有意义，"隐慝良道而不相教诲也"，则是不仁不义的行为。

本篇第 1 章说："万事莫贵于义。"第 2 章墨子在齐国的老朋友，对墨子说："今天下莫为义，子独自苦而为义。"第 4 章墨子自称："凡言凡动，合于三代圣王尧舜禹汤文武者为之；凡言凡动，合于三代暴王桀纣幽厉者舍之。"这同《荀子・正名》所谓"正利而为谓之事，正义而为谓之行"是一致的。第 16 章载墨子把自己称为终生实行仁义的"义士"，以"世俗之君子，视义士不若负粟（背粮食）者"自嘲自况。

墨子所谓"去六僻"，就是排除违反仁义原则的"喜怒乐悲（哀）爱恶"等个人的思想感情，把仁义作为衡量一切是非的标准。圣人的眼耳鼻舌身等认知器官和手足等运动器官以及视听言动，应该全部投入为实现仁义而奋斗的事业中去。墨子对其圣人观的阐释，言简意赅，内涵丰富，从中可窥见这位文化巨人的人生理想、人格特征和思想风貌。

墨子在活着时，就被称为圣人。墨子门徒跌鼻，曾对墨子提出疑问："今先生圣人也，何故有疾（为什么会生病）?"本篇第3章所载资讯，时间在前439年，墨子到楚国游说，顺便把自己的著作献给楚惠王看。惠王借口自己年老，派大臣穆贺出面接待墨子。楚国封君鲁阳文君提醒楚惠王说："墨子，北方贤圣人。"规劝楚王不要怠慢墨子这位"贤圣人"。

跌鼻和鲁阳文君不约而同地说墨子是"圣人"，反映当时社会对墨子的一般认识和评价。墨子作为"北方贤圣"的地位，在他的壮年时代业已确立。本章载墨子自我评价自己的学说，"上比之农，下比之药"，是"贱人之所为"，就像农民生产的粮食，采集的草药，有普世价值，对任何人都有用。

本篇第19章载墨子说，我的言论就足够用了。如果抛开我的言论，遵照别的学说，相当于农民抛弃收获，捡拾遗落在地上的几粒粮食。舍获而拾粟，意同于丢西瓜捡芝麻。你用别的学说，非难我的学说，是"以卵投石"，拿鸡蛋打石头，把天下的鸡蛋都打烂，我这块石头依然牢不可破。因为我的学说是真理，不会被攻陷。这是墨子的豪言壮语，充分表现出墨子对自己学说的自信。从墨子对中国传统文化的巨大贡献来看，墨子的自信有充分的理由和根据。

【故事阐微】

汉王慧眼识陈平

周勃、灌婴等人向汉王进谏谗言，说陈平在家时曾与他的嫂子私通；为魏王做事时因不能被容纳而逃奔楚国；在楚依然得不到信用，就又逃奔来降汉。汉王于是对陈平有了猜疑，便召见他的引荐人魏无知前来责问。

魏无知说："我推荐陈平时，说的是他的才能，陛下现在所责问的，是他的品行。现在有人虽有尾生、孝已那样的品行。却无决定胜负的才能，陛下又哪会有什么闲心去重用他啊！现今楚汉抗衡，我举荐有奇谋异计的人，只是考虑他的计策是否对国家有利，至于私通嫂子、收取贿赂，又有什么值得去怀疑的呢！”

汉王随即又召陈平来见，并责问他说：“你侍奉魏王意不相投，去侍奉楚王而又离开，如今又来与我共事，守信义的人都是这样三心二意吗？”陈平说：“我事奉魏王，魏王不能采纳我的主张，所以我才离开他去投项羽，项羽不能信任他使用的人才，他所任用宠爱的人，不是项家本家，就是他妻子的兄弟，即便有奇谋的人他也不用。我听说汉王能够用人，因此才来归附大王您。但我空手而来，不接受金钱就无法应付开销。倘若我的计策确有值得采纳的地方，便望大王您采用它；假如毫无价值不堪使用，那么金钱还都在这里，请让我封存好送到官府，并请求辞去官职。”

陈平

汉王于是向陈平道歉，重重地赏赐他，任命他为护军中尉，监督全军所有的将领。众将领们便不敢再对他说三道四了。

公孟

【题解】

本篇共23章，有12章记墨子与公孟子辩论，其余为与儒生或门人中不同见解者的互相诘难。生动地反映出当时百家争鸣的活跃气氛，以及墨子善于推理巧用比喻的语言艺术。

【原文】

公孟子[①]谓子墨子曰："君子共[②]己以待，问焉则言，不问焉则止。譬若钟然，扣则鸣，不扣则不鸣。"子墨子曰："是言有三物焉，子乃今知其一身[③]也，又未知其所谓也。若大人[④]行淫暴于国家，进而谏则谓之不逊，因左右而献谏则谓之言议。此君子之所疑惑也。若大人为政，将因于国家之难，譬若机之将发也然，君子之必以谏，然而[⑤]大人之利。若此者，虽不扣必鸣者也。若大人举不义之异行，虽得大巧之经，可行于军旅之事，欲攻伐无罪之国，有之也，君得之，则必用之矣[⑥]。以广辟土地，著税伪材，出必见辱，所攻者不利，而攻者亦不利，是两不利也。若此者，虽不扣，必鸣者也。且子曰：'君子共己待，问焉则言，不问焉则止。譬若钟然，扣则鸣，不扣则不鸣。'今未有扣，子而言，是子之谓不扣而鸣邪？是子之所谓非君子邪？"

【注释】

①公孟子：即孔子的弟子公明子。

②共：同"拱"，指垂拱。

③子乃今知其一身：应该是"子乃今知其二耳"："一"是"二"之误，由下文分述两种情况可以得知；"身"是"耳"之误，而已的意思。

④大人：国君，统治者。

⑤然而：即"是乃"，这就是的意思。

⑥有之也，君得之，则必用之矣：这十一个字是衍文，应该删去。

【译文】

公孟子对墨子说："君子垂拱等待，问他他就说话，不问他他就不说。这就好像是钟一样，你敲它它就响，不敲它它就不响。"墨子说："这要分三种情况，你只知道其中的两种而已，而且也不知道为什么要这样说。如果国君在国家施行淫荡暴虐的政治，君子前往进谏，就会说是他不恭敬谦逊，通过国君的左右进谏，就会说他是私下议论。这就是君子之所以疑惑不敢进谏的原因。如果国君施政，将会导致国家的灾难，就好像弓弩即将发射弓箭一样急迫，君子就一定要进谏，这就是国君的利益。这样的情况，就像是钟你没去敲它它依然会响一样。如果国君兴行不义的行为，即使得到了极为精妙的兵书，能够指挥军旅战事，想要用来攻击侵略无罪的国家，以开拓疆域，聚敛财富，这样出师一定会失败，被侵略的国家没好处，侵略的国家也没好处，这就是两不利。这样的情况，就像是钟你没去敲它它依然会响一样。而你却说：'君子垂拱等待，问他他就说话，不问他他就不说。这就好像是钟一样，你敲它，他就响，不敲它，它就不响。'现在没有去敲打，你却说话了，这是你所说的不敲自响，还是说你并非君子呢?"

【原文】

公孟子谓子墨子曰："实为善，人孰不知?譬若良玉，处而不出，有馀糈[1]。譬若美女，处而不出，人争求之；行而自衒[2]，人莫之取也。今子遍从人而说之，何其劳也!"子墨子曰："今夫世乱，求美女者众，美女虽不出，人多求之；今求善者寡，不强说人，人莫之知也。且有二生于此，善筮，一行为人筮者，一处而不出者，行为人筮者，与处而不出者，其糈[3]孰多?"公孟子曰："行为人筮者，其糈多。"子墨子曰："仁义钧，行说人者，其功善亦多。何故不行说人也。"

【注释】

①糈：美玉的光忙。

②衒：指边走边叫卖。

③糈：即粮。

【译文】

公孟子对墨子说："实在是好的，谁会不知道呢？就好像美玉，把它藏起来也会有光芒。就好像美女，住在家里不出去，别人也争相追求她。如果她在外面边走边推销自己，就没有人会娶她了。现在你四处跟在别人后面去游说他，那多劳累啊！"墨子说："现在世道混乱，追求美女的人很多，美女即使不出家门，也会有很多人追求她；现在追求为善的人很少，不勉力游说，百姓就没有知道的了。现在这里有两个擅长占卜的人，一个外出为人占卜，一个只果在家里不出去，外出为人占卜的和只待在家里不出去的，谁的粮食更多呢？"公孟子说："外出为人占卜的，粮食更多。"墨子说："仁义都是一样，外出游说别人的，效果和功德也更多，那为什么不出去游说别人呢？"

【原文】

公孟子戴章甫[①]，搢忽[②]，儒服，而以见子墨子，曰："君子服然后行乎？其行然后服乎？"子墨子曰："行不在服。"公孟子曰："何以知其然也？"子墨子曰："昔者齐桓公高冠博带，金剑木盾，以治其国，其国治。昔者晋文公大布之衣，牂[③]羊之裘，韦[④]以带剑，以治其国，其国治。昔者楚庄王鲜冠组缨，绛衣博袍，以治其国，其国治。昔者越王勾践剪发文身，以治其国，其国治。此四君者，其服不同，其行犹一也。翟以是知行之不在服也。"公孟子曰："善！吾闻之曰：宿善[⑤]者不祥。请舍忽，易章甫，复见夫子，可乎？"子墨子曰："请因[⑥]以相见也。若必将舍忽、易章甫，而后相见，然则行果在服也。"

【注释】

①章甫：指礼帽。

②搢忽：忽同"笏"，"搢笏"即"插笏"，插着木笏的意思。

③牂：指母羊。

④韦：指牛皮绳。

⑤宿善：指心里已经知道其中的好处，却不能立即施行。

⑥因：仍然。

【译文】

公孟子戴着礼帽，插着木笏，穿着儒服来见墨子，说："君子是先讲服饰然后讲行为，还是先讲行为然后讲服饰？"墨子说："行为与服饰无关。"公孟子问："何以知道是这样的呢？"墨子说："以前齐桓公戴高帽，系长带，手持金剑木盾来治理国家，国家也确实得到治理。以前晋文公穿着布衣，披着母羊皮做的皮衣，用牛皮绳挂着佩剑来治理国家，国家也一样得到治理。以前楚庄王头戴艳丽的帽子，身着华丽的衣服，国家也一样得到治理。以前越王勾践剪掉头发，在身上刺上花纹来治理国家，国家也得到治理。这四个国君，他们的服饰都不一样，但他们的行为却都一样。我从这里知道行为和服饰无关。"公孟子说："说得好！我听说心里已经知道其中的好处，却不能立即施行的人是不会吉祥的，请允许我舍弃木笏，换掉礼帽，再去见我的老师，这样做可以吗？"墨子说："还是这样去见他吧，如果非得舍弃木笏，换掉礼帽然后才去见老师，那就真的是行为在于服饰了。"

【原文】

公孟子曰："君子必古[①]言服，然后仁。"子墨子曰："昔者商王纣、卿士费仲为天下之暴人；箕子、微子为天下之圣人。此同言，而或仁不仁也。周公旦为天下之圣人，关叔[②]为天下之暴人，此同服，或仁或不仁。然则不在古服与古言矣。且子法周而未法夏也，子之古，非古也。"

【注释】

①古：指依据古制。

②关叔：管叔。

【译文】

公孟子说："君子的语言和衣着，一定是要依据古制，这样才算是仁。"墨子说："以前商代的纣王、卿士费仲是天下的暴虐之徒；箕子、微子是天下的圣人。他们的语言是相同的，但有人仁有人却不仁。周公旦是天下的圣人，管叔是天下的暴徒，他们的衣着一样，但有人仁有人却不仁。这样的话，就不在于古代的语言和古代的服饰了。而且如果你师法周代而不师法夏代，那你所说的古制，就不是古制了。"

【原文】

公孟子谓子墨子曰："昔者圣王之列[①]也，上圣立为天子，其次立为卿大夫。今孔子博于《诗》《书》，察于礼乐，详于万物，若使孔子当圣王[②]，则岂不以孔子为天子哉?"子墨子曰："夫知者，必尊天事鬼，爱人节用，合焉为知矣。今子曰'孔子博于《诗》《书》，察于礼乐，详于万物'，而曰可以为天子。是数人之齿[③]，而以为富。"

【注释】

①列：位列。

②当圣王：应该是"当上圣"，指当做作圣明的人。

③齿：即"契之齿"，古代通过在竹木上刻画记数，刻画的地方跟牙齿一样，所以叫齿。

【译文】

公孟子对墨子说："从前古代圣人的位列，最圣明地把他立为天子，其次的把他立为卿大夫。现在孔子精博《诗》《书》，体察礼乐制度，详知天下万物，如果把孔子当作最圣明的人，那岂不是就把孔子当作天子了？”墨子说：“明智的人，一定是尊重天帝、侍奉鬼神，热爱百姓勤俭节约，符合这些的就是智者了。现在你说‘孔子精博《诗》《书》，体察礼乐制度，详知天下万物’，就说孔子可以做天子。这就好像是计算别人契齿的数量，以为那是自己的财富。”

【原文】

公孟子曰：“贫富寿夭，齰然[①]天，不可损益。”又曰：“君子必学。”子墨子曰：“教人学而执有命，是犹命人葆[②]去其冠也。”

【注释】

①齰然：确实。

②葆：同“包”，指用布把头发包起来。

【译文】

公孟子说：“贫穷、富贵，长寿、短命，这些确实取决于上天，是不能够增加或减少的。”又说：“君子一定要学习。”墨子说：“教人学习却秉持有命运的观点，这就好像是让人把头发包起来却又脱去他的帽子。”

【原文】

公孟子谓子墨子曰：“有义不义，无祥不祥。”子墨子曰：“古圣王皆以鬼神为神明，而为祸福，执有祥不祥，是以政治而国安也。自桀、纣以下，皆以鬼神为不神明，不能为祸福，执无祥不祥，是以政乱而国危也。故先王之书《子亦》有之曰：‘其傲也出，于子不祥。’此言为不善之有罚，为善之有赏。”

【译文】

公孟子对墨子说：“有义的和不义的，却没有因为义而降祥或因为不义而降不祥的。”墨子说：“古代的圣王都把鬼神当作神明，能够降祸或降福，所以他们秉持会因义而降祥、因不义而降不祥的观点，所以刑政安治国家安定。自从夏桀和纣王以来，都不把鬼神当作神明，认为不能够降祸或降福，所以他们秉持不会因义而降祥、因不义而降不祥的观点，所以刑政混乱国家危急。所以先王的书《子亦》里面说：‘如果你的言行过于傲慢，那么将不会吉祥。’这是说做不善的事会受到惩罚，做善事会得到赏赐。”

【原文】

子墨子谓公孟子曰：“丧礼，君与父母、妻、后子[①]死，三年丧服；伯父、叔父、兄弟期[②]；族人五月；姑、姊、舅、甥皆有数月之丧。或以不丧之间，诵《诗》三百，弦[③]《诗》三百，歌《诗》三百，舞[④]《诗》三百。若用子之言，则子何日以听治？庶人何日以从事？”公孟子曰：“国乱则治之，国治则为礼乐；国治[⑤]则从事，国富则为礼乐。”子墨子曰：“国之治[⑥]，治之废，则国之治亦废。国之富也，从事[⑦]故富也；从事废，则国之富亦废。故虽治国，劝之无餍，然后可也。今子曰，国治则为礼乐，乱则治之，是譬犹噎而穿井也，死而求医也。古者三代暴王桀、纣、幽、厉，薾[⑧]为声乐，不顾其民，是以身为刑僇，国为戾虚者，皆从此道也。”

【注释】

①后子：即嗣子。

②期：即期年，指一年。

③弦：即鼓琴瑟，指用乐器演奏。

④舞：指边吟唱边舞蹈。

⑤治：应该是“贫”。

⑥国之治：应该是“国之治也，治之故治也”。

⑦从事：治理。

⑧蔺：指奢靡。

【译文】

墨子对公孟子说："根据服丧的规定，国君和父母、妻子、嗣子逝世，应该服丧三年；伯父、叔父、兄弟逝世了，应该服丧一年；族人逝世了，应该服丧五个月；姑姑、姐姐、姐姐、外甥也都有几个月的服丧期。又在不办丧事的间隙，朗诵《诗》三百篇，演奏《诗》三百篇，吟唱《诗》三百篇，边吟唱边舞蹈《诗》三百篇。如果采用你的说法，那君子还有什么时间去治理政事，庶人又有什么时间去生产呢?"公孟子回答说："君子国家混乱就要治理它，国家安治就从事礼乐；庶人国家贫穷时就做事，国家富裕时就从事礼乐。"墨子说："国家之所以安治，是因为你去治理它了才会安治；治理荒废了，国家的安治也就荒废了。国家富裕，是因为你去生产所以它才会富裕；生产荒废了，国家的富裕也就荒废了。所以治理国家，应该是不舍地勉力而为，这样才可以。现在你说，国家安治时就从事礼乐，国家混乱时就治理它，这就好像是等到吃饭噎住了，才想到要去挖井，等到死了，才想到去求医。古时候三代的暴君夏桀、商纣、周幽王、周厉王，奢靡地从事声乐活动，对老百姓不管不顾，之所以自身遭到杀戮，国家遭到灭亡，都是因为听从这些主张才导致的。"

【原文】

公孟子曰："无鬼神。"又曰："君子必学祭祀[1]。"子墨子曰："执无鬼而学祭礼，是犹无客而学客礼[2]也，是犹无鱼而为鱼罟[3]也。"

【注释】

①祭祀：应该是"祭礼"。

②客礼：指五礼之中的宾礼。

③鱼罟：指渔网。

【译文】

公孟子说："世上本无鬼神。"又说："君子一定要学习祭祀的礼仪。"墨子说："秉持没有鬼神的学说却去学习祭祀的礼仪，这就好像是没有客人却去学习宾礼，就好像是没有鱼却去做渔网。"

【原文】

公孟子谓子墨子曰："子以三年之丧为非，子之三日之丧亦非也。"子墨子曰："子以三年之丧非三日之丧，是犹倮[①]谓撅[②]者不恭也。"

【注释】

①倮：同"裸"，指裸体。

②撅：指撅衣，即掀起衣服。

【译文】

公孟子对墨子说："你认为服丧三年的丧礼是错误的，那么你所秉持的服丧三天的丧礼也是错误的了。"墨子说："你用服丧三年的丧礼来否定服丧三天的丧礼，这就好像是赤裸着身体的人说掀开衣服的人是无礼的一样。"

【原文】

公孟子谓子墨子曰："知有[①]贤于人，则可谓知乎？"子墨子曰："愚之知有以贤于人，而愚岂可谓知矣哉？"

【注释】

①有：偶尔。

【译文】

公孟子对墨子说："偶尔在某件事上胜过别人，这能算是智者吗？"墨子说："愚笨者的见解，偶尔也有胜过别人的时候，那难道可以说愚笨的人是智慧的？"

【原文】

公孟子曰："三年之丧，学吾[①]之慕[②]父母。"子墨子曰："夫婴儿子之知，独慕父母而已，父母不可得也，然号而不止，此其故何也？即愚之至也。然则儒者之知，岂有以贤于婴儿子哉？"

【注释】

①吾：应该是"吾子"，指小孩子。

②慕：指依恋、想念。

【译文】

公孟子说："服丧三年的丧礼，是学习小孩子依恋父母。"墨子说："以婴儿的智力，也就只会依恋父母了，不能找到父母，就号啕大哭而不能停止，这是为什么呢？就是因为他们是极度的无知。但是难道儒者的智慧，有胜过婴儿吗？"

【原文】

子墨子曰问于儒者[①]："何故为乐？"曰："乐以为乐[②]也。"子墨子曰："子未我应也。今我问曰：'何故为室？'曰：'冬避寒焉，夏避暑焉，室以为男女之别也。'则子告我为室之故矣。今我问曰：'何故为乐？'曰：'乐以为乐也。'是犹曰：'何故为室？'曰：'室以为室也。'"

【注释】

①子墨子曰问于儒者：应该是“子墨子问于儒者曰”。

②乐以为乐：第一个“乐”是音乐的意思；第二个“乐”是娱乐的意

【译文】

墨子问儒者说：“你们为什么要从事音乐呢？”回答说：“音乐是用来娱乐的。”墨子说：“你没有回答我啊！现在我问你：‘什么是房子？’你回答说：‘房子冬天可以避寒，夏天可以避暑，可以分别男女。’那你只是告诉我为什么要造房子的原因。现在我问你：‘为什么要从事音乐？’你却说：‘音乐是用来娱乐的。’这就好像是问你‘为什么要盖房子’，你说：‘把房子当作房子’一样。”

【原文】

子墨子谓程子曰：“儒之道足以丧天下者，四政焉。儒以天为不明，以鬼为不神，天、鬼不说，此足以丧天下。又厚葬久丧，重为棺椁，多为衣衾，送死若徙[①]，三年哭泣，扶后起，杖后行，耳无闻，目无见，此足以丧天下。又弦歌鼓舞，习为声乐，此足以丧天下。又以命为有，贫富寿夭、治乱安危有极矣，不可损益也。为上者行之，必不听治矣；为下者行之，必不从事矣。此足以丧天下。”程子曰：“甚矣，先生之毁儒也！”子墨子曰：“儒固无此若四政者，而我言之，则是毁也。今儒固有此四政者，而我言之，则非毁也，告闻[②]也。”程子无辞而出。子墨子曰：“迷[③]之！”反，后坐[④]，进复[⑤]曰：“乡[⑥]者先生之言有可闻[⑦]者焉。若先生之言，则是不誉禹，不毁桀、纣也。”子墨子曰：“不然。夫应孰辞[⑧]，称议[⑨]而为之，敏也。厚攻则厚吾[⑩]，薄攻则薄吾。应孰辞而称议，是犹荷辕而击蛾也。”

【注释】

①徙：迁徙，指搬家。

②告闻：即“告所闻”，指把自己知道地告诉你。

③迷：应该是“追”字。

④后坐：应该是“复走”，指重新坐下。

⑤复：指说。

⑥乡：同“向”，指刚才。

⑦闻：应该是“闲”，指非议、指责。

⑧孰辞：同“熟辞”，指习熟的言辞。

⑨称议：应该是“不称议”；“称”作副词，恰当的意思；“称议”即“辩难”的意思。

⑩吾：应该是“圉”，指防御。

【译文】

墨子对程子说：“儒家之道，足以亡丧天下的有四点。儒家以为上天不知晓，认为鬼神不灵验，所以上天和鬼神都不高兴，这足以亡丧天下。儒家又提倡厚葬久丧，注重棺椁，使用大量的衣服被子，搞得送殡跟搬家一样，三年的丧期内都哭哭啼啼，别人扶他才能起来，拄着拐杖才能走路，耳朵听不见东西，眼睛也看不到东西，这足以亡丧天下了。儒家又弦歌、击鼓、舞蹈，练习声乐，这也足以亡丧天下了。儒家又以为是有命运的，认为贫穷、富贵、长寿、短命，国家的安治混乱、安稳危急都是有定数的，是不可以增加或减少的。处在上位的奉行它，一定不会去治理政事；处在下位的奉行它，一定不会去从事生产。这也足以亡丧天下了。程子对墨子说：“先生你对儒家的诋毁也太过分了吧!”墨子说：“如果儒家本来就没有这四点，而我却说了，那就是我在诋毁。现在儒家本来就有这四点，然后我才说，那就不是在诋毁了，而只是把我知道地告诉你而已。”程子无言以对，默默走出去。墨子说：“把他追回来。”程子回来后，重新坐下，然后说：“刚才先生你所说的，也有可以指责的地方。如果依照先生你的话，那就不应该称誉夏禹，也不应该诋毁夏桀和纣王了。”墨子说：“不是这样的。应对习熟的言辞，无须辩难就可以应对，这就是聪敏了。别人严词诘难，就严词抵御，别人缓辞相问，我就缓词相对。应对习熟的言辞，却辩难地应对，这就好像是拿着车辕去打飞蛾一样小题大做了。”

【原文】

子墨子与程子辩，称[1]于孔子。程子曰：“非儒，何故称于孔子也?”子墨子曰：“是亦当而不可易者也。今鸟闻热旱之忧则高，鱼闻热旱之忧则下，当此，虽禹、汤为之谋，必不能易矣。鸟鱼可谓愚矣，禹、汤犹云[2]因焉。今翟曾无称于孔子乎?”

【注释】

①称：称述，引述。

②云：同“或”。

【译文】

墨子跟程子辩论时，引用孔子的话语。程子问：“你反对儒家，为什么还引用孔子的话语呢?”墨子说：“我所引用的，是正确而不能改变的。现在鸟儿感受到酷热的忧患就会高飞上天，鱼儿感受到酷热的忧患就会沉下水，对这些东西，即使是夏禹、商汤替它们出主意，那也一定是不能改变的。鸟和鱼可以算得上是愚笨的了，夏禹和商汤也还要依照它们的方式。现在我怎么不能引用孔子的话语呢?”

【原文】

有游于子墨子之门者，身体强良[1]，思虑徇通[2]，欲使随而学。子墨子曰：

"姑学乎，吾将仕子。"劝于善言而学。其年[③]，而责[④]仕于子墨子。子墨子曰："不仕子。子亦闻夫鲁语乎？鲁有昆弟五人者，其父死，其长子嗜酒而不葬，其四弟曰：'子与我葬，当为子沽酒。'劝于善言而葬。已葬而责酒于其四弟。四弟曰：'吾未予子酒矣。子葬子父，我葬吾父，岂独吾父哉？子不葬，则人将笑子，故劝子葬也。'今子为义，我亦为义，岂独我义也哉？子不学则人将笑子，故劝子于学。"

【注释】

①良：即"强"。

②徇通："徇"是快速的意思；"徇通"即敏捷的意思。

③其年：即"期年"，指过了一年。

④责：求的意思。

【译文】

有一个在墨子门下学习的人，他身体强健，思维非常敏捷，墨子想要他跟着自己学习。所以对他说："你姑且认真学习吧，我将来会举荐你去做官的。"用好话劝说他，他才学习。过了一年，要求墨子让他去做官。墨子说："我不举荐你去做官。你也听说过一个鲁国故事吗？鲁国有兄弟五个人，他们的父亲死了，长子贪酒，所以不去埋葬父亲，他的四个弟弟对他说：'你和我们去埋葬父亲，我们将沽酒给你。'用好话劝说他，他才去埋葬父亲。葬完了他就要求四个弟弟给他酒。弟弟们说：'我们是不会给你酒的。你葬你的父亲，我们葬我们的父亲，这难道只是我们的父亲吗？你不葬父亲，那么别人将会耻笑你，所以才劝你葬父亲。'现在你行了义，我们也行了义，这难道只是我们行义吗？你不学习别人将会耻笑你，所以我才劝你学习。"

【原文】

有游于子墨子之门者，子墨子曰："盍[①]学乎？"对曰："吾族人无学者。"

子墨子曰："不然。未[②]好美[③]者，岂曰吾族人莫之好，故不好哉？夫欲富贵者，岂曰我族人莫之欲，故不欲哉？好美、欲富贵者，不视人犹强为之，夫义，天下之大器也，何以视人？必强为之。"

【注释】

①盍：何不的意思。

②未：应该是"夫"字。

③美：指美人。

【译文】

有一个在墨子门下学习的人，墨子问他："为什么不学习呢？"回答说："我们的族人里面没有学习的。"墨子说："不是这样的。喜欢美人的，难道会说是因为我们的族人里面没有喜欢美女的，所以我也不喜欢？想要富贵的，难道会说我的族人里面没有想要的，所以我也不想了？喜欢美人、想要富贵的人，不看别人怎么样，而自己去努力做到，义是天下的大器，为什么要看别人做不做呢？一定要勉力去做。"

【原文】

有游于子墨子之门者，谓子墨子曰："先生以鬼神为明知，能为祸人哉福[①]，为善者富之，为暴者祸之。今吾事先生久矣，而福不至，意者先生之言有不善乎？鬼神不明乎？我何故不得福也？"子墨子曰："虽子不得福，吾言何遽不善？而鬼神何遽不明？子亦闻乎匿徒之刑之有刑乎[②]？"对曰："未之得闻也。"子墨子曰："今有人于此，什子[③]，子能什誉之，而一自誉乎？"对曰："不能。""有人于此，百子[④]，子能终身誉其善，而子无一乎？"对曰："不能。"子墨子曰："匿一人者犹有罪，今子所匿者若此其多，将有厚罪者也，何福之求？"

【注释】

①能为祸人哉福：应该是“能为祸福人哉”。

②子亦闻乎匿徒之刑之有刑乎：应该是“子亦闻乎匿徒之有刑乎”；“徒”指服徭役的人，“匿徒”指藏匿逃避徭役的人。

③什子：指比你贤能十倍。

④百子：指比你贤能百倍。

【译文】

有一个到墨子门下学习的人，对墨子说：“先生你认为鬼神是明察事理，能够给人施降灾祸和福祉。为善的人会得福祉，为暴的人会得祸害。现在我侍奉先生你很久了，但是还没发现有什么福祉，难道先生你说的有什么不对吗？是鬼神不能明察事理？我为什么不能得到福祉呢？”墨子说：“即使你没得到福祉，我的话怎么就不对呢？鬼神怎么就不明察事理呢？你也听说过藏匿逃避服徭役的人是有罪的吧？”回答说：“没有听说过。”墨子说：“现在这里有一个人，他比你贤能十倍，那你能十倍地称誉他，而只是一倍地称誉自己吗？”回答说：“我做不到。”墨子说：“现在这里有一个人，他比你贤能百倍，那你能一辈子只称誉他，而不称誉你自己吗？”回答说：“我做不到。”墨子说：“藏匿一个逃避服徭役的人尚且有罪，你现在藏匿别人的善行如此之多，你将有重罪啊，还求什么福祉呢？”

【原文】

子墨子有疾，跌鼻进而问曰：“先生以鬼神为明，能为祸福，为善者赏之，为不善者罚之。今先生圣人也，何故有疾？意者先生之言有不善乎？鬼神不明知乎？”子墨子曰：“虽使我有病，何遽不明[①]？人之所得于病者多方，有得之寒暑，有得之劳苦。百门而闭一门焉，则盗何遽无从入？”

【注释】

①何遽不明：根据上文应该是“吾言何遽不善？而鬼神何遽不明”。

【译文】

墨子生病了，跌鼻进来问他说：“先生你认为鬼神是明察事理的，能够降祸害施福祉，为善的人会得福祉，为暴的人会得祸害。现在先生你是圣人，为什么还会生病呢？难道先生你说的有什么不对吗？还是鬼神不能明察事理？”墨子说：“即使我生病了，我的话怎么就不对呢？鬼神怎么就不明察事理呢？人得病是有多种原因的，有的是因为寒冷或者暑热而得病，有的是因为劳苦而得病。有一百扇门，但只关闭了一扇，那么盗贼怎么会无从进入呢？”

【原文】

二三子有复[①]于子墨子学射[②]者。子墨子曰：“不可。夫知者必量其力所能至而从事焉。国士战且扶人，犹不可及也。今子非国士也，岂能成学又成射哉？”

【注释】

①复：即“说”。

②学射：应该是“学且射”，即边从学边学射箭的意思。

【译文】

弟子中有几个人跟墨子说想边从学边学习射箭。墨子说：“不能这样做。智慧的人一定要估量自己的能力所能达到的程度，然后才去做。国家的战士如果一边战斗一边扶人，那尚且不能做到。现在你们都并不是国士，怎么能够做到边从学边学习射箭呢？”

【原文】

二三子复于子墨子曰："告子曰：'言义而行甚恶[①]'，请弃之。"子墨子曰："不可。称我言以毁我行，愈于亡[②]。有人于此[③]：'翟甚不仁，尊天、事鬼、爱人，甚不仁'。犹愈于亡也。今告子言谈甚辩，言仁义而不吾毁[④]；告子毁，犹愈亡也！"

【注释】

①言义而行甚恶：应该是"子言义而行甚恶"。

②亡：同"无"。

③有人于此：应该是"有人于此曰"。

④言仁义而不吾毁：应该是"而不毁吾言仁义"。

【译文】

弟子中几个人跟墨子说："告子说：'墨子言论很仗义但行为很坏。'请你抛弃他吧！"墨子说："不能这样做。称誉我的言论而诋毁我的行为，总比什么都不称誉好。有个人在这里说：'墨子这个人很不仁，嘴上讲崇敬上天、敬事鬼神、兼爱生民，但是行为很不仁'，这总比什么都不称誉好。现在告子说话强词夺理，却不诋毁我行仁义的说法；告子的诋毁，总比什么都不称誉好！"

【原文】

二三子复于子墨子曰："告子胜[①]为仁。"子墨子曰："未必然也。告子为仁，譬犹跂[②]以为长，隐[③]以为广，不可久也。"

【注释】

①胜：胜任。

②跂：踮起脚。

③隐：同"檃"，即"檃栝"，原指古代矫正竹木弯曲的工具，此处引申为伸长的意思。

【译文】

几个弟子告诉墨子说："告子可以胜任行仁事。"墨子说："未必就是这样。告子行仁事，就好像是踮起脚以增高，伸长身体以增胖，这是不可能长久的。"

【原文】

告子谓子墨子曰："我治国为政[①]。"子墨子曰："政者，口言之，身必行之。今子口言之，而身不行，是子之身乱也。子不能治子之身。恶能治国政？子姑亡子之身乱之矣[②]！"

【注释】

①我治国为政：应该是"我能治国为政"。

②子姑亡子之身乱之矣：应该是"子姑防子之身乱之矣。"

【译文】

告子对墨子说："我能够治理国家，施行政事。"墨子说："为政的，嘴上讲了，自身就要去实行。现在你嘴上说了，自身却不去实行，那你自身已经错乱了。你连你自己的身体都管不住，怎么能够管理国家呢？你还是姑且防止你自己身体错乱吧！"

【评析】

本篇共24章，半数是墨子跟儒家信徒公孟子的辩论，其余是墨子跟其他儒生或门人的对话。这些资料，生动体现出墨子的科学理性精神和善于推理、巧于用譬的语言艺术。

从科学理性精神来说，第 15 章载墨子跟儒家信徒程子辩论，指出“儒之道足以丧天下”有四个要点，其中之一是，认为贫富寿夭，治安危乱，都有定数，是由命运决定，人力不能有一点增减，在上位者实行，一定不能治理政务，在下位者实行，一定懒得做事，这足以丧天下。明确反对儒家的命定论，提倡人力能动论。

第 6 章载公孟子说：“贫富寿夭，齰然在天，不可损益。”即贫富寿夭，确然由天命决定，人力不能有一点增减。

第 16 章载墨子跟儒家信徒程子辩论，又称颂孔子合乎真理性的一面。程子很奇怪地说：“非儒，何故称于孔子也?”即墨家非儒，您怎么又称颂孔子呢?墨子滔滔不绝地说，这是由于孔子的话，有说得恰当而不可更改的部分。就如现在鸟儿感到天气热，就高飞；鱼儿感到天气热，就下沉。对于这一点，即使是夏禹、商汤为它们谋划，也不能改变。鸟儿鱼儿可算是愚蠢了，而夏禹、商汤还要因循它们的习性，我墨翟怎么就不能说称颂孔子的话呢?墨子既批判孔学非真理性的一面，又称颂孔学合乎真理性的一面，表现出墨子的科学理性精神。

第 20 章载，墨子生病了，学生跌鼻进来问道：“先生是圣人，怎么会有病?”墨子把自己的病因，归之于自然界的“寒暑”和自身的“劳苦”。这是从事物自身的本来面目，来认识事物，寻找病因，即《小取》所谓“摹略万物之然”，而不附加任何外来的、不相干的鬼神迷信因素，明确表现出墨子的科学理性精神。

从善推理的语言艺术来说，第 4 章载，儒家信徒公孟子说：“君子必古言服然后仁。”墨子用正反两面的典型事例、矛盾归谬的反驳技巧，以及归纳与演绎相结合的论证手法，破斥儒家信徒公孟子“君子必古言服然后仁”的错误论调，逻辑严谨，有说服力。

从巧用譬的语言艺术来说，第 6 章载墨子批评儒家信徒公孟子说：“教人学而执有命，是犹命人包而去其冠（既叫人戴帽，又叫人脱帽）也。”第 10 章载墨子批评儒家信徒公孟子说：“执无鬼而学祭礼，是犹无客而学客礼（没客学客礼）也，是犹无鱼而为鱼罟（没鱼做渔网）也。”第 9 章载，墨子批评公孟子“国治则为礼乐，乱则治之”的论调，犹如“噎而穿井，死而求医”。

墨子在辩论中，创造性地运用恰当生动的比喻，论证己说，破斥敌论，为中国古代逻辑的概括，提供了丰富素材，为后人留下了值得借鉴效法的思维表达技巧。

【故事阐微】

茅焦舍命谏秦王

当初，秦王嬴政即位时年龄尚幼，太后赵姬与吕不韦的门客嫪毐私通，生了两个儿子，并封嫪毐为长信侯，把太原作为嫪国，国家政事都由他来决定。嬴政身边有人曾与嫪毐发生过争执，因此向嬴政告发嫪毐其实不是阉割过的宦官，嬴政于是下令将嫪毐交给司法官吏治罪。嫪毐惊恐异常，便盗用御玺，假托秦王之命调兵遣将，企图攻击嬴政居住的蕲年宫，进行叛变。嬴政派相国昌平君、昌文君发兵讨伐嫪毐，在咸阳展开大战，斩杀叛军数百人，嫪毒在兵败逃亡时被秦王的军队擒获。

秋季九月，嬴政下令诛灭嫪毐父族、母族、妻族三族，并将嫪氏党羽都处以车裂之刑。在杀灭其党羽的宗族的行动中，舍人中因罪过较轻被放逐到蜀地的共四千多家。嬴政并将太后迁移到雍城的黄阳宫囚禁，而且杀了她与嫪毐所生的两个儿子。嬴政还下令说：“有敢于为太后之事对我进行规劝的，一律斩首，砍断四肢，堆积在宫阙之下！”此后，有二十七人为此而死。

自齐国来的客卿茅焦通名求见秦王。茅焦说：“陛下有狂妄悖理的行为，难道自己没有意识到吗？车裂假父嫪毐，把两个弟弟装进襄袋中用刑具捶打致死，将母亲迁移到雍囚禁起来，并残杀敢于进行规劝的臣子，即使是夏桀、商纣王的行为也不至于暴虐到这个地步！如今只要天下的人听说了这些暴行，人心便全都涣散瓦解，再也不会有人向往秦国了，我因此十分为陛下担忧！我的话都说完了！”茅焦说完便解开衣服，伏身在刑具上，等待受刑。

嬴政闻言顿悟，匆忙下殿，亲自扶起他说：“您请起身穿好衣服，我现在愿意接受您的劝告！”随即授给他上卿的爵位。嬴政还亲自驾车，空出左边的尊位，往雍城迎接太后返回都城咸阳，母子关系和好如初。

鲁问

【题解】

本篇共23章，有十章是对齐、鲁、楚、越等国统治者的批评或建议，其余则为与朋友和弟子的谈论。所涉及的内容广泛，比较集中的是“非攻”。其他如与吴虑论智力活动与体力劳动之功效，与魏越谈墨家的十大主张，都是比较重要的见解。

【原文】

鲁君谓子墨子曰：“吾恐齐之攻我也，可救乎？”子墨子曰：“可。昔者，三代之圣王禹汤文武，百里之诸侯也，说忠行义，取天下。三代之暴王桀纣幽厉，仇怨行暴①，失天下。吾愿主君，之上者尊天事鬼，下者爱利百姓，厚为皮币②，卑辞令③，亟遍礼四邻诸侯④，敺国而以事齐，患可救也。非此，顾无可为者⑤。”

【注释】

①仇怨：仇恨埋怨的人。

②皮币：指礼物。古代以皮革币帛作为礼物赠送。

③卑：谦卑。

④亟：急速。

⑤顾：固，确实。

【译文】

鲁国国君问墨子说："我担心齐国攻打我国，有什么办法能够解救吗？"墨子说："办法是有的。从前，三代圣王禹、汤、文王、武王，只是占有百里的小诸侯，爱惜忠臣，实行仁义，取得了天下；三代暴王桀、纣、幽王、厉王，仇恨埋怨的人，实行暴政，丧失了天下。我希望君主对上尊敬天帝侍奉鬼神，对下爱护造福百姓，多多准备皮毛绢帛做礼物，用谦卑的外交辞令，赶快送礼交结四邻诸侯国家，并率领全国人来抵抗齐国，那么灾患就可以得以解救。除此之外，就没有办法可行了。"

【原文】

齐将伐鲁，子墨子谓项子牛曰："伐鲁，齐之大过也。昔者，吴王东伐越，棲诸会稽[①]；西伐楚，葆昭王于随[②]；北伐齐，取国子以归于吴[③]，诸侯报其仇，百姓苦其劳，而弗为用。是以国为虚戾，身为刑戮也。昔者，智伯伐范氏与中行氏，兼三晋之地。诸侯报其仇，百姓苦其劳，而弗为用。是以国为虚戾，身为刑戮用是也。故大国之攻小国也，是交相贼也，过必反于国[④]。"

子墨子见齐大王曰[⑤]："今有刀于此，试之人头，倅然断之[⑥]，可谓利乎？"大王曰："利。"子墨子曰："多试之人头，倅然断之，可谓利乎？"大王曰："利。"子墨子曰："刀则利矣，孰将受其不祥？"大王曰："刀受其利，试者受其不祥。"子墨子曰："并国覆军，贼敖百姓[⑦]，孰将受其不祥？"大王俯仰而思之曰："我受其不祥。"

【注释】

①棲：居住，此指被围困

②葆：保。

③国子：指齐国将领国书。

④过：灾祸，反：返。

⑤齐大王：公元前404年，齐国大夫田和篡夺齐国政权，称为齐大王。大，通“太”。

⑥倅然：即“猝然”，突然。

⑦：敫“杀”字的误写。

【译文】

齐国将要攻伐鲁国，墨子对齐将项子牛说：“攻打鲁国，是齐国的大错。从前，吴王在东面攻伐越国，越王被困于会稽；在西边攻打楚国，楚将保护楚昭王逃到随国；在北边攻打齐国，获取齐国将领国书回到吴国。诸侯来报仇，百姓苦于疲劳，而不肯为吴王效力。因此国家灭亡，自身被杀戮。从前智伯攻打范氏和中行氏，兼并两家的土地。诸侯来报仇，百姓苦于疲劳，不愿为其效力。因此国家灭亡，自身被杀戮。所以大国攻打小国，是相互残害，灾祸必定返回到大国本身。”

墨子去见齐太王说：“现在这里有把刀，拿它试砍人头，一下子就砍断了，可算得锋利吧？”太王说：“锋利。”墨子说：“多多试砍人头，一下子就断了，可算得锋利吧？”太王说：“锋利。”墨子说：“刀是锋利，谁将遭受它的灾祸？”太王说：“刀被认为锋利，被砍的人遭受它的灾祸。”墨子说：“吞并别人的国家，消灭他的军队，杀害百姓，谁将遭受到不幸？”太王低头想了一会说：“我将遭受不幸。”

【原文】

鲁阳文君将攻郑，子墨子闻而止之，谓阳文君曰：“今使鲁四境之内，大都攻其小都，大家伐其小家，杀其人民，取其牛马狗豕布帛米粟货财，则何若？”

鲁阳文君曰："鲁四境之内，皆寡人之臣也。今大都攻其小都，大家伐其小家，夺之货财，则寡人必将厚罚之。"子墨子曰："夫天之兼有天下也，亦犹君之有四境之内也。今举兵将以攻郑，天诛亓不至乎？"鲁阳文君曰："先生何止我攻郑也？我攻郑，顺于天之志。郑人三世杀其父[①]，天加诛焉，使三年不全[②]，我将助天诛也。"子墨子曰："郑人三世杀其父而天加诛焉，使三年不全，天诛足矣。今又举兵将以攻郑，曰'吾攻郑也，顺于天之志。'譬有人于此，其子强梁不材[③]，故其父笞之[④]。其邻家之父举木而击之，曰'吾击之也，顺于其父之志'。则岂不悖哉！"

【注释】

①三世：数代，言其多。

②不全：指灾荒之年。

③强梁：凶暴，强横。

④笞：鞭打。

【译文】

鲁阳文君将攻打郑国，墨子听说后就去制止，对鲁阳文君说："现在假使鲁国四境之内，大城攻打小城，大家族攻伐小家族，杀掉他的人民，掠夺他的牛马、猪狗、布帛、米粮、财物，那会怎么样？"鲁阳文君说："鲁国四境之内，都是寡人的臣民。现在大城攻打小城，大家族攻伐小家族，掠夺他的财物，那么寡人肯定将重重惩罚他们。"墨子说："那天帝兼有天下，也好比文君你拥有全鲁国。现在你发兵将去攻打郑国，天帝对你的讨伐难道不会降临吗？"鲁阳文君说："先生为什么阻止我攻打郑国？我攻打郑国，是顺从天帝的旨意。郑国人三代杀掉他们的国君，上天施加惩罚，让郑国三年五谷没有收成，我将帮助上天惩罚郑国。"墨子说："郑国人三代杀掉国君，上天施加惩罚，让他们三年遭受荒年，上天的惩罚已经足够。现在你要起兵去攻打郑国，并且说'我攻打郑国，是顺从天意。’这好比这里有个人，他的儿子强暴不成器，所以做父亲的鞭打他，这时他的邻居家的父亲，也举起了棍打这个不成器的儿子，还说‘我打他，是顺从他的父亲的意思’。那么这难道不是在违背事理吗！”

【原文】

子墨子谓鲁阳文君曰：“攻其邻国，杀其民人，取其牛马、粟米、货财，则书之于竹帛，镂之于金石[①]，以为铭于钟鼎，传遗后世子孙曰：‘莫若我多！’今贱人也，亦攻其邻家，杀其人民，取其狗豕食粮衣裘，亦书之竹帛，以为铭于席豆[②]，以遗后世子孙，曰：‘莫若我多！。亓可乎？”鲁阳文君曰：“然吾以子之言观之，则天下之所谓可者，未必然也。”

子墨子为鲁阳文君曰[③]：“世俗之君子，皆知小物而不知大物。今有人于此，窃一犬一彘则谓之不仁，窃一国一都则以为义。譬犹小视白谓之白，大视白则谓之黑。是故世俗之君子，知小物而不知大物者，此若言之谓也。”

【注释】

①金石：指青铜器及石刻。

②席豆：几席与食器。豆，古代食器。

③为：通“谓”。

【译文】

墨子对鲁阳文君说：“攻打邻国，杀掉其人民，掠夺牛马、米粮、财物，还把这些书写在竹简、绢帛上，镂刻在金石上，在钟鼎器皿上写下铭文，留传给后世子孙说：‘没有谁比我的战功多！’现在有一个平民，也攻打他的邻居，杀掉邻居的家人，掠夺他的猪狗、粮食、衣物，也书写在竹简绢帛上，在几席与食器上写下铭文，留传给后世子孙，说：‘没有谁比我多！’这样做行吗？”鲁阳文君说：“说得对。照你的说法，那么天下认为对的事，未必就是对的。”

墨子对鲁阳文君说："世俗的君子，都只知道小道理，不知道大道理。现在这里有个人，偷窃一只狗，一头猪，就说他不讲仁义，窃取一个国家，一座城市，反而认为这合乎仁义。这就好比是看见一小点白就说是白，看见一大片白就说是黑。所以世俗的君子，只知道小道理而不懂大道理，就是这个道理。"

【原文】

鲁阳文君语子墨子曰："楚之南有啖人之国者桥，其国之长子生，则鲜而食之[①]，谓之宜弟[②]，美则以遗其君，君喜则赏其父。岂不恶俗哉？"子墨子曰："虽中国之俗，亦犹是也。杀其父而赏其子，何以异食其子而赏其父者哉？苟不用仁义，何以非夷人食其子也[③]？"

鲁君之嬖人死，鲁君为之诔，鲁人因说而用之[④]。子墨子闻之曰："诔者，道死人之志也。今因说而用之，是犹以来首从服也[⑤]。"鲁阳文君谓子墨子曰："有语我以忠臣者，令之俯则俯，令之仰则仰，处则静，呼则应，可谓忠臣乎？"子墨子曰："令之俯则俯，令之仰则仰，是似景也[⑥]；处则静，呼则应，是似响也。君将何得于景与响哉？若以翟之所谓忠臣者，上有过，则微之以谏[⑦]；己有善，则访之上，而无敢以告。外匡其邪，而入其善。尚同而无下比[⑧]，是以美善在上，而怨仇在下；安乐在上，而忧戚在臣。此翟之所谓忠臣者也。"

【注释】

①鲜：活生生的意思。

②宜：保护。

③夷人：我国古代对东方各民族的泛称。

④这二句当作："鲁人为之诔，鲁君因说而用之。"说，通"悦"。

⑤来首：孙诒让云："来首，疑即狸首，……盖狸与来古音相近，故狸首亦谓之来首。"从服：服：指服马。古代一车驾四马，居中的两匹叫服马。

⑥景：通“影”。

⑦微：伺察。

⑧下比：指在下面结党聚徒，另搞个人的一套。比，并列。

【译文】

鲁阳文君告诉墨子说：“楚国南边有个有吃人风俗的国家叫作桥，生了长子，就把他活生生地吃掉，称之为保护弟弟，如果味道鲜美还要献给国君，君主喜欢就奖赏孩子的父亲。这难道不是恶劣的风俗吗？”墨子说：“即便是中原地区国家的风俗，也像这个一样。杀掉做父亲的来奖赏他的儿子，这与吃掉孩子而赏赐他的父亲有什么不同呢？假使不实行仁义，那凭什么指责蛮夷之人吃掉自己的孩子这种恶劣风俗呢？”

鲁国国君的宠妾死了，鲁国人写了一篇诔文，鲁国国君看了很高兴，重用此人。墨子听说后说：“诔文，是用来称赞死人的德行的。现在因为高兴就重用此人，这好像是用狸来驾车，他胜任不了啊！”鲁阳文君对墨子说：“有人告诉我什么是忠臣，说是叫他低头就低头，叫他抬头就抬头，待下来就很安静，呼喊他就应答。这可算得上是忠臣了吧？”墨子说：“叫他低头就低头，叫他抬头就抬头，这好比影子一样；待下来就安静，呼喊他就应答，这好比回声一样。君王你将能从影子和回声里得到什么呢？如果以我墨翟所说的忠臣来看，那应该是：主上有错误，就伺机进谏；自己有好的见解，就献给主上，而不随便告诉别人；匡正主上的过错，进献自己的好点子，与主上保持一致，不在下边结党营私。所以美的善的德行都归于主上，而怨仇有下面承担；让君主安乐，臣子承担忧伤。这是我所认为的忠臣。”

战国形势图

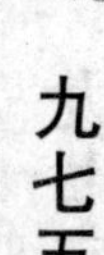

【原文】

鲁君谓子墨子曰："我有二子，一人者好学，一人者好分人财，孰以为太子而可？"子墨子曰："未可知也，或所为赏与为是也[①]。魡者之恭[②]，非为鱼赐也；饵鼠以虫，非爱之也。吾愿主君之合其志功而观焉。"

鲁人有因子墨子而学其子者[③]，其子战而死，其父让子墨子[④]。子墨子曰："子欲学子之子，今学成矣，战而死，而子愠，而犹欲粜，粜雠，则愠也。岂不费哉[⑤]！"

【注释】

①赏与：赏誉。与，通"誉"。

②魡：古"钓"字。恭：指钓鱼者躬身钓鱼。

③学其子：使其子学。

④让：责备。

⑤费：为"悖"之借字。

【译文】

鲁国国君对墨子说："我有两个儿子，一个喜欢学习，一个喜欢把钱财分给别人，哪一个可以立为太子？"墨子说："还不能定哪一个当太子。或许他们是为了博得奖赏和好名声才这样做的。垂钓者态度恭敬，不是为了鱼的恩赐；拿虫子来诱捕老鼠，不是因为爱老鼠。我希望君王把两个儿子的志向与他们的行为结合起来考察。"

鲁国有个人让自己的儿子跟从墨子学习，他的儿子作战死了，做父亲的来责备墨子。墨子说："你想让我教你的儿子，现在你儿子学业有成，作战死了，而你却来怪罪于我，这好比是想卖米，米卖出去了却又恼怒一样。这岂不是荒谬！"

【原文】

鲁之南鄙人[①]，有吴虑者，冬陶夏耕，自比于舜。子墨子闻而见之。吴虑谓子墨子："义耳义耳，焉用言之哉?"子墨子曰："子之所谓义者，亦有力以劳人[②]，有财以分人乎?"吴虑曰："有。"子墨子曰："翟尝计之矣。翟虑耕而食天下之人矣，盛[③]，然后当一农之耕，分诸天下，不能人得一升粟。籍而以为得一升粟[④]，其不能饱天下之饥者，既可睹矣。翟虑织而衣天下之人矣，盛，然后当一妇人之织，分诸天下，不能人得尺布。籍而以为得尺布，其不能暖天下之寒者，既可睹矣。翟虑被坚执锐[⑤]，救诸侯之患，盛，然后当一夫之战，一夫之战其不御三军，既可睹矣。翟以为不若诵先王之道，而求其说，通圣人之言，而察其辞，上说王公大人，次匹夫徒步之士。王公大人用吾言，国必治；匹夫徒步之士用吾言，行必修。故翟以为虽不耕而食饥，不织而衣寒，功贤于耕而食之、织而衣之者也。故翟以为虽不耕织乎，而功贤于耕织也。"吴虑谓子墨子曰："义耳义耳，焉用言之哉?"子墨子曰："籍设而天下不知耕，教人耕，与不教人耕而独耕者，其功孰多?"吴虑曰："教人耕者其功多。"子墨子曰："籍设而攻不义之国，鼓而使众进战，与不鼓而使众进战而独进战者，其功孰多?"吴虑曰："鼓而进众者，其功多。"子墨子曰："天下匹夫徒步之士[⑥]，少知义而教天下以义者，功亦多，何故弗言也?若得鼓而进于义，则吾义岂不益进哉!"

【注释】

①鄙人：山野之民。

②劳人：效劳于人，帮助人。

③盛：至多，顶多。

④籍：通"藉"，假使。

⑤被：通"披"。

⑥徒步之士：指平民。古时平民无车坐。"徒步"为平民的代称。

【译文】

鲁国南边有个叫吴虑的人，冬天制作陶器，夏天耕种土地，把自己比作舜。墨子听说后去见他。吴虑对墨子说："义啊义啊，哪里用得着说它呢?"墨子说："你所说的义，也就是用力气帮助人，有钱财分给别人吧?"吴虑说："是这样。"墨子说："墨翟我曾经考虑过这点。我考虑过，我如果耕种来供给天下人粮食，顶多只抵得上一名农民耕种，把收获的粮食分给天下人，每人还得不到一升米。即使每人分得一升米，也还是不能让天下饥饿的人吃饱，这是显而易见的事实。我考虑过，我如果织布来供给天下人衣服，顶多只抵得上一名妇女所织的布，把它分给天下人，每个人还得不到一尺布。即使每个人分得一尺布，也还是不能让天下受冻的人保暖，也是显而易见的事实。我考虑过，我如果披上铠甲拿起锐利的武器去援救受难的诸侯，顶多抵得上一个战士作战，一个战士作战，他不能抵御三军敌人，也是显而易见的事实。我认为不如诵读先王的大道理，而寻求他们的学说，遍察圣人的言辞，对上游说王公大人，其次游说平民百姓。王公大人采纳我的言论，国家必定太平；平民百姓采纳我的言论，必定修养自己的德行。所以我认为纵然不耕种让饥者食，不织布让寒者衣，但这样做的功德要胜过耕种让饥者食，织布让寒者衣的做法。所以我认为虽然不耕种、不织布，但功绩胜过亲自去耕种和织布。"吴虑对墨子说："义啊义啊，哪里用说它呢?"墨子说："假设全天下不知道耕种，那么教人耕种，与不教别人耕种而自己独自耕种，其功绩哪一种多?"吴虑说："教人耕种的人，他的功绩多。"墨子说："假设去进攻不义的国家，击鼓使众人往前作战，与不击鼓使众人往前作战而只是独自往前作战，哪一个的功绩多?"吴虑说："擂鼓并让众人往前作战，这人的功绩多。"墨子说："天下普通百姓少有知道行义的，那教天下人行义的，他的功绩也多，为什么不说义呢?如果能鼓励天下人都达到行义的程度，那么我的行义难道不更加发扬光大吗!"

【原文】

子墨子游公尚过于越①。公尚过说越王，越王大说，谓公尚过曰："先生苟能使子墨子于越而教寡人，请裂故吴之地②，方五百里，以封子墨子。"公尚过许诺。遂为公尚过束车五十乘，以迎子墨子于鲁。曰："吾以夫子之道说越王，越王大说，谓过曰：'苟能使子墨子至于越而教寡人，请裂故吴之地，方五百里，以封子。'"子墨子谓公尚过曰："子观越王之志何若？意越王将听吾言，用吾道，则翟将往，量腹而食，度身而衣，自比于群臣⑤，奚能以封为哉！抑越不听吾言，不用吾道，而吾往焉，则是我以义粜也。钧之粜，亦于中国耳，何必于越哉！"

【注释】

①游公尚过：推荐公尚过前往出仕。公尚过，墨子弟子。

②裂：分。故吴之地：原吴国的土地。

③比：列。

【译文】

墨子推荐公尚过到越国去。公尚过游说越王，越王很高兴，对公尚过说："先生假设能让墨子到越国来教导我，我愿意割让以前吴国的土地，方圆五百里来封给墨子。"公尚过答应了。于是越王为公尚过备好五十辆车，去鲁国迎接墨子。公尚过对墨子说："我用先生的学说游说越王，越王非常高兴，对我说：'假如能让墨子来越国教导我，我愿割让以前的吴国土地，方圆五百里封给墨子。'"墨子对公尚过说："你观察越王的心意如何？如果越王将听我的话，采纳我的学说，那我就将前往，量肚子吃饭，量身材穿衣，自己处在群臣之列就可以，哪能因有封地这个条件才去呢？假如越王不听我的话，不采用我的学说，而我前往越国，那就是我出卖义啊！一样是出卖，在中原地区就行了，何必到

越国去呢？”

【原文】

子墨子游，魏越曰：“既得见四方之君子[①]，则将先语[②]？”子墨子曰：“凡入国，必择务而从事焉[③]。国家昏乱，则语之尚贤、尚同；国家贫，则语之节用、节葬；国家憙音湛湎[④]，则语之非乐、非命；国家淫僻无礼，则语之尊天、事鬼；国家务夺侵凌，即语之兼爱、非攻。故曰择务而从事焉。”

子墨子出曹公子而于宋[⑤]，三年而反，睹子墨子曰：“始吾游于子之门，短褐之衣，藜藿之羹，朝得之，则夕弗得，祭祀鬼神。今而以夫子之教，家厚于始也。有家厚，谨祭祀鬼神。然而人徒多死，六畜不蕃[⑥]，身湛于病，吾未知夫子之道之可用也。”子墨子曰：“不然。夫鬼神之所欲于人者多，欲人之处高爵禄则以让贤也，多财则以分贫也。夫鬼神，岂唯擢季拑肺之为欲哉[⑦]？今子处高爵禄而不以让贤，一不祥也；多财而不以分贫，二不祥也。今子事鬼神唯祭而已矣，而曰‘病何自至哉’，是犹百门而闭一门焉，曰‘盗何从入’。若是而求福于有怪之鬼，岂可哉？”

【注释】

①此句“子”字当为下句首字。

②先语：先说什么。

③择务：选择最重要的事。务，要务。

④憙：同“喜”。湛湎：沉迷。

⑤出：俞樾云：“‘出’当为‘仕’字之误。”而：衍文。

⑥蕃：繁盛、兴旺。

⑦擢：“攫”之形误，攫：用手取。季：“黍”之形误。拑：“抯”之形误。抯：取。肺：周代作为祭品，仪礼有举肺祭肺。

【译文】

墨子出游，魏越说："见到四方的君王后，你先说什么？"墨子说："凡是去一个国家，必须要选择最重要的事去做。如果国家昏乱，就讲尚贤、尚同，如果国家贫穷，就讲节用、节葬；如果国家沉迷于音乐和酒，就讲非乐、非命；如果国家淫邪无礼，就讲尊天、事鬼；如果国家欺侮、掠夺、侵略、凌辱别国，就讲兼爱、非攻。所以要选择最重要的事去做。"

墨子让曹公子去宋国做官。三年后曹公子回来，见墨子说："我开始在先生门下求学，穿粗布衣服，吃野菜汤，早上有吃的，晚上就没有东西来祭祀鬼神了。现在因为先生的教导，家境比以前富裕了。家境富裕了，我恭谨地祭祀鬼神。但是家人死的多，六畜也不繁盛，自己也老生病，我不知道先生的学说有什么用处。"墨子说："不对。鬼神希望做的事很多，希望人处于高位时要让贤；钱多时要分给穷人。鬼神难道只是贪图你的祭品吗？现在你处于高位而不能让贤，这是第一不祥；钱多而不能分给穷人，这是第二不祥。现在你侍奉鬼神，只是祭祀而已，却还问'病从何处来'，这好比有一百扇门只闭上一扇门，问'盗从何处进入'一样。像这样向鬼神求福又怪神不保佑你，怎么可以呢？"

【原文】

鲁祝以一豚祭[①]，而求百福于鬼神。子墨子闻之曰："是不可，今施人薄而望人厚，则人唯恐其有赐于己也。今以一豚祭，而求百福于鬼神，唯恐其以牛羊祀也。古者圣王事鬼神，祭而已矣。今以豚祭而求百福，则其富不如其贫也。"

彭轻生子曰："往者可知，来者不可知。"子墨子曰："籍设而亲在百里之外，则遇难焉，期以一日也，及之则生，不及则死。今有固车良马于此，又有奴马四隅之轮于此[②]，使子择焉，子将何乘？"对曰："乘良马固车，可以速至。"子墨子曰："焉在矣来[③]！"

【注释】

①祝：司祭人。

②奴马：驽马。

③此句应作“焉在不知来”。

【译文】

鲁国的司祭用一头小猪祭祀，却求鬼神降百福。墨子听说后说：“这不可能。现在施与别人的东西微薄而盼望人家厚谢，那么这样人家只会害怕你对他有恩赐。现在用一只小猪祭祀，却向鬼神求取百福，那么鬼神只怕你用牛羊来祭祀了。古代圣王侍奉鬼神，只是祭祀而已。现在用猪祭祀为的是求取百福，那么与其祭品丰厚还不如贫乏啊！”

彭轻生子说：“过去的事可以知道，未来的事不能知道。”墨子说：“假没你的双亲在百里以外的地方，即将遭遇灾难，给你一天的期限，赶到了他们就能活，赶不到他们就会死。现有坚固的车和良马在这里，也有劣马和四轮的破车在这里，让你选择，你将赶哪种车？”彭轻生子回答说：“当然要赶乘良马驾的坚固的车子，这样可以迅速赶到。”墨子说：“怎么不能预知未来呢！”

【原文】

孟山誉王子闾曰：“昔白公之祸[①]，执王子闾斧钺钩要[②]，直兵当心[③]，谓之曰：‘为王则生，不为王则死！’王子闾曰：‘何其侮我也！杀我亲而喜我以楚国[④]。我得天下而不义，不为也，又况于楚国乎？’遂而不为。王子闾岂不仁哉？”子墨子曰：“难则难矣，然而未仁也。若以王为无道，则何故不受而治也？若以白公为不义，何故不受王，诛白公然而反王[⑤]？故曰：难则难矣，然而未仁也。”

子墨子使胜绰事项子牛。项子牛三侵鲁地，而胜绰三从。子墨子闻之，使高孙子请而退之，曰："我使绰也，将以济骄而正嬖也[⑥]，今绰也禄厚而谲夫子，夫子三侵鲁，而绰三从，是鼓鞭于马靳也[⑦]。翟闻之：'言义而弗行。是犯明也。'绰非弗之知也，禄胜义也。"

【注释】

①白公之祸：公元前 479 年白公在楚作乱，杀令尹子西，劫楚惠王，欲以子闾为王，子闾不从，白公以兵相逼，子闾誓死不从，遂杀之。

②要：古"腰"字。

③直兵：剑矛之类的兵器。

④杀我亲：白公作乱，杀子西、子期，二人是王子闾之兄。喜："嬉"之假借字，作弄。

⑤然而反王：然后把王位归还楚惠王。

⑥济：止。嬖：同"僻"。

⑦靳：马当胸的皮带，这里代指马胸。

【译文】

孟山称赞王子闾说："从前白公在楚国作乱，抓住了王子闾，用斧钺钩住他的腰，用剑矛对着他的心窝，对他说：'做王就活，不做王就死！'王子闾说：'怎么这样侮辱我呀！杀掉我的亲人，用楚国王位来捉弄我。即使给我天下，如果是不义的，我也不会要，何况是一个楚国呢？'结果被杀而没有做楚王。王子闾难道不算仁吗？"墨子说："他这样做不容易，但还算不得仁。如果认为楚王无道，那为什么不接受王位来治理楚国呢？如果认为白公不义，为什么不接受王位，杀掉白公然后再把王位交还给楚惠王呢？所以说：他这样做不容易，但还算不得仁。"

墨子让胜绰去项子牛那里做事。项子牛三次侵犯鲁国领土，胜绰三次跟从项子牛。墨子听说后，让高孙子去请项子牛辞退胜绰，并说："我派胜绰去，是想让他阻止骄横，匡正邪僻。现在胜绰俸禄丰厚，欺弄先生，先生三次侵犯鲁国，胜绰三次跟随，这好比是要马前进，却用鞭子抽打马的前胸一样，结果适得其反。我听说过‘口说仁义却不实行，是明知故犯’。胜绰不是不知道这些，而是因为他把俸禄看得比仁义还重。”

【原文】

昔者楚人与越人舟战于江，楚人顺流而进，迎流而退[①]，见利而进，见不利则其退难。越人迎流而进，顺流而退，见利而进，见不利则其退速。越人因此若執，亟败楚人[②]。公输子自鲁南游楚，焉始为舟战之器，作为钩强之备[③]，退者钩之，进者强之，量其钩强之长，而制为之兵。楚之兵节[④]，越之兵不节，楚人因此若執，亟败越人。公输子善其巧，以语子墨子曰：“我舟战有钩强，不知子之义亦有钩强乎？”子墨子曰：“我义之钩强，贤于子舟战之钩强。我钩强，我钩之以爱，揣之以恭[⑤]。弗钩以爱，则不亲，弗揣以恭，则速狎，狎而不亲则速离。故交相爱，交相恭，犹若相利也。今子钩而止人，人亦钩而止子，子强而距人，人亦强而距子，交相钩，交相强，犹若相害也。故我义之钩强，贤子舟战之钩强。”

【注释】

①迎流：逆流。

②亟：屡次。

③钩强：即钩、镶，古兵器。

④节：义同“适”。

⑤揣：推拒之意。

【译文】

从前，楚国人与越国人在长江上进行船战，楚国人顺流进攻，逆流撤退，有利就前进，不利时要撤退却很难。越国人逆流进攻，顺流撤退，有利时就前进，不利时要撤退很迅速。越国人凭借这种水势，多次打败楚国人。公输盘从鲁国向南游到楚国，开始制造船战的兵器，他制造出钩和镶这样的兵器装备，敌船撤退时就用钩去钩住它，敌船进攻时就用镶推开它，测量钩镶的长度，而制造了相适应的兵器。楚国人的兵器适用，越国人的兵器不适用，楚国人凭借这些兵器的优势，多次打败越国人。公输盘夸耀钩镶的巧妙，对墨子说："我在船战时有钩镶这样有力而适用的武器，不知道你的仁义是否也有像钩镶这样的武器？"墨子说："我的仁义的钩镶，胜过你的船战的钩镶，我仁义的钩镶，用爱作为钩，用恭敬来抗拒。不用爱来钩就不会亲近，不用恭敬来抗拒就会轻慢，轻慢又不亲近就会很快离散。所以互相爱护，相互恭敬，就会相互得利。现在你用钩去钩住人，人家也用钩钩住你，你用镶来推开别人，别人也用镶来推开你，相互钩住、相互推开，就是相互残害。所以我的义的钩镶、胜过你船战的钩镶。"

【原文】

公输子削竹木以为鹊，成而飞之，三日不下。公输子自以为至巧。子墨子谓公输子曰："子之为鹊也，不如匠之为车辖[①]，须臾刘三寸之木[②]，而任五十石之重。故所为功[③]，利于人谓之巧，不利于人谓之拙。"

公输子谓子墨子曰："吾未得见之时，我欲得宋。自我得见之后，予我宋而不义，我不为。"子墨子曰："翟之未得见之时也，子欲得宋，自翟得见子之后，予子宋而不义，子弗为，是我予子宋也。子务为义，翟又将予子天下。"

【注释】

①车辖：车轴上的销子，可以管住轮子使之不脱落。

②刘："斵"之形误。

③功："巧"字之误。

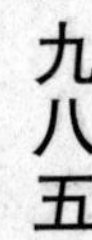

【译文】

公输盘砍削竹子制作竹鹊，制成竹鹊后让它飞起来，飞了三天没有掉下来。公输盘自己认为很巧妙。墨子对公输盘说："你制作竹鹊，还不如木匠制作车辖，只需片刻工夫就可以砍成三寸厚的木块，载得起五十石的重量。所以所谓巧，有利于人就叫作巧妙，不利于人就叫作笨拙。"

公输盘对墨子说："我没有见到你的时候，我想得到宋国。自从我见到你以后，把宋国给我而不合乎道义的话，我不要。"墨子说："我没有见到你的时候，你想得到宋国，自我见到你以后，给你宋国如果不合乎道义的话，你不要，这就是我把宋国给你了。你如果致力于仁义，我还将把天下送给你。"

【评析】

本篇共22章，其中有半数是墨子跟弟子与时人的对话。另有半数，是对齐、鲁、楚、越等国官方的批评和建议，主题涉及非攻。特别需要指出的是，第12、13、14、15等章论述学派的作用。第17章论述"来者可知"的认识论命题。第10章论述"合其志功而观"的动机效果统一观察法。这些都具有重要的理论意义。

关于学派的作用，墨子跟吴虑论智力体力劳动之功效，是墨子对学派作用的深刻自觉。鲁国南部有隐士吴虑，冬天制陶，夏天耕种，自比舜。墨子去拜访他，吴虑对墨子说："仁义呀，仁义呀，自己干就是了，何必到处游说宣传?"墨子说："您所谓的仁义，也是有力量就帮助人，有财产就分给别人吗?"吴虑说："是的。"

墨子说，我曾考虑过，自己亲身耕种以给天下人吃饭，但搞得好，也不过得到相当于一个农民的收获，分给天下人，每人也得不到一升粮食，也不能让天下饥饿的人吃饱饭。自己亲身织布以给天下人衣服穿，但搞得好，也不过得到相当于一个妇女织出的布匹，分给天下人，每人也得不到一尺布，也不能让天下受冻的人穿暖和。自己亲身披着坚固的铠甲，拿着锐利的武器，解救国家的患难，但搞得好，也不过相当于一个士兵的作战能力，并不能抵御侵略者的大军。这些都是很显然的。

我不如诵读探求先王的学说，通晓考察圣人的言词，对上游说王公大人，对下劝导平民百姓，王公大人采用我的学说，品行一定得到休养。我虽然没有自己耕种，以使饥饿的人有饭吃，没有亲身织布，以使受冻的人有衣穿，而功劳却大于亲身耕织以使天下人有饭吃、有衣穿的人。天下平民百姓很少知道仁义，所以用仁义教导天下的人功劳大，我为什么不到处宣传仁义呢？假如我能鼓励大家达到仁义的要求，我的仁义岂非更加发扬光大？”墨子说服消极避世、洁身自好的吴虑，表明积极救世，宣导仁义，是为了对社会做出更大贡献，这就是墨家学派的社会作用。

《论语·子路》载，子路说：“卫君待子而为政，子将奚先？”即卫君等着您治理政事，您准备先干什么？孔子说：“必也正名乎！”即一定是纠正名分上用词不当的现象！本篇恰有一章，跟《论语》此章相似。本篇第14章载，墨子将出游，弟子魏越说：“既得见四方之君，子则将先语？”即您将要见到四方的君主，将先说什么呢？

墨子说尚贤、尚同、节用、节葬、非乐、非命、兼爱、非攻，即墨子的著名论文，是古墨学研究的主题，最终成果即本书的《尚贤》至《非命》等篇，是墨子对战国时代课题的应对方略，是当时社会、政治、伦理和宇宙、人生的重要难题，当务之急。“择”即选择，“务”即要务，重要问题。

墨子的难题，急务，要务，实践和认识所趋向的目标，作为墨学研究的主题，提出从《尚贤》到《非命》等论题的论证，体现了墨学产生的深刻社会历史根源和强烈的人道人文精神。墨子适应社会需要，针砭时弊，开具救世药方，并提出系统的政治伦理主张，试图医治社会有机体的沉疴顽症。

第17章论述“来者可知”的认识论命题。墨子跟彭轻生子辩论，辩题是：“未来是否可以预知？”彭轻生子说：“过去的事情可以知道，未来的事情无法知道。”墨子说：“假如你的双亲在百里外遇到危难，只有一日期限，如果你能赶到，他们就能活，如果你不能赶到，他们就会死。现在这里有坚车好马和劣马方轮车，让你选择，你将乘哪一种？”彭轻生子回答：“坐坚车好马，可以快些赶到。”墨子说：“既然这样，怎么能说无法知道未来呢！”这是从假设和事实推论，来证明墨子“来者可知”的命题，有重要的认识论意义。

第10章载，鲁君因选太子而产生困惑，墨子给他提出“合其志功而观”的动机效果统一观察法，即综合和动机效果两方面的因素，给出较为全面的答案，有重要的伦理学和认识论意义。

本篇有一半篇幅，即1、2、3、4、5、6、7、19、20、21、22等章，对齐、鲁、楚、越等国官方的批评和建议，主题涉及非攻，可作为《非攻》的补充材料，鲁迅曾从其中取材，创作历史小说《故事新编·非攻》，饶有趣味。

【故事阐微】

韩昭侯拒绝私求

韩昭侯（？—前333）韩国君主、战国七雄之一。周威烈王二十三年（公元前403年）韩赵魏三家分晋，韩国定都平阳（今山西临汾县），后来又徙都阳翟（今河南省禹县），又迁都新郑（今河南省新郑市。现在河南省西北部和陕西省东部是当时韩国领土）。韩昭侯在位二十八年（公元前362—前333年），昭是他的谥号。韩昭侯在位时曾用申不害为相，内修政务，外御强敌，国势安定。

申不害原来本是郑国的一个地位很卑微的小官，由于他学习和掌握了黄老刑名的学说，就向韩昭侯讲说“刑名之学”，请求昭侯任用他。韩昭侯很欣赏申不害的才学，就任命他为韩国的相国。在昭侯的支持下，申不害对内整治政教，对外应付各国，前后搞了十五年，使韩国一直保持着强国的地位，并著书两篇，名为《申子》。

可是，有一次申不害为他的叔叔哥哥请求官职，韩昭侯却不答应。为此，申不害一脸的不高兴。昭侯对他说："我向你学习的目的，是打算用来治理国家的。现在是听从你的请求而废弃你的学说呢？还是实行你的学说而废弃你的请求呢？你不是曾经教导我修治功劳记录，必须审视功劳大小来任用人，而今你却在法外另有私求，那我听哪个话才对呢？"申不害知道自己错了，赶紧向昭侯请罪。

公输①

【题解】

《公输》是《墨子》书中唯一的完整的记叙文。描述墨子为了阻止楚国侵略宋国，千里迢迢前去说服。通过与公输盘、楚王的多次说理，论辩，以至于类似沙盘作业的攻防比试，终于制止了一场不义之战，是《非攻》思想的具体化。文章情节曲折有致，脉络清楚，语言犀利。着重刻画墨子的形象，他不辞辛苦，敢冒风险，巧于辩驳，敏于应对，深谋远虑，沉着老练，大勇大智，既平凡而又伟大。本文是中国散文史上传诵不衰的名作，曾被后人改编为小说和戏剧。

【原文】

公输盘为楚造云梯②之械，成，将以攻宋。子墨子闻之，起于齐，行十日十夜而至于郢，见公输盘。

【注释】

①公输：本篇主要是讲公输盘帮助楚国用云梯进攻齐国，而墨子就去加以制止的事情。

②云梯：古代打仗攻城时用的一种工具。

【译文】

公输盘替楚国制造云梯，造成之后，将用它来攻打宋国。墨子听说了这件事，从齐国起行，走了十日十夜到了郢都，和公输盘见面。

【原文】

公输盘曰："夫子何命焉为？"子墨子曰："北方有侮臣者，愿藉子杀之。"公输盘不说。子墨子曰："请献十金。"公输盘曰："吾义固不杀人。"子墨子起，再拜曰："请说之。吾从北方闻子为梯，将以攻宋，宋何罪之有？荆国有余于地，而不足于民，杀所不足，而争所有余，不可谓智。宋无罪而攻之，不可谓仁。知而不争，不可谓忠。争而不得，不可谓强。义不杀少而杀众，不可谓知类。"公输盘服。子墨子曰："然，乎[①]不已乎？"公输盘曰："不可，吾既已言之王矣。"子墨子曰："胡不见我于王？"公输盘曰："诺。"

【注释】

①乎：通"胡"，为什么。

【译文】

公输盘曰："您有什么吩咐呢？"墨子说："北方有人侮辱我，希望你帮我杀了他。"公输盘不高兴。墨子说："我会付十两金给你。"公输盘说："我遵循义本来就不杀人。"墨子站起来，再拜说："请让我跟你说说义。我在北方听说你制造云梯，将用它来攻打宋国。宋国有什么罪过呢？楚国土地有多余的，人口却少，杀掉不多的人，去争夺有多余的土地，不可以说是有智慧。宋国没有罪过却去攻打它，不可以说是仁慈。知道了这些却不去据理力争，不可以说是忠。力争却没有成功，不可以说是强。你说你遵循义，不去杀一个人却去杀众多的人，不可以说是明智的一类。”公输盘折服了。墨子说：“是这样，为什么不停止呢？”公输盘说：“不可以，我已经告诉大王了。”墨子说：“为什么不为我引见大王？”公输盘说：“好。”

【原文】

子墨子见王，曰：“今有人于此，舍其文轩[①]，邻有敝舆[②]，而欲窃之；舍其锦绣，邻有短褐，而欲窃之；舍其粱肉，邻有糠糟，而欲窃之。此为何若人？”王曰：“必为窃疾矣。”子墨子曰：“荆之地，方五千里，宋之地，方五百里，此犹文轩之与敝舆也；荆有云梦，犀兕麋鹿满之，江汉之鱼鳖鼋鼍[③]为天下富，宋所为无雉兔狐狸者也，此犹粱肉之与糠糟也；荆有长松、文梓、楩[④]、梓、楠、豫章，宋无长木，此犹锦绣之与短褐也。臣以三事之攻宋也，为与此同类。臣见大王之必伤义而不得。”王曰：“善哉！虽然[⑤]，公输盘为我为云梯，必取宋。”

【注释】

①文轩：装饰得非常美丽的马车。

②敝舆：破烂不堪的车子。

③鼋鼍：指龟鳖以及鳄类等爬行类动物。

④楩：古代的一种大树。

⑤虽然：即使是这样。

【译文】

墨子拜见楚王，说：“现在有人在这里，舍弃自己的彩车，却想去偷邻居的简陋的车子；舍弃自己的锦衣绣服，却想去偷邻居的粗布衣服；舍弃自己的精美肉食，却想去偷邻居的糟糠。这是一个怎样的人呢？”大王说：“这人一定有想偷东西的病。”墨子说：“楚国的土地，方圆五千里，宋国的土地，方圆五百里，这就像彩车和简陋的车相比；楚国有云梦泽，犀、兕、麋、鹿以及江河中的鱼、鳖、鼋、鼍是天下最多的，宋国所有的无非是野鸡、兔、狐狸等，这就像精美肉食和糟糠相比；楚国有大松树、梓、楩、梓、楠、豫章等，宋国连大树都没有，这就像锦衣绣服和粗布衣服相比。我从这三件事认为攻打宋国，就像干这些事一样。我认为大王一定伤害了义却不能成功。”大王说：“说得对啊！即使是这样，但公输盘为我造了云梯，一定可以夺取宋国。”

【原文】

于是见公输盘。子墨子解带为城，以牒[①]为械，公输盘九设攻城之机变，子墨子九距[②]之。公输盘之攻械尽，子墨子之守圉有余，公输盘诎，而曰：“吾知所以距子矣，吾不言。”子墨子亦曰：“吾知子之所以距我，吾不言。”楚王问其故，子墨子曰：“公输子之意，不过欲杀臣，杀臣，宋莫能守，可攻也。然臣之弟子禽滑厘等三百人，已持臣守圉之器，在宋城上而待楚寇矣。虽杀臣，不能绝也。”楚王曰：“善哉！吾请无攻宋矣。”

【注释】

①牒：细小的木块。

②距：通“拒”，抵御。

【译文】

于是召见公输盘。墨子解下腰带作为城池，用细小的木块作为器械，公输盘九次设计攻城的机关，墨子九次抵挡了他。公输盘攻城的机关用尽了，墨子守城的防御装备还有剩余的。公输盘认输了，就说：“我知道我可以什么办法用来抵抗你，我只是不说而已。”墨子亦说：“我也知道你用来抵抗我的办法，我也是不说罢了。”楚王问他为什么，墨子说：“公输盘的意思，不过是想杀掉我，杀我之后，宋国没有人可以抵挡楚国，就可以进攻了。然而我的弟子禽滑厘等三百人，已经拿着我的防御器械，在宋国城墙上等待楚军了。即使杀了我，也不能杀尽防御的人。”楚王说：“好啊！我不攻打宋国了。”

【原文】

子墨子归，过宋。天雨，庇其闾[①]中，守闾者不内[②]也。故曰：“治于神者，众人不知其功；争于明者，众人知之。”

【注释】

①闾：指大门。

②内：通“纳”。

【译文】

墨子回国，经过宋国。天下大雨，墨子在巷口的门中避雨，守门人不接纳他。所以说：“运用神力的人，人们不知道他的功绩；在明处争辩的人，人们都知道他的存在。”

【评析】

本篇无论在理论和实践，还是在逻辑与辞章上，都堪称典范。运用墨子兼爱非攻学说，体现墨家抑强扶弱、任侠仁义的精神。

墨子听到鲁班“为楚造云梯之械成，将以攻宋”，便从鲁国起身，“行十日十夜，而至于郢”，找鲁班和楚王辩论说：“宋无罪而攻之，不可谓仁。”这是兼爱非攻理论的实践，体现了墨子抑强扶弱、任侠仁义的精神。

墨子见鲁班，鲁班问：“先生有何见教？”墨子巧设计策说：“北方有人侮辱我，想请你杀他。”鲁班听了很不高兴。墨子说：“我送你十两黄金。”鲁班说：“我讲仁义从来不杀人。”

墨子说：“你造成云梯，准备攻打宋国。宋国有什么罪？楚国土地有余，人

口不足，牺牲自己本来不足的人口，争夺本来已有富裕的土地，不能说是聪明。宋国无罪，却去攻打，不能说是仁。懂得了这些道理，而不争谏，不能说是忠。争谏而不能制止，不能说是强。你讲仁义从来不杀一个人，却去杀宋国许多人，不能说是知道类推之理。”鲁班被说服。

墨子对楚王说：“如今有一个人，放着自己的豪华轿车不坐，却想偷邻居的破车。放着自己的锦绣衣裳不穿，却想偷邻居的黑粗布褂。放着自己的精米肉食不吃，却想偷邻居的糠糟饭食。这算什么人？”楚王说：“他必定患了偷窃病。”

墨子说：“楚国土地，方圆五千里，宋国的土地，方圆五百里，就像豪华轿车和破车的比喻。楚国有云梦泽，犀牛麋鹿满地，长江汉水鱼鳖鼋鼍，富甲天下，宋国连野鸡野兔狐狸都没有，就像精米肉食和糠糟饭食的比喻。楚国有高大松树、漂亮梓木和楠木樟树，宋国却没有像样的大树，就像锦绣衣裳和黑粗布褂的比喻。我认为大王攻打宋国，跟这三个比喻同类。大工必定伤害道义，又达不到目的。”

墨子止楚攻宋，运用攻击矛盾的谈辩技巧。在辩论中，指出对方议论的逻辑矛盾，以驳倒对方论点，这便是归谬法。墨子运用归谬法，使鲁班不得不在道义面前服输。又使用以小比大，以浅喻深的比喻论证，以理服人。

在逻辑与辞章上，本篇是应用比喻论证“譬”和归谬论证“推”的典范。根据《小取》的定义，比喻论证“譬”，是“举他物而以明之也”。本篇巧妙设计“文轩与敝舆”“粱肉与糠糟”“锦绣与短褐”三个比喻，论证楚国攻伐宋国的非正义性。

根据《小取》的定义，归谬论证“推”，是“以其所不取之，同于其所取者，予之也”。本文先写明鲁班不取墨子“北方有侮臣，愿藉子杀之”的假设清求，标榜“吾义固不杀人”，但却“为楚造云梯之械，将以攻宋”，这种“义不杀少而杀众”的行为，与前文鲁班所标榜的“吾义固不杀人”是自相矛盾的论点。墨子论证“杀少”跟“杀众”同类，批评鲁班“小可谓知类”。这是用

归谬论证“推”，指出对方的逻辑混乱。《小取》规定论证的规则，是“以类取，以类予。有诸己不非诸人，无诸己不求诸人”，即遵守同一律矛盾律。墨子的说辞，是典型的归谬论证“推”。

《公输》是一篇完整的记叙文，生动地体现了墨子兼爱非攻的主张。他不辞劳苦，巧于驳辩，大义凛然，智勇双全。他为阻止强楚攻伐弱宋，千里迢迢，前去止战。通过与鲁班、楚王的论辩，沙盘比试，制止了一场血战。在论辩中，墨子语言犀利，逻辑清晰，有理有节，扣人心扉。本文被选为学校语文教材，并被改编为小说戏剧，可谓脍炙人口，传诵不衰。

辩论是使用言词的战斗，所以叫舌战。《史记·平原君传》说：“三寸之舌，强于百万之师。”黄宗羲编《明文海》卷93说：“春秋战国之时势，在重口舌战伐也。”“审时酌势，在口舌战伐。”“数言而佩印，一战而师君。”这都可用来形容墨子的善辩。

墨子教导弟子“能谈辩者谈辩”，以谈辩为专门的教育科目，使墨家得以总结中国古代辩学，从而与古希腊逻辑和印度因明，并列为世界三大逻辑之源，为人类思维科学的建立，做出重要贡献。

【故事阐微】

韩非使秦保韩

韩非是韩国国君的儿子，生活在战国末期，“为人口吃”，不善言辞。他曾经追随荀卿学习。

韩非看到韩国积弱，有感于时势危难，多次上书献策，希望韩王能励精图治、富国强兵，重振韩国的声威。但韩王沉浸在声色犬马之中，置韩非的言语不顾。

在韩非的强国方略中，直接陈述了国家衰亡的主要原因。针砭时弊，对当时盛行的价值观及功利取向，确实是强劲无比的钟声，但在韩王的眼里，这些都是一钱不值的谰言狂说。但秦王在拜读了韩非的作品后，拍案叫绝。对韩非的理念大为激赏，爱才之心甚至让他不惜动用强大的兵力去攻打韩国。面对秦军的汹汹来势，韩王被吓得六神无主，这时才想起规劝自己富国强兵的韩非，就连忙派韩非出使韩国，希望能化解这次兵祸。

韩非以韩国使者的身份来到秦国后写信给嬴政，劝说道："现今秦国的疆域方圆数千里，军队号称百万，号令森严，赏罚公平，天下没有一个国家能比得上。而我鲁莽地冒死渴求见您一面，是想说一说破坏各国合纵联盟的计略。您若真能听从我的主张，却不能一举拆散天下的合纵联盟，占领赵国，灭亡韩国，使楚国、魏国臣服，齐国、燕国归顺，不能令秦国确立霸主的威名，使四周邻国的国君前来朝拜，就请您将斩首示众，以此告诫那些为君主出谋划策不忠诚的人。"

韩非

嬴政读后，心中颇为喜悦，但一时还没有任用他。李斯很忌妒韩非，便对嬴政说："韩非是韩国的一个公子，如今您想吞并各国，韩非最终还是要为韩国利益着想，而不会为秦国尽心效力，这也是人之常情。现在您不用他，而让他在秦国长期逗留后再放他回去。这不啻是自留后患啊！你还不如依法将他除掉。"秦王嬴政认为李斯说得有理，便把韩非交司法官吏治罪。李斯又派人送毒药给韩非，让他及早自杀。韩非试图亲自向秦王嬴政陈述冤情，但却无法见到秦王。不久，秦王有些后悔，便派人去赦免韩非，但为时已晚，韩非已经死了。

备城门

【题解】

《备城门》至《杂守》11篇，是墨家的军事文章，叙述墨家积极防御战的战略战术与守城的技术、方法。《备城门》叙述在“大攻小、强执弱”的战略形势下，如何积极准备，争取防御战胜利的战术、技术，重点是叙述城门、城墙的守备技术、方法。其中“引机发梁”（用滑车牵引的活动吊桥）、“转射机”“掷车”（运用杠杆原理的抛射、投掷机械）等，颇能代表墨家的技术水平和智慧特色。

【原文】

禽滑釐问于子墨子曰[①]：“由圣人之言，凤鸟之不出[②]，诸侯畔殷周之国[③]，甲兵方起于天下，大攻小，强执弱，吾欲守小国，为之奈何？”子墨子曰：“何攻之守？”禽滑釐对曰：“今之世常所以攻者：临、钩、冲、梯、堙、水、穴、突、空洞、蚁傅、轒辒、轩车，敢问守此十二者奈何[④]？”子墨子曰：“我城池修，守器具，推粟足[⑤]，上下相亲，又得四邻诸侯之救，此所以持也。且守者虽善[⑥]，则犹若不可以守也。若君用之守者，又必能乎守者，不能而君用之，则犹若不可以守也[⑦]。然则守者必善而君尊用之[⑧]，然后可以守也。”

【注释】

①禽滑釐：墨子的弟子，魏国人。

②凤鸟之不出：人们以凤喻受命于天的圣王天子。传说周文王时，“凤鸣岐山”，象征四周一代事业的开端。不出，指瑞祥不显。

③殷周之国：孙诒让：“此盖通称王国为殷周之国。”

④守此十二者；对这十二种攻城法怎样来防守。

⑤推：孙诒让注："当为'樵'之误。"樵：指柴薪。

⑥此句卢文招校注："下当有'而君不用之'五字。"

⑦犹若：仍然，还是。

⑧尊：通"遵"。

【译文】

禽滑釐问墨子说："从圣人说凤鸟不再出现开始，诸侯就开始背叛王朝，天下兵争方起，大国攻打小国，强国攻打弱国。我想帮助小国防守，应怎么做呢？"墨子说："你是想什么样的攻城方式进行防守呢？"禽滑釐回答说："现在世上常用的进攻方法有：筑山临攻、钩梯爬城、冲车攻城、云梯攻城、填塞城沟、决水淹城、隧道攻城、穿突城墙、城墙打洞、如蚂蚁一般密集爬城、使用蒙上牛皮的四轮车、使用高耸的轩车。请问如何防守这十二种方式的攻城呢？"墨子说："我方城池修固，守城器具备好，柴禾粮草准备充足，上下官兵和百姓要和睦相处，同时又能取得四邻诸侯的救助，这就是用来长久守御的条件。而且，守城的人虽有本事，而国君不信任他，那么仍然不可防守。如果国君用来防守的人，一定是有能力防守的人；如果他没有能力而国君信任他，也是不能防守的。既然如此，那么守城的人必须有能力，而国君又信任他，这才可以防守得住。"

【原文】

凡守围城之法[①]，厚以高[②]，壕池深以广，楼撕揗，守备缮利，薪食足以支三月以上，人众以选，吏民和，大臣有功劳于上者多，主信以义[③]，万民乐之无穷；不然，父母坟墓在焉；不然，山林草泽之饶足利；不然，地形之难攻而易守也；不然，则有深怨于适而有大功于上[④]；不然，则赏明可信而罚严足畏也。此十四者具，则民亦不宜上矣[⑤]，然后城可守。十四者无一，则虽善者不能守矣。

故凡守城之法，备城门为县门，沈机，长二丈，广八尺，为之两相如；门扇数令相接三寸。施土扇上，无过二寸。堑中深丈五，广比扇[⑥]，堑长以力为度，堑之末为之县，可容一人所。客至[⑦]，诸门户皆令凿而慕孔。孔之，各为二幕二，一凿而系绳，长四尺。城四面四隅，皆为高磨𢊍，使重室子居亓上，候适，视亓能状与其进左右所移处，失候斩。

【注释】

①围："圉"字之误。孙诒让注：圉，通"御"。

②以：义同"而"，下句同。

③信：诚信。

④适：通"敌"。

⑤宜：岑仲勉注："余按'宜''疑'今音相同，古音亦甚相近，下不疑上即上下相得，故能守。"

⑥广比扇：即堑的宽度与门扇的宽度相等。

⑦客至：敌人到城下。

【译文】

守城的方法总括起来是：城墙又厚又高；护城河又深又宽；城楼遮栏要修好；守备的战具修缮一新以利使用；柴草粮食足以支撑三个月以上；有众多的人口才能选出精壮的守城之士，官吏和民众相和睦；多数大臣对君主有功劳；君主诚信而重义，万民乐于为守城战斗到底。要不就是守城军民的祖坟在这里；要不就是山川富饶军民愿为之死战；要不就是地形难攻而易守；要不就是军民对敌人有深仇而对君主有大功，要不就是君主赏罚分明足以服众。这十四条具备，那么民众对君主就会深信不疑，然后城就可以守了。如果这十四条没有一条存在，那么即使是有才干的人也不能守住城。

守城的方法应当是在城门上安装悬门和能控制其升降的机关，悬门高二丈、宽八尺，两扇门的规格要一样，两扇门相交的地方要有三寸宽的重叠，门上涂

上二寸厚的泥巴以防火攻。正对悬门下面挖深一丈五尺的壕沟，与悬门等宽，壕沟的长度依人力能及而定，壕沟的顶端为控制悬门升降之处，可容纳一人驻守。敌人到来时，每扇门都要凿两个孔来观察敌人，一孔系上绳子，绳长四尺，以控制悬门。城上四面四角，皆置高楼栏槛，令贵家子弟居守，等候敌人，观察敌人的动态，随敌人进攻的方位而移动，失职者斩首。

【原文】

敌人为穴而来，我亟使穴师选本，迎而穴之，为之且内弩以应之[①]。

民室杵木瓦石[②]，可以盖城之备者[③]，尽上之。不从令者斩。

昔筑[④]，七尺一居属，五步一垒[⑤]。五筑有锑。长斧，柄长八尺。十步一长镰，柄长八尺。十步一斗[⑥]，长椎，柄长六尺，头长尺，斧亓两端。三步一大铤[⑦]，前长尺，蚤长五寸。两铤交之置如平，不如平不利，兑亓两末。穴队若冲队，必审如攻队之广狭，而令邪穿亓穴，令亓广必夷客队。

疏束树木，令足以为柴抟，毋前面树，长丈七尺一以为外面，以柴抟从横施之，外面以强涂，毋令土漏。令亓广厚，以任三丈五尺之城以上，以柴木土稍杜之，以急为故。前面之长短，豫蚤接之，令能任涂，足以为堞，善涂亓外，令毋可烧拔也。

【注释】

①且：应作“具”，准备。

②杵：应作“材”。

③盖：王引之注：“当为‘益’……言民室之材木瓦石，可以益守城之备也。”益：增加。

④《左传·宜公十一年》孔颖达疏云：“筑，是筑土之杵。”杵，是筑墙舂土的工具。

⑤居属：筑城的锄一类的工具。步：古代一步约为六尺，相当于今二步。

⑥“斗”应作“斫”。

⑦铤：《杨子方言》云："吴杨江淮南楚之间谓之鏇，或谓之铤，可谓之纵。"铤为古兵器中的一种。铤末似爪。

【译文】

敌人挖隧道来攻城，我们马上派精于开隧道的工师挑选士卒，断定敌人在哪里打隧道，就也用挖隧道的方法来迎战敌人。为此准备了短弓以对付敌人。

老百姓房子的木材、瓦石，可用来增加城防的战备，需要时全都用上，不服从命令者斩首。

城上要准备各种筑城工具，每隔七尺置一锄，每五步置一盛土的笼，五个杵还要备有铲、锄之类的工具。置长斧，柄长八尺。十步置一长镰，柄长八尺。十步置一砍刀，还置长椎，柄长六尺，椎头长一尺，尖端要锋锐。三步置一大铤，铤的前端长一尺，细爪似的顶端长五寸。两铤相交置平，如果不平不利于使用，两端都要锋利。如果用隧道之法抵御敌人的隧道进攻，我方隧道的宽度一定要相当地方隧道的宽度，使所开的隧道能斜穿敌人的隧道，这样，就一定能夷平敌人的隧道。

把木材捆扎起来，做成一捆捆的柴抟，首先选择长一丈七尺的树放在外面，然后把捆好柴抟纵横交错堆积，外面涂上粘韧的泥土，要使其不落，柴抟的宽度和厚度，足可为三丈五尺高的城的屏障。再用柴抟、树木、泥土逐渐填实，越坚固越好。前面的长短，要预先理整齐，使其能够涂抹泥土，足以充城堞之用，好好地涂刷外面，使敌人不能烧毁或拔掉。

【原文】

大城丈五为闺门[1]，广四尺。

为郭门，郭门在外，为衡，以两木当门，凿其木维敷上堞。

为斩县梁，聆穿断城，以扳桥邪穿外，以板次之，倚杀如城报[2]。城内有傅壤[3]，因以内壤为外[4]，凿其间，深丈五尺，室以樵，可烧之以待敌。

令耳属城，为再重楼，下凿城外堞，内深丈五，广丈二。楼若令耳，皆令有力者主敌，善射者主发，佐皆广矢[⑤]。

治裾[⑥]。诸延堞高六尺，部广四尺，皆为兵弩简格。

转射机[⑦]，机长六尺，貍一尺。两材合而为之辒，辒长二尺，中凿夫之为道臂，臂长至桓。二十步一，令善射之者[⑧]，佐一人，皆勿离。

【注释】

①闺门：城中小门。

②报：应作“势”。

③、④“壤”应作“堞”。

⑤广：应作“厉”

⑥治裾：即“作薄”。

⑦转射机：一种能旋转的机弩。

⑧者：后应加“主之”二字。

【译文】

大城，要修一丈五尺高的闺门，门宽四尺。

做一郭门，在闺门之外。做好两根横木，以关闭郭门。横木上凿孔，穿上绳子，牵到城堞上。

做好悬梁，用木板做成，让它从城坎处向外斜着伸出。悬梁的斜度，符合城墙的形势。城墙内修傅堞，作为外堞的辅助。在其中凿穴，深一丈五尺，放柴草于内，敌人攻入时，可以焚烧御敌。

连着城墙修筑令耳，令耳是两重的楼房。在城墙外堞下凿穴，深一丈五尺，宽一丈二尺。城楼与令耳，都派有勇力的人负责杀敌，善于射箭的人放箭，辅佐的人勇敢善射。

编造樊篱，与城堞相连，高六尺，各宽四尺，都设置兵弩弓箭，拦击敌人。

转射机（一种能旋转的机弩），机身长六尺，埋入土中一尺。用两根木头合为车辒，辒长二尺，在中间凿之为道，插入横臂，臂长至墙垣。二十步放一转射机，令善射的人主之，派一人辅助，都不要离开。

【原文】

城上百步一楼，楼四植，植皆为通舄[①]，下高丈，上九尺，广、丧各丈六尺[②]，皆为宁。三十步一突，九尺，广十尺，高八尺，凿广三尺，表二尺，为宁。

城上为攒火[③]，夫长以城高下为度，置火亓末。

城上九尺一弩、一戟、一椎、一斧、一艾[④]，皆积参石、蒺藜。

渠长丈六尺，夫长丈二尺[⑤]，臂长六尺，亓貍者三尺，树渠毋傅堞五寸。

藉莫长八尺，广七尺，亓木也广五尺，中藉苴为之桥，索亓端；适攻，令一人下上之，勿离。

城上二十步一藉车，当队者不用此数。

城上三十步一砻灶[⑥]，

【注释】

①四植：孙诒让注："四植犹言四楹也。"楹：堂前的柱子，此泛指柱子。舄：通"碣"，柱石。

②丧：应为"袤"之误。

③攒火：守城方法之一，用长柄系火把从城上投向敌人，故其持柄之长，须视城之高下。

④艾：通"刈"，割刀一类的兵器。

⑤夫：为"矢"字之误。

⑥砻：应作"垄"。垄灶：做饭用的灶。

【译文】

城上百步筑一楼，楼四角有四根柱子，柱子安在基石上。下面高一丈，上面高九尺，长宽都一丈六尺，都有门。城中三十步一个洞道，长九尺，宽十尺，

高八尺，凿一门，宽三尺，长二尺。

城上设置火把，火把长短以城墙的高下为度，置火于末端。

城上每九尺置一弩、一戟、一椎、一斧、一镰等兵器。各处都贮备礌石、蒺藜。

（用以防守的）渠长一丈六尺，箭长一丈二尺，臂长六尺，埋在地下三尺，竖立渠柱不要靠近女墙，要离开五寸。

城上社遮幕以挡矢石。遮幕长八尺，宽七尺。用木架支撑。它的木架宽五尺。在遮幕架子的中部，设立一桥，桥端系上绳索，以便牵拉上下。敌方来攻，派一人上下牵拉以防敌人的矢石，不得离开。

城上隔二十步安置一藉车，面对敌人进攻的地方，不受二十步的限制。

城上每三十步设置一行灶。

【原文】

持水者必以布麻斗、革盆，十步一。柄长八尺，斗大容二斗以上到三斗。敝裕、新布长六尺，中拙柄[①]，长丈，十步一，必以大绳为箭。

城上十步一鈂。

水瓴，容三石以上，小大相杂。盆、蠡各二财。

为卒干饭，人二斗，以备阴雨，面使积燥处[②]。令使守为城内堞外行步。

置器备，杀沙砾铁[③]，皆为坏斗。令陶者为薄瓴，大容一斗以上至二斗，即用取，三祕合束[④]。

坚为斗城上隔。栈高丈二，剡亓一末。

为闺门，闺门两扇，令可以各自闭也。

救闉池者，以火与争，鼓橐[⑤]，冯埴外内，以柴为燔。

【注释】

①拙：通“诎”，弯曲。

②面：应作“而”。

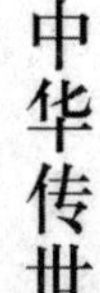

③杀：散。

④合束：用绳索捆束使其坚固。

⑤橐：鼓风用的风箱。

【译文】

持水的必须用布麻斗、皮盆，每十步一件。斗柄长八尺，斗的大小可以容纳两斗至三斗水。用长六尺的旧布、新布做斗杓；中部弯曲，柄长一丈，每十步放一件。必以粗大的绳子缝连。

城上隔十步有一把锹。

水缸要能装三石以上的水，大小相杂。盆、蠡各二具。

为守城的士卒准备好干粮，每人二斗，以防备阴雨天，而使之积贮于干燥处。派遣士卒为守卫内外城堞的人送餐。

设置器备，撒放沙砾、铁屑。各处都准备好粗制陶斗。使陶工做小罐，大小为装一斗至二斗水，用时即取，用绳索合围捆束。

坚固地做好斗城上的隔栈，高一丈二尺，削其一端。

城中建小门，小门由两扇组成，使之可以各自关闭。

敌方填壕沟进攻，我方用火攻与之争夺，鼓动风箱，在女墙内外焚烧木材，把烟火吹向敌人。

【原文】

灵丁[①]，三丈一，火耳施之[②]。十步一人，居柴内弩；弩半，为狗犀者环之，墙七步而一[③]。

救车火[④]，为烟矢射火城门上，凿扇上为栈，涂之，持水麻斗，革盆救之。门扇薄植，皆凿半尺，一寸一涿弋，弋长二寸，见一寸，相去七寸，厚涂之以备火。城门上所凿以救门火者，各一垂水，火三石以上[⑤]，小大相杂。

门植关必环锢[⑥]，以锢金若铁鍱之。门关再重，鍱之以铁，必坚。梳关，关二尺，梳关一苋，封以守印，时令人行貌封[⑦]，及视关入桓浅深[⑧]。门者皆无得

挟斧、斤、凿、锯、椎。

【注释】

①灵丁：一种小耳大肚的瓶子。

②火耳：应作“犬牙”。

③此句有脱文，不可解。

④车：应作“熏”。

⑤火：应作“容”。

⑥关：门闩。环锢：稳固。

⑦貌封：看封条的外貌。

⑧桓：两扇门边上的直木。

【译文】

安放小口大肚的瓶子，三丈一个，犬牙交错地放置。每十步有一人管理柴抟和弩箭，弩边用狗犀环绕。

抢救薰火，若敌人用燃着烟火的箭射到城门上，我方要凿门扇，安上木栈，涂上泥，拿盛水的麻斗、皮盆救火。门扇上安木桩的地方都凿上一寸深的穴，每穴安一根木桩，木桩长两寸，有一寸露在外面。木桩间隔七寸，厚厚的涂上泥巴来防火。城门下凿下救火的地方，各备一缸水，装三石以上，大小相杂。

城门的直木和横栓，一定要完好坚固，用坚韧的钢铁包裹着。门的横栓要上下两根，用铁包裹，必须坚固。门楗长两尺，锁一把，加上封条，盖上守印。经常派人察看封条的情况，并视察门楗插入的深浅。守门的人都不得挟带斧、凿、锯和椎子。

【原文】

城上二步一渠，渠立程[①]，丈三尺，冠长十丈，辟长六尺。二步一荅，广九尺，袤十二尺。

二步置连梃，长斧、长椎各一物；枪二十枚，周置二步中。

二步一木弩，必射五十步以上。及多为矢，节毋以竹箭[2]，楛、赵、搪、榆，可。盖求齐铁夫[3]，播以射衙及栊枞。

二步积石，石重千钧以上者，五百枚。毋百，以亢疾犁、壁，皆可善方。

二步积苙[4]，大一围，长丈，二十枚。

五步一罂，盛水有奚，奚蠡大容一斗。

五步积狗屍五百枚，狗屍长三尺，丧以弟[5]，瓮亓端，坚约弋。

十步积抟[6]，大二围以上，长八尺者二十枚。

二十五步一灶，灶有铁鐕容石以上者一，戒以为汤。及持沙，毋下千石。

【注释】

①"程"应作"桯"。

②"节"应作"即"。"竹箭"前"以"字应移至"楛"前。

③"夫"应作"矢"。

④"苙"应作"苣"。

⑤"弟"应作"茅"。

⑥抟：把物会合在一起，此为束木。

【译文】

城上每两步设立一渠柱。渠是立着的木柱。高一丈三尺，顶长十丈，臂长六尺。每两步设立一排竹答，宽九尺，长一丈二尺。

每两步设立连梃，长斧、长椎各一件，两头削尖的枪二十支，遍置于二步之中。每两步设一弓弩，射程在五十步以上。箭矢要多。即使没有竹子做箭矢，楛木、桃木、柘木、榆木也可以做箭杆。再求齐铁为箭头。弩箭分布城上，用以射敌人的冲梯和栊枞。

每二步堆积石头，石头重达半钧以上的要五百块。最少也不能少于百块，蒺藜、砖瓦都是很好的防备工具。

每二步堆积火炬，大的火把围粗九寸，长一丈，共二十根。每五步一坛子盛水。坛子旁有葫芦瓢，葫芦瓢可盛一斗水。

每五步堆积绳索五百条。绳索长三尺，用茅草覆盖，削其尖端，牢牢捆好。

每十步堆积柴抟，大两围以上，长八尺，共二十捆。

每二十五步修一座灶，灶上有一个铁锅，可盛水一石以上，准备着烧热水。还要储备沙石，不下一千石。

【原文】

三十步置坐候楼，楼出于堞四尺，广三尺，广四尺，板周三面，密傅之，夏盖亓上。

五十步一藉车，藉车必为铁纂。

五十步一井屏，周垣之，高八尺。

五十步一方，方尚必为关籥守之。

五十步积薪，毋下三百石，善蒙涂，毋令外火能伤也。

百步一栊枞，起地高五丈；三层，下广前面八尺，后十三尺，亓上称议衰杀之。

百步一木楼，楼广前面九尺，高七尺，楼物居坫[①]，出城十二尺。

百步一井，井十瓮，以木为系连。水器容四斗到六斗者百。

百步一积杂秆，大二围以上者五十枚，

百步为橹，橹广四尺，高八尺，为冲术。

百步为幽朕，广三尺高四尺者千[②]。

二百步一立楼，城中广二丈五尺二，长二丈，出枢五尺。

【注释】

①物：应作“卤”。坫：应作“坫”。

②千：应作“十”。

【译文】

每三十步共建一座候楼。楼伸出女墙四尺，楼宽三尺，长四尺，用木反围三面，密密涂泥，以防火攻。夏天盖住上面以避烈日。

每五十步一个藉车，藉车必用铁作车轴。

每五十步一座厕所，周围的围墙，高八尺。

每五十步一房，房上必须安置门柱和铁锁，以便住守。

每五十步堆积柴木，不少于三百担，好好用泥土封盖，使城外放的火不能燃烧它。

每百步建起一窥视敌人的建筑物——栊枞，从地面起算，高五丈，三层，底部的前宽为八尺，后宽为十二尺，它的上部根据适度而酌情减小。每百步建一木楼，楼宽前面九尺，高七尺，楼囱安在城墙上，伸出城墙外十二尺。每百步挖一口井，每井安排十瓮，用木制造提水的桔槔。贮水器可容纳四斗到六斗水，共一百个。

每百步堆积一堆禾秆，大于二围以上的五十捆。

每百步树立一块木盾牌，宽四尺，高八尺。做好冲术。

每百步要开暗沟，宽三尺高四尺的十条。

每两百步建一座立楼，宽二丈五尺，长二仗，其中五尺伸到女墙外。

【原文】

城上广三步到四步，乃可以为使斗。俾倪广三尺，高二尺五寸，陛高二尺五。广长各三尺，远广各六尺[①]。城上四隅童异高五尺，四尉舍焉。

城上七尺一渠，长丈五尺，狸三尺，去堞五寸，夫长丈二尺，臂长六尺半植一凿，内后长五寸[②]。夫两凿，渠夫前端下堞四寸而适。凿渠、凿坎，覆以瓦，冬日以马夫寒，皆待命，若以瓦为坎。

城上千步一表，长丈，弃水者操表摇之。五十步一厕，与下同圂。之厕者，不得操。

城上三十步一藉车，当队者不用。

城上五十步一道陛，高二尺五寸，长十步。城上五十步一楼扻。扻勇勇必重③。

土楼百步一，外门发楼，左右渠之。为楼加藉幕，栈上出之以救外。

城上皆毋得有室，若也可依匿者，尽除去之。

城下州道，百步一积薪，毋下三千石以上，善涂之。城上十人一什长，属一吏士④、一帛尉⑤。

【注释】

①远：应作“道”。

②后：应作“经”，长：疑衍文。

③扻勇勇必：应作“楼撕必再”。

④一：当作“十”。

⑤帛尉：孙诒让云：“疑当云‘百人一百尉’。”帛：通“百”。

【译文】

城墙上要有宽三步到四步的地面，才可以使士兵活动战斗。城上用来窥视外面的有孔小墙，宽三尺，高二尺五寸。台阶高二尺五，宽广各三尺，路宽六尺。城上四角为重楼，高五尺，四个尉官驻扎于此。

城上每七尺建一渠柱，长一丈五尺，埋在地下三尺，距离城上女墙五寸；露出地面一丈二尺，臂长六尺。在中部凿一孔，内径长五寸。外露部分凿两孔，渠柱顶端比女墙低四寸较为合适。凿渠、挖坎，以瓦覆盖，冬天以马草覆盖。令士卒待命而行，或以瓦为坎。

城上每十步立一表，长一丈。要向城下倾倒废水的人，须拿表摇动。每五十步一厕所，城上与城下的厕所同一粪坑。上厕所的人不准手拿武器。

城上三十步一藉车，当攻打隧道时不受此数限制。

城上五十步一道台阶，高二尺五寸，长十步。城上五十步一楼，楼必多层。

每百步一座土楼，外面安上悬门，左右开渠。建楼加上藉幕以挡矢石，有栈道出城以救外面。

城墙上都不能盖房屋，或其他可隐匿的处所，若有则必须全部拆除。

城下道路每百步堆积柴薪，不少于三千石以上，用泥土好好涂上。城上每十人任命一名什长，管理十名士卒，百人中设一百尉。

【原文】

百步一亭，高垣丈四尺，厚四尺，为闺门两扇，令各可以自闭，尉必取有重厚忠信可任事者。

二舍共一井爨，灰、康、秕、杯马矢，皆谨收藏之。

城上之备：渠谵[①]、藉车、行栈、行楼、到[②]、颉皋、连梃、长斧、长椎、长兹、距、飞冲、县口[③]、批屈。楼五十步一，堞下为爵穴，三尺而一为薪皋，二围长四尺半，必有洁[④]。

瓦石：重二升以上[⑤]，城上沙，五十步一积。灶置铁鐕焉，与沙同处。

木大二围，长丈二尺以上，善耿亓本，名曰长从，五十步三十[⑥]。木桥长三丈，毋下五十[⑦]。复使卒急为垒壁，以盖瓦复之。

用瓦木罂，容十升以上者，五十步而十，盛水，且用之。五十二者十步而二[⑧]。

城下里中家人，各葆亓左右前后，如城上。城小人众，葆离乡老弱国中及也大城。

【注释】

①谵：应作“襜”。

②到：应作“斫”。

③县口：孙诒让云：“‘悬’下缺‘梁’字。”悬梁，即吊桥。

④洁：应作“絜”。

⑤升：应作“斤”。

⑥长从：孙诒让云："疑与上文栊枞义同。"五十步三十：据前文，应为"五十步一"。

⑦毋下五十：孙诒让云："此有脱误，疑当作'毋下二十'。"

⑧五十二：应作"五斗以上"。

【译文】

每百步一座亭。墙高一丈四尺，厚四尺，做两扇门，使两扇门可以各自开关。每亭一尉，亭尉必须选稳重忠信能胜任的人担任。

两舍共一井灶。灰糠、谷皮、马粪都要小心收藏。

城上的守备工具：渠幕、籍车、栈桥、行楼、斫具、桔槔、连梃、长斧、长椎、长铘、钩钜、飞冲、吊桥、批屈。楼五十步一座，城堞下挖掘"爵穴"。每三尺设立一个桔槔，大二围，长四尺半，必须有挈。

瓦石，重二斤以上，搬上城。沙土，五十步一堆。灶上安放铁锅，和沙堆放在一起。

大木二捆，长一丈二尺以上。用绳将木捆紧，用来窥伺敌人的栊枞。每五十步放一个。木桥长三丈，最低不少于二十尺。再派士卒急造垒壁，以瓦覆盖起来。

用陶制或木制的坛子，能装十升以上的，每五十步放十个，盛水时将使用它们。能盛水五斗以上的十步放两个。

城墙下里巷中的人家，各保卫其左右前后，像城上一样。如果城小人众，就保护老弱离乡到国中的其他大城去。

【原文】

寇至，度必攻，主人先削城编[①]，唯勿烧。寇在城下，时换吏卒署，而毋换亓养，养毋得上城。寇在城下，收诸盆瓮，耕积之城下，百步一积，积五百。

城门内不得有室，为周官桓吏[②]，四尺为倪。行栈内闬，二关一堞。

除城场外，去池百步，墙垣树木小大俱坏伐，除去之。寇所从来若昵道、

傒近[3]，若城场，皆为扈楼，立竹箭天中[4]，

守堂下为大楼，高临城，堂下周散[5]，道中应客，客待见。时召三老在葆宫中者，与计事得先[6]。行德计谋合，乃入葆。葆入守，无行城，无离舍。诸守者，审知卑城浅池，而错守焉。晨暮卒歌以为度，用人少易守。

守法：五十步丈夫十人，丁女二十人，老小十人，计之五十步四十人。城下楼卒，率一步一人，二十步二十人。城小大以此率之，乃足以守圉。

【注释】

①先削城编：指先拆除附城的房屋。

②官：应作"宫"。"桓"应作"植"。

③傒近：应作"近傒"。

④天：应作"水"。

⑤堂下周散：官堂四周要便于疏散。

⑥先：应作"失"。

【译文】

敌人来了，估计他们必定进攻，守城的主将要先下令拆除附于城墙的房屋，不要放火烧。敌人在城下，我方应不时更换吏卒防守，但不要更换给养，给养不能上城。敌方在城下，要收集各种盆、罐，堆在城下，百步一堆，每堆五百个盆罐。

城门内不可有房子，只修盖顶无隔的通间。四尺为倪，行栈内闬，二关一堞。

清除城外离开护城河百步内的墙垣，大小树木都伐毁、除掉。敌人所来的道路，如便道、近道，或城场，都修建扈楼，并在水中插上竹箭。

守官堂下造大楼，高可监视全城。堂下四周有路。主人在堂中接待来客，客等待接见。经常召见在官府中守卫的三老，与之计议事之得失。他们的意见可行，计谋相合，就可让他们入保城池。但入保城池者不可以在城楼上随意走

动，不得离开住地。各个担负守卫的人要详知卑城浅池，而措意防守。早晚用击鼓来调动士卒，用人少反而易于防守。

守卫之法：每五十步配壮年男子十人，成年女子二十人，老人小孩十人，共计五十步四十人。城下守楼士卒，一步一人，计二十步二十人。按城的大小以此为标准，才足以守御。

【原文】

客冯面而蛾傅之①，主人则先之知，主人利，客适②。客攻以遂，十万物之众，攻无过四队者，上术广五百步，中术三百步，下术五十步。诸不尽百五步者，主人利而客病。广五百步之队，丈夫千人，丁女子二知人，老小千人，凡四千人，而足以应之，此守术之数也。使老小不事者，守于城上不当术者。

城持出必为明填③，令吏民皆智知之④。从一人百人以上，持出不操填章，从人非亓故人，乃亓稹章也，千人之将以上止之，勿令得行。行及吏卒从之，皆斩，具以闻于上。此守城之重禁之⑤。夫奸之所生也，不可不审也。

【注释】

①冯面：依附城的四面。蛾：蚂蚁。

②适：应作“病”。

③持：孙诒让云：“‘持’当作‘将’，即千人之将也。”填：孙诒让云：“疑当为‘旗’，形近而误”。

④智：通“知”。

⑤之：应作“也”。

【译文】

如果敌人依附四面城墙像蚂蚁一样爬上城来，守城者能预先知道，守城者有利，进攻者不利。如果敌方用分队的方法进攻，十万之众，进攻不会超过四队，最宽的攻道是五百步，中等的三百步，下等的五十步。各种不到百五十步

宽的，主人有利而客方不利。防御宽五百步的队伍，需男子一千人，成年女子两千人，老人小孩一千人，共四千人，就足以应付，这是防守道路的一般规律。使老小不能任事，在城上不挡路的地方防守。

城中将军出城，必须显示旗号，要使官民都了解。将军率十人或百人以上出城，可不带旗号，如果随从不是自己的部属，或者没有旗号，即使是率千人以上的官也要制止他，不让他通行。如果出行或吏卒放纵他出行，都要杀头，要把具体情况报告给上级。这是守城的重大禁令。奸细往往出在这里，不能不详细考察。

【原文】

城上为爵穴。下堞三尺，广亓外，五步一。爵穴大容苴[1]，高者六尺，下者三尺，疏数自适为之。塞外堑[2]，去格七尺，为县梁。城筵陕不可堑者，勿堑。城上三十步一聋灶[3]，人擅苣长五节。寇在城下，闻鼓音，燔苣，复鼓，内苣爵穴中，照外。

诸藉车皆铁什，藉车之柱长丈七尺，亓狸者四尺；夫长三丈以上，至三丈五尺，马颊长二尺八寸，试藉车之力而为之困，失四分之三在上[4]。藉车，夫长三尺[5]，四二三在上[6]，马颊在三分中。马颊长二尺八寸，夫长二十四尺，以下不用。治困以大车轮。藉车桓长丈二尺半。诸藉车皆铁什，复车者在之[7]。

【注释】

①爵穴：孙诒让注："谓之城堞间为空穴，小仅容爵也。"爵：古代的酒杯。此指如酒杯大小的孔。苴：应作"苣"，火炬。

②塞：应作"穿"。

③聋：应作"垄"。

④失：应作"夫"。

⑤尺：应作"丈"。

⑥二：应作"之"。

⑦复：当为“后”。

【译文】

在城上女墙下挖孔穴如酒杯大，比女墙低三尺，它的外大里小便于窥敌，每五步建一穴。孔穴的大小能放得下火炬，高的有六尺，低的有三尺，它的密度可视情况而定。于城外挖壕沟，离城门七尺远，沟上做吊桥。城外狭窄不能作壕沟处可以不挖。城上每三十步建一个垄灶。守城的人都备有火炬，长五尺。敌人到了城下，即击鼓报警，点燃火炬；再次听到鼓声后，将火炬放入孔穴中，照亮城外，观察敌人动向。

各种藉车皆用铁包其外。藉车的柱子长一丈七尺，埋于地下部分长四尺；车座长三丈至三丈五尺，马颊长二尺八寸，根据所测试的籍车的力度而制作车困，车座四分之三在地面上。籍车，车座长三丈，四分之三在地面上，马颊在地面以上部分正中间。马颊长二尺八寸，车座长二丈四尺，更短的不用。用大车轮作车困。藉车的车桓长一丈二尺半。各种藉车都用铁包裹，后面的车辅助它。

【原文】

寇闉池来[①]，为作水甬，深四尺，坚慕狸之[②]。十尺一，覆以瓦而待令。以木大围长二尺四分而早凿之[③]，置炭火亓中合慕之，而以藉车投之。为疾犁投，长二尺五寸，大二围以上。涿弋，弋长七寸，弋间六寸。剡亓末。狗走，广七寸，长尺八寸，蚤长四寸，犬耳施之[④]。

子墨子曰：“守城之法，必数城中之木，十人之所举为十挈，五人之所举为五挈，凡轻重以挈为人数。为薪蘸挈，壮者有挈，弱者有挈，皆称亓任。凡挈轻重所为，吏人各得亓任[⑤]。”城中无食则为大杀。

去城门五步大堑之，高地三丈[⑥]，下地至[⑦]，施贼亓中[⑧]，上为发梁，而机巧之，比傅薪土，使可道行，旁有沟垒，毋为逾越，而出佻且比[⑨]，适人遂入，引机发梁，适人可禽。适人恐惧而有疑心，因而离。”

【注释】

①闉：应作“堙”，堵塞。

②慕：应作“幂”覆盖。

③分：应作“寸”。早：应作“中”。

④耳：应作“牙”。

⑤吏：应作“使”。

⑥三：疑衍；丈：后应加“五尺”二字。

⑦下地至：后应加“泉三尺”三字。

⑧贼：应作“栈”。

⑨佻：通“挑”，挑战。比：应作“北”，败逃。

【译文】

敌人用填塞护城河来进攻时，就要制作像斛一样的漏水器，深四尺，封固好埋入地下，每十尺放一个，用瓦盖上以待令。用围粗二尺四的木头，挖空其中，放上炭火封固好，用藉车把它投出去烧伤敌人。也可用蒺藜投出去刺伤敌人，蒺藜长二尺五寸，大二围以上。城门上的门丁，丁长七寸，每丁间隔六寸，把它削尖。钩曲宽七寸，长一尺八寸，爪长四寸，犬牙交错地安设。”墨子说：“守城的方法，一定要数清城中的树木，以挈计算，十个人能举起的为十挈，五个人能举起的为五挈，凡轻重以需要多少人力来定，背薪樵也是如此。壮者有壮者的力量，弱者有弱者的力量，负重之数要与各人的能力相当。城中缺粮的时候，所承受的量要大减。

在距城门五步的地方开大沟，地势高的地方要挖一丈五尺深，低地挖至泉水处三尺即可，把用板编成的吊桥放在沟上，桥道上事先设有机关，控制启动，在桥面上放上柴草，用土涂敷，人可以在上面行走，两边是沟垒，不可逾越。然后派兵出城挑战，并且假装败逃，引诱敌人进入桥道，开动机关抬动吊桥，把敌人倾翻入水，而被我擒获。敌人如果害怕而有疑心，就会撤离。”

备高临

【题解】

《备高临》叙述防备、抵御敌方筑高台、居高临下攻城的方法。其中所述“连弩车”体形庞大，结构复杂，使用带轮轴的简单机械牵引弓弦，回收弓矢，一次可出入弓矢60枚，在当时是一种威力强大的武器。

【原文】

禽子再拜再拜曰：“敢问适人积土为高①，以临吾城②，薪土俱上，以为羊黔③，蒙橹俱前④，遂属之城⑤，兵弩俱上⑥，为之奈何？”

子墨子曰：“子问羊黔之守邪？羊黔者将之拙者也⑦，足以劳卒，不足以害城。守为台城⑧，以临羊黔，左右出巨⑨，各二十尺，行城三十尺，强弩之⑩，技机藉之⑪，奇器□□之⑫，然则羊黔之攻败矣。”

【注释】

①适：通“敌”，下同此。

②临：注释见《备城门》第一段注释④十二攻城法。筑土为山，居高临下窥望城内。

③羊黔：岑仲勉注：“羊黔犹云基址，言敌人已筑成土山基址，与城相连。”

④蒙橹：大楯，做遮障用。

⑤属：连。

⑥弩：古代一种利用机械力量射箭的弓。

⑦拙：笨拙。

⑧台城：即行城。临时在城上筑的城。《通典》一五二："凡敌攻城，多背旺相起土为台，我于城内薄筑，长高于敌台一文以上，即自然制彼，无所施力。"

⑨出巨：孙诒让云："巨当为距之假字。……此行城编连大木，横出两旁，故亦谓之距。"

⑩强弩之：孙诒让注："当作'强弩射之'。"

⑪技：巧。藉：孙诒让云："当读为笮，声近假借。《说文》竹部云'笮，迫也'。谓发机压笮杀敌也。"

⑫奇器：机巧的械器。□□：此为原文脱漏。

【译文】

禽滑釐拜两拜又问道："请问，如果敌人积土筑山，想居高临城，运来柴草泥土筑基址堆高山，渐与我城相接，兵弩一齐上，对此怎么办？"

墨子回答说："你问的是怎样防备敌人用积土造山的办法来进攻吧？积土造山是笨办法。它足以使士卒劳困，不足以危害城池。对付它的办法是在城上筑行城，行城高于敌人的土山，行城用大木编连，横伸出两旁各二十尺，行城高三十尺，用强弓射杀敌人，设置机巧，发动机械杀伤敌人，以奇器对付它，敌人筑土山来进攻就必然遭到失败。"

【原文】

备临以连弩之车[①]，材大方一方一尺[②]，长称城之薄厚[③]。两轴三轮[④]，轮居筐中[⑤]，重下上筐[⑥]。左右旁二植[⑦]，左右有衡植[⑧]，衡植左右皆圜内[⑨]，内径四寸。左右缚弩皆于植，以弦钩弦[⑩]，至于大弦。弩臂前后与筐齐[⑪]，筐高八尺[⑫]，弩轴去下筐三尺五寸。连弩机郭同铜[⑬]，一石三十钧[⑭]。引弦鹿长奴[⑮]。筐大三围半[⑯]，左右有钩距[⑰]，方三寸，轮厚尺二寸，钩距臂博尺四寸[⑱]，厚七寸，长六尺。横臂齐筐外，蚤尺五寸[⑲]，有距[⑳]，博六寸，厚三寸，长如筐，有仪[㉑]，有诎胜[㉒]，可上下。为武重一石以材大围五寸[㉓]。矢长十尺，以绳□□矢端[㉔]，如如戈射[25]，以磨鹿卷收[26]。矢高弩臂三尺，用弩无数[27]，出人六十枚[28]，用小矢无留[29]。十人主此车。遂具寇[30]，为高楼以射道[31]，城上以苔[32]罗矢。

【注释】

①临：即“积土为高，以临吾城。”连弩之车：《淮南子·汜论训》：“连弩以射，销车以斗”，高诱注云：“连车弩通一弦，以牛挽之，以刀著左右，为机关发之，曰销车。”刘熙《释名》云：“弩柄曰臂，钩弦曰牙，牙外曰郭，下曰悬刀，合名之曰机。”连弩车，即古代用机械力量发射弩矢的车。

②方一方一：苏时学注：“‘方一’误重。”

③称：按照，根据。

④两轴三轮：俞樾注：“‘三’当为‘四’。”

⑤筐：孙诒让云：“疑谓车栏，亦即车箱。”

⑥下上筐：岑仲勉云：“似合底顶而言。”指车箱盖和底。

⑦左右旁二植：指左边和右边各二植。植：柱。

⑧衡植：即横柱。衡：通“横”。

⑨圜内：圜，通“圆”。内：同“枘”，即榫，木制器物构件上利用凹凸方式相接处凸出的部分。

⑩以弦钩弦：孙诒让云：“上‘弦’字疑当作‘距’，即下文之钩距。……距即弩牙。”

⑪弩臂：即弩柄。《释名·释兵》云：“弩，其柄曰臂，似人臂也。”

⑫筐高八尺：孙诒让云：“为上下筐之高度，上下分之，各四尺也。”

⑬机：枢机，发射弩矢的机关。郭：钩弦的外面称郭。同：“用”字之误。

⑭一石三十钧：“钧”为“斤”字之误。《说苑·辨物篇》云：“三十斤为钧，四钧为石。”此指弩车枢机外部的钩手用铜铸，需用铜一百五十斤。

⑮引弦鹿长奴：孙诒让云：“鹿长奴”当为“鹿卢收”。鹿卢，即辘轳，利用轮轴原理制成的一种起重工具，即今滑车。

⑯筐大三围半：指车箱的周长。

⑰钩距：弩机上用来作钩连用的机件，称弩牙。

⑱博：宽。

⑲蚤：通“爪”。

⑳有距：指横伸出两旁。

㉑仪：表。即瞄准的仪器。

㉒诎胜：通“屈伸”。

㉓武：弩弓的主体部分。以材大围五寸：孙诒让云：“此疑亦当云‘以材大五围’，‘寸’字衍。”

㉔□□：原文脱漏。据上下文意，此句疑为“以绳系箭矢之端”之意。

㉕如如：重一“如”字。戈射：孙诒让云：“戈当为弋，形近而误。”弋射：《汉书·司马相如传》颜注：“以缴（着，系在箭上的丝绳）系矰（增，拴着丝绳的箭），仰射高鸟，谓之弋射。”

㉖磨鹿：王引之注：“当为‘磿鹿’。……磿鹿犹鹿卢。”鹿卢：即辘轳，弩车上用以收箭绳的滑轮。弋射要将矢收回，故用滑轮急卷。

㉗用：衍文。

㉘人：“入”字之误。岑仲勉云：“发矢曰出，收回曰入，所谓出入六十枚也。”

㉙无留：小矢不必系绳收回，故无留。

㉚具：“见”字之误。

㉛道：“适”字之误。适：通“敌”。

㉜苔：岑仲勉注：“苔即‘笪’，系用草编织之物，可遮障敌矢。”

【译文】

防备敌人积土推山攻城的方法，是用安装强弓的连弩车，造连弩车的木材，两端须一尺见方，长度根据城墙的厚薄而定，两个车轴四个轮子，车轮居车箱中，车箱分顶底两层，左边和右边各两根柱，左右还有横柱，横柱的左右都凿成圆形的榫头，内径四寸。把弓弩系在柱子上，用弩牙钩住弓弦，直至大弦。

弩臂前后与车箱齐平，车箱高八尺，弩车的车轴离箱底三尺五寸，连弩车的枢机外部用铜一百五十斤铸成。用辘轳滑车拉开弓弦。车箱大三围半，左右有作钩连用的弩牙，三寸见方。车轮厚一尺二寸，弩牙臂宽一尺四寸、厚七寸，长六尺。横臂与车箱外齐平，臂端的尖爪长一尺五寸，横伸出两旁，宽六寸，厚三寸，臂与车箱一样长。弩车上安有瞄准仪，臂能屈伸，能上下活动。弩床重一百二十斤，用五围粗的大木材做成。箭矢长十尺，用丝绳系住矢端，像用丝绳系矢，弋射高鸟那样，用辘轳车收回箭矢。箭矢要高出弩臂三尺，准备无数的弩弓，射出六十枚大箭矢，要收回六十枚，小矢不用收回。一部弩车由十人负责，见敌人来攻，就从高楼上用箭射杀敌人，城上用竹草等编织成遮障物，网罗敌矢。

【评析】

墨子不仅是一个成功的游说者，而且也是一个著名的军事家。“羊黔”的攻城方法，也就是怎样对付敌人居高临下攻城的方法。墨子认为这种方法是最愚蠢的办法，他只能使自己的士兵疲惫不堪，而不能对守方构成威胁。另外，也可以通过制造一种连弩车来对付居高临下进攻的敌军。而且这种车子需要一定的技巧。从这里可以看出墨子还是一个手工业制造者，他制造的东西栩栩如生，他知道怎样制造的东西最实用、最生动。

【故事阐微】

慕容恪巧计用兵大战段龛

慕容恪（321—367），字玄恭，昌黎棘城（今辽宁义县西北）人，鲜卑族，十六国时期前燕杰出的政治家、军事家、统帅。

大司马慕容恪在广固包围了段龛，众将领请求马上攻打，慕容恪说：“用兵的方法，有应该缓慢的时候，也有应该急速的时候，不能不仔细审度。如果敌

慕容恪

我力量相当，而敌人又在外边有强大的援军，这时恐怕有腹背受敌的危险，则攻打不能不急。如果我强敌弱，敌人在外边又无援军，我们的力量足以制服他的时候，就应该包围并守住他，等待着敌人坐以待毙。兵法中的十围五攻，说的正是这个道理。眼下段龛的兵力尚多，还没有出现离心倾向。济南之战时，段龛的军队不是不精锐，只是因为他用兵无术，所以才自取失败。如今他凭借险阻坚守城池，上下齐心，我们动用全部精锐部队去攻打他，大约几天就可以攻下来，然而我们士兵的伤亡也一定很多。自从中原发生战争以来，士卒们连短暂的休整也没有，每念及此，我便夜不能寐，怎么能轻易地使用让士卒们献身的战术呢！最重要的是把城池攻下，而不必要求迅速成功！”众将领都说：“这些不是我们所能想到的。”军中士兵听说后，人人感动喜悦，于是他们就筑高墙，挖深壕，用来坚守包围圈。齐地的人争先恐后地运来粮食送给前燕的军队。

段龛环城自守，连砍柴的小路也被切断，城里人相残食。段龛调动全部兵力出城战斗，被慕容恪在包围圈里打败。慕容恪事先就分派骑兵控制了各个城门，段龛经过只身拼搏，仅得以逃回城内，其余的士兵全部覆没。从此城里的兵众情绪沮丧，没人再有固守的斗志了。十一月，丙子（十四日），段龛将两手反绑于身后出城投降，他和朱秃一起被押解送往蓟城。慕容恪抚慰安定新近归附的民众，全部平定齐地，将三千多户鲜卑族、胡族、羯族人迁徙到蓟城。前燕国主慕容俊用墨、劓、宫、大辟五刑处死朱秃，任命段龛为伏顺将军。慕容恪留下慕容尘镇守广固，任命尚书左丞鞠殷为东莱太守，任命章武太守鲜于亮为齐郡太守，然后返回。

备梯

【题解】

《备梯》叙述防备和抵御敌方用云梯攻城的方法：临时修筑高于城墙的拒梯“行城”，用“技机”投掷，矢、石、沙、灰如雨下，以机发剑，以车推引“蒺藜投”，投掷火把，城外置藩篱等。

【原文】

禽滑釐子事子墨子三年[①]，手足胼胝[②]，面目黧黑，役身给使，不敢问欲。子墨子甚哀之，乃管酒块脯[③]，寄于大山[④]，昧莱坐之[⑤]，以樵禽子[⑥]。禽子再拜而叹。子墨子曰：“亦何欲乎？”禽子再拜再拜曰：“敢问守道？”子墨子曰：“姑亡，姑亡。古有亓术者，内不亲民，外不约治，以少间众，以弱轻强，身死国亡，为天下笑。子亓慎之，恐为身姜[⑦]。”禽子再拜顿首，愿遂问守道，曰：“敢问客众而勇，烟资吾池[⑧]，军卒并进，云梯既施，攻备已具，武士又多，争上吾城，为之奈何？”

【注释】

①禽滑蟹子：即禽滑釐，墨子的大弟子。此文当为墨家后学所记录，故称其为“子”。

②胼胝：手掌或足底因磨砺而生出的厚皮，即茧。

③块：同“怀”。脯：干肉。

④大山：太山，即泰山。

⑤昧莱：同“篾茅”，都是编席子的材料。

⑥樵：同“醮”，即简单地饮酒。

⑦姜：同“僵”。

⑧烟资：当为“堙茨”，填埋的意思。

【译文】

禽滑釐事奉墨子三年，手和脚都起了老茧，脸也变得黧黑，像仆役一样听墨子使唤，却不敢问自己想要问的事。墨子很怜悯他，于是备了酒和干肉，来到泰山，垫了茅草席坐在上面，用酒菜酬劳禽滑釐。禽滑釐拜了两次，然后叹了口气。墨子问他：“你想问什么吗？”禽滑釐又行了两次再拜礼说：“请问守城的方法。”墨子说：“先不要问，先不要问。古代有懂得守城之道的人，但对内不亲厚百姓，对外不结交诸侯，以自己一个国家去反间别的众多的国家，自己力量弱小却轻视强大的国家，结果送命亡国，被天下人耻笑。你对此可要谨慎啊，恐怕你还会为此送命。”禽滑嫠又拜了两次再伏地叩头，希望能弄清守城的办法，说：“请问如果攻城一方兵士众多又勇敢，填埋了我方护城池，军士一齐进攻，攻城的云梯架起来了，进攻的武器已安排好，勇敢的士兵又很多，争先恐后爬上我方城墙，该如何对付呢？”

【原文】

子墨子曰：“问云梯之守邪？云梯者，重器也，亓动移甚难。守为行城[①]，杂楼相见[②]，以环亓中。以适广陕为度[③]，环中藉幕，毋广亓处。行城之法，高城二十尺，上加堞，广十尺，左右出巨各二十尺[④]，高、广如行城之法。为爵穴煇鼠[⑤]，施苔亓外[⑥]。机、冲、钱、城[⑦]，广与队等，杂亓间以镌、剑[⑧]，持冲十人，执剑五人，皆以有力者。令案目者视适[⑨]，以鼓发之，夹而射之，重而射之，披机藉之[⑩]，城上繁下矢、石、沙、炭以雨之，薪火、水汤以济之。审赏行罚，以静为故，从之以急，毋使生虑。若此，则云梯之攻败矣。”

【注释】

①行城：城上加筑的临时城台。

②杂楼：城头加筑的塔楼一类的建筑。见：同“间”。

③陕：同“狭”。

④巨：同“距”，原指禽类的爪，此指伸出的部分。

⑤爵穴：当即“雀穴”，指如雀巢一样小的洞穴。焊：熏灼。古人用烟熏鼠穴的办法来赶走老鼠，所以，也把小洞叫熏鼠。

⑥苔：渠答，铁蒺藜，一种御敌的器具。

⑦钱：当作“栈”。

⑧镌：凿子。剑：当为“斲”。这些都是用来斫破敌人云梯的工具。

⑨案：即“按”，按目，定睛观察。适：同“敌”。

⑩披机：当作“技机”。

【译文】

墨子说：“你问的是对云梯的防守吗？云梯是很重的攻城器械，它的移动十分困难。守城一方可在城墙上筑起行城，中间加些杂楼，把自己环围起来。其间要留有适度的宽窄，其中要拉上幕，因此不要过宽。筑行城的方法是：行城高出原城墙二十尺，上面再加筑矮墙，宽十尺，左右各伸出二十尺，高度、宽度与行城标准相同。城墙下要开凿像雀巢、鼠穴一样大小的洞孔，孔外安置铁蒺藜。供投掷的技机、抵挡冲撞的冲撞车、外出救援用的行栈、临时用的行城等器械，其排列的宽度应与敌人进攻的广度相等。在这些器械之间还要夹杂拿着凿子和斫刀的人，十人掌握冲击云梯的冲车，五人手里拿着斫刀，都选用非常有力气的人。再命令能仔细瞭望的士兵观测敌情，用鼓声来发出号令，或从两边向敌人射击，或重点向一个地方射击，或借助技机向敌人投掷，城上像下雨一样把箭矢、石头、沙子和炭灰投下，再把火把和热水往下灌。同时赏罚严明，处事镇静，但又要当机立断，不要发生其他变化。如果能这样，那云梯的攻法就被打败了。”

【原文】

“守为行堞，堞高六尺而一等，施剑亓面，以机发之。冲全则去之，不至则施之。爵穴三尺而一，蒺藜投必遂而立[①]，以车推引之。”

【注释】

①蒺藜投：一种带刺的御敌器械。遂：当为“队”。

【译文】

“防守云梯还要在城墙上加筑临时的矮墙‘堞’，各处都一样建六尺高，在墙外安剑，用机器发射。敌方若有冲撞机上来便撤去，没有冲撞机就用它。矮墙下开小小的洞穴，每三尺一个，蒺藜投一定要对应敌人的阵形摆放，用车推出去再拉回来，可以反复使用。”

【原文】

“裾城外[①]，去城十尺，裾厚十尺。伐裾，小大尽本断之，以十尺为传[②]，杂而深埋之，坚筑，毋使可拔。二十步一杀[③]，杀有一鬲[④]，鬲厚十尺，杀有两门，门广五尺。裾门一，施浅埋，弗筑，令易拔。城希裾门而直桀[⑤]。”

【注释】

①句首当有“置”字。裾：当为“椐”，城外的木篱。

②传：当为“断”字。

③杀：疑指预备投掷敌人的地方。

④鬲：当为“格”，指阻止敌军前进的武器。

⑤希：通“唏”，望。直：通“置”。桀，同“榍”，做标志的木桩。

【译文】

“在城外十尺远的地方安置木篱，木篱的厚度为十尺。采伐木篱的方法是，无论大小，一律从根伐断，锯成十尺一段，间隔一段距离深埋于地中，要埋得很结实，不要让它能被拔出来。城墙上每隔二十步设置一个杀，每个杀都备一个鬲，鬲要有十尺宽，杀有两个门，门宽五尺。木篱设一个门，浅埋就可以，不用夯得太结实，要让它能容易被拔出来。城上对着木篱门的地方安置做标志的木桩。”

【原文】

“县火[①]，四尺一钩枳，五步一灶，灶门有炉炭。令适人尽人[②]，烽火烧门[③]，县火次之。出载而立，亓广终队。两载之间一火，皆立而待鼓而燃火，即具发之[④]。适人除火而复攻，县火复下，适人甚病，故引兵而去。则令我死士左右出穴门击遗师[⑤]。令贲士、主将皆听城鼓之音而出，又听城鼓之音而入。因素出兵施伏[⑥]，夜半城上四面鼓噪，适人必或[⑦]。有此必破军杀将。以自衣为服，以号相得，若此，则云梯之攻败矣。”

【注释】

①县：同“悬”。

②适人：同“敌人”。

③辉：熏灼。

④即具：当作“疾俱”。

⑤遗：疑当作“遁”。

⑥因素：照旧的意思。素，平素，故。

⑦或：通“惑”。

【译文】

“城头悬挂火具，每隔四尺设置一个挂火具的有钩的木桩，五步设一口灶，灶门备有炉炭。等敌人全部进人就放火烧门，接着投掷悬火。把作战器械从车中取出立放，其排放宽度与敌人的队伍相一致。两个兵车之间设一个悬火，掌火的人都站着等待攻击的鼓声，鼓声一响就立即点火，并同时快速地把悬火投掷出去。敌人如果把悬火除去并再次进攻，就再次投掷悬火，敌人很头痛，因此就会撤兵而去。这时就可以命令我军的敢死队从左右出穴门追击遁逃的敌军。命令我方的勇士与主将都要听从城头的鼓声出城进攻，也要听从鼓声的指挥撤回城里。这时也仍然要设置埋伏，半夜的时候城头上再四面击鼓呐喊，敌人必然迷惑。能做到这些就可以打败敌军并擒杀敌军将领。当然，要统一穿白衣，要有号令来联络，如果做到这些，那么用云梯来攻城就会失败。”

【评析】

在此篇中，墨子指出守城的战术方法固然重要，但更重要的还是外交战略。怎样才能守好城？首先必须要使自己国家内部的人团结，也就是说作为一个将领，必须对内亲近百姓，对外缔结和平，如果自己兵力少就多亲近兵力众多的国家，在有敌人侵犯时，由邻近的邦国来帮助你；如果自己国家的力量小，这就不可忽视力量强大的国家。只有这样你才不会有那么多的敌人，即使有，也会有人来帮助你。

备水

【题解】

《备水》叙述防备和抵御敌方以水攻城的方法：城内开挖排水沟、用船队决堤放水等。

【原文】

城内堑外周道，广八步。备水谨度四旁高下[①]。城地中偏下[②]，令耳亓内[③]，及下地，地深穿之令漏泉。置则瓦井中，视外水深丈以上，凿城内水耳。

并船以为十临[④]，临三十人，人擅弩计四有方，必善以船为轒辒。二十船为一队，选材士有力者三十人共船，其二十人擅有方[⑤]，剑甲鞮瞀[⑥]，十人人擅苗[⑦]。先养材士为异舍，食亓父母妻子以为质，视水可决，以临轒辒。决外隄，城上为射扠[⑧]疾佐之。

【注释】

①谨度：详细了解。下：低。

②地中：应作“中地”。徧：应作“偏”。

③耳：应作“巨”，即“渠”之省。

④并船：合并两船为一临。

⑤二十人：为“十二人”之误。“有”为衍文。

⑥鞮瞀：《说文》：“鞮，革履也。”瞀：通“鍪”。鞮鍪：戴在头上的盔，也叫胄。

⑦十人人：孙诒让认为：“疑当作‘十八人’。”擅苗：持矛。苗，通“矛”，古代的一种兵器。

⑧扠：应作“机”。

【译文】

城内及壕沟外的环城道，宽八步，为了防备敌人以灌水攻城，必须要详细了解四周地势的高低。城内地势较低的地方，叫人开渠泄水，在最低处往深处打井，让水泄到地底下。在井墙上置测水用的瓦片，以观水的深度，当城外水深一丈以上时，城内就要开渠排水。

并两船为一船称为一临，总计用十临前去冲破敌人筑的堤防。每临载人三十，人人带上弓弩，其中有十四人持锄具负责挖堤。把船当作轒辒车一样冲堤必定具有威力。二十船为一队，选派能干有力的士卒，三十人共一船，其中十二人持锄具；穿上铠甲戴上头盔，另十八人持矛。事先培养好勇武之人，提供房子和粮食给他们的父母妻儿并把他们作为人质。发现水的高度已经可以决堤的时候，用船冲决敌人的外堤，城上守兵用射机发射矢石以助决堤。

【评析】

《备水》是墨子研究城池防守战术的篇章之一。主要讲如何防备敌人以水攻城的战术方法。从这篇文章中我们可以看出墨子是一个优秀的政治家、军事家。

防备敌人用水进攻的方法，除了观察四周的地形，进行挖井之外，还要善于挑选勇武力大的兵士，因为兵士是军队的主力，没有他们，战争不可能取得胜利。而要想让他们心甘情愿的为国家出力，首要的就是解除他们的后顾之忧，安排好他们的家眷。只有他们的家眷生活得好，他们就会因感激国君而效忠。这也是墨子善于用兵之道，他知道怎样才能抓住人心。

【故事阐微】

用水进攻

春秋战国时期的晋国，本来是个很强盛的国家，可是到了晋出公时代，晋国的四大卿：

智、赵、韩、魏的封邑，比晋出公的还要多，晋出公反而大权旁落，形如木偶，晋国的事情由这四家说了算。而这四家中，智家最强大，智家的掌门人智瑶是晋国的相国，他以出公的名义发号施令，韩、赵、魏三家只得听命于他。这智瑶是个很有野心的人，他看到自已能对其他三家发号施令，就有心想吞并他们，让自己独霸晋国，从而取代晋国。野心一起，他就想寻找突破口，他的谋士就为他想到了“食果去皮”的办法。当时的诸侯国中，只有越国最强，越国也有野心染指中原，而晋国一直是中原的霸主。于是智瑶就对韩赵魏说：“为了防止越国插手中原事务，削弱我国在中原的影响力，有必要事先做好战备。而我国现在的关键是缺少军资，因此出公指示我们四家，每家拿出一百里封地出来，用这四百里地的赋税作军资。”其实这地拿出来后，就被智家占为己有。它增加了三百里封地，而其他三家则各少了一百里封地。它当然更强大了，而其他三家则被削弱了。于是智瑶就派人到他们三家去受地。

他先到韩国，韩国给了地；又到魏国，魏国也给了地。再到赵国，赵国的掌门人是赵无恤，他本来就跟智瑶有矛盾，所以他断然拒绝，说：“土地是祖宗留给我的，我有什么权利将它给人家。”

赵襄子不给。智瑶勃然大怒，率领韩、魏的军队进攻赵氏。赵襄子逃到晋阳后，智瑶、韩康子、魏桓子三家便围住晋阳，引水灌城。城墙头只剩六尺露出水面，锅灶泡在水中，青蛙四处乱跳，但百姓都没有叛变之心。

智瑶巡视水势，魏桓子为他驾车，韩康子持矛居右。

智瑶说：“我今天才知道，水，可以亡国呀！”

这时，赵襄子派遣张孟谈秘密出城，来见韩、魏二人，说道：

“我听说唇亡则齿寒。现在智瑶率领韩、魏两家进攻赵家，赵家一亡，就该轮到你们两家了。”

韩康子、魏桓子说：“我们也知道会这样；怕只怕事情还未办好而计谋先泄露了出去，那么大祸就要临头了。”

张孟谈说：“计谋出自两位主公之口，只进入我一人耳中，有什么妨害呢?”

于是两人秘密地与张孟谈商议，约定好起事的日子，然后便让他回城了。

夜里，赵襄子派人杀死智军守堤官吏，决开堤口，让大水倒灌智瑶军营。智瑶军队为救水乱作一团，韩、魏两军乘机从两边杀来，赵襄子率兵从正面攻击，大败智瑶之军，杀了智瑶，又将智氏族人尽行诛灭。

备突

【题解】

《备突》叙述防备和抵御敌方袭击突门的方法：堵塞突门，鼓橐熏敌等。

【原文】

城百步一突门①，突门各为窯灶②，窦入门四五尺③，为亓门上瓦屋④，毋令水潦能入门中⑤。吏主塞突门⑥，用车两轮，以木束之，涂其上⑦，维置突门内⑧，使度门广狭，令之入门中四五尺。置窯灶，门旁为橐⑨，充灶伏柴艾⑩，寇即入，下轮而塞之，鼓橐而熏之。

【注释】

①突门：在城内凿的暗门。《通典》一五二突门云："城内对敌营，自凿城内为闼门……，或于中夜于敌新来营列未定，精骑从突门跃出，击其无备。"

②窯灶：即窑灶。毕沅注："《说文》：'窯，烧瓦灶也'。即今'窑'字正文。"

③窦："灶"字之误。

④门：指突门。瓦屋：建瓦屋。

⑤潦：积水。

⑥主：负责。

⑦涂其上：在车轮上涂泥。因古代车轮为木轮，易被火烧，故要加涂。

⑧维置：系置，用绳系轮悬于门上。

⑨橐（驼）：指风箱，即令鼓风机。

⑩伏：孙诒让云："《袁谭传》李善注引：'伏'，亦作'状'。"状，充实

之意。

【译文】

在城内每百步建一突门，突门内各修窑灶，灶建在门内四五尺处，门上用瓦盖上，不要使雨水进入门中。派吏卒负责堵塞突门。将两个车轮捆在木上，外面涂上泥巴，用绳系轮置于门上，计算门的宽窄，将轮悬于门中四五尺之处。安置窑灶，风箱放在门边，灶中充塞柴草。敌人攻进来的时候，放下车轮挡其去路，鼓动风箱燃起灶火，以烟熏敌。

【评析】

从“为其门上瓦屋，毋令水潦能入门中”这句话中我们可以看出这个“突门”主要是为了实用，甚至连下雨都考虑进来，这也反映了墨子是一个思维缜密的人，也许是手工业出身的他，天生就对老百姓有一定的同情吧！他把一切可能的情况都考虑了进来。

在介绍堵塞突门的方法时，墨子介绍得如此清楚，这是他作为一个小生产者对生活细致观察的结果，另外也反映了他对各种知识的综合运用，比如说“使度门广狭，令之入门中四五尺。”如果没有一定的数学基础，墨子不可能做出如此精确的分析。

【故事阐微】

韦孝宽智守玉壁

魏晋南北朝时，东魏韦孝宽镇守玉壁。高欢率领山东全部的兵力来攻，营地绵长数十里，一直到玉壁城下。

高欢在城的南面堆起土山，想借此进入城中。城上本来就有两座楼台，正对着土山，韦孝宽就在楼台上再搭建木梁，让它更高。高欢于是在城南挖掘地道，又在城北堆土山，白天晚上轮番进攻。韦孝宽就挖掘了一条很长的深沟，挑选战士驻守，每次高欢的军队挖到深沟时，韦孝宽的士兵就将他们擒获并杀掉。又命人在深沟外堆积木柴、火种，见敌人留在地道内，就向下丢木柴、火把，并用皮排吹火，烟火冲进地道，敌人都被烧得焦烂。高欢又在城外制造攻车，攻车所到的地方，没有不被撞坏的，虽然有盾牌，但也不能抵挡。韦孝宽就命人把布缝接起来做成帐幕，随着敌人的来势张开帐幕，帐幕悬在空中，攻车不能撞坏。高欢又在竹竿上绑上松枝，浇上油脂点火，想烧毁帐幕，接着烧毁城楼。韦孝宽命人制造长钩，用尖利的刀刃为钩刀，一见敌人的火竿，就用长钩远远地把它割断。敌人又在城四面挖地道，共挖了二十一条，分为四路，中间立有梁柱，再将油浇灌到梁柱上，放火焚烧，梁柱断了，城也就会塌陷。韦孝宽在崩塌的地方架设木栅来抵御敌人，敌人始终还是没有攻入城内。

高欢用尽所有智谋攻城，仍不能攻入，高欢因旧病复发，只好撤退，不久就病死了。

备穴

【题解】

《备穴》叙述防备和抵御敌方坑道战的方法：在城内建高楼瞭望监视敌人，用“罂听”审知敌方筑坑道的方向，凿坑道迎击，鼓橐熏敌，用杠杆利剑冲击，用铁钩拒钩敌，短兵相接等。

【原文】

禽子再拜再拜，曰：“敢问古人有善攻者，穴土而入，缚柱施火[1]，以坏吾城，城坏[2]，或中人为之奈何[3]？”子墨子曰：“问穴土之守邪？备穴者城内为高楼，以谨候望适人[4]。适人为变[5]，筑垣聚土非常者[6]，若彭有水浊非常者[7]，此

穴土也。急壍城内穴亓土直之[8]。穿井城内，五步一井，傅城足[9]，高地，丈五尺，下地，得泉三尺而止。令陶者为罂[10]，容四十斗以上，固顺之以薄鞈革，置井中，使聪耳者伏罂而听之，审之穴之所在，凿穴迎之。

【注释】

①缚柱施火：穴攻之法，目的在于摧毁城池。

②坏：倒塌。

③或中人：当为“城中人”之误。

④适：通“敌”，下同。

⑤为变：变化。

⑥非常者：与平常不同。

⑦若彭：王念孙云：“若，犹与也，彭与旁通。”

⑧壍：同“堑”，掘地。直之：孙诒让云：“直，当也。”即《备城门》篇中的“敌人为穴而来，我亟使穴师迎而穴之”，即对着敌穴挖洞道。

⑨傅城足：贴近城墙根。傅，附。

⑩罂：口小肚大的坛子。

【译文】

禽滑釐拜了拜又拜，说道：“请问古代有善于攻城的人，挖地道至城下，并绕着隧道里的支柱放火，以致使城倒塌，城内的人对此怎么办?”墨子说：“你问的是对付穴攻的办法吧？对付敌人的穴攻，要在城内建高楼，严密监视敌情。看敌方有何变化。如果敌人筑墙聚土的方法与平常不一样，如果四周的水出现了不同于往常一样的浑浊，那就是敌人在挖土打洞了。我方马上从城内往外直对着敌穴挖地道以破之。如果未知敌穴所在，则在城内凿井，沿着城墙墙基，五步一井，高的地方，井深一丈五尺，低的地方，挖到泉水以下三尺即止。令陶工烧制口小肚大的坛子，容积在四十斗以上，用薄皮革蒙住坛口，使之紧固，置放井中，派听觉灵敏的人伏在坛口静听从地下传来的声音，以此查知敌方隧道之所在，然后凿穴迎敌。”

【原文】

令陶者为月明[①]，长二尺五寸六围[②]，中判之[③]，合而施之穴中，偃一，覆一[④]。（柱之外善周涂[⑤]，亓傅柱者勿烧。柱者勿烧柱）善涂亓窦际[⑥]，勿令泄。两旁皆如此，与穴俱前。下迫地，置康若灰亓中[⑦]。勿满。灰康长五窦[⑧]，左右俱杂相如也[⑨]。穴内口为灶，令如窯，令容七八员艾，左右窦皆如此，灶用四橐。穴且遇，以颉皋冲之，疾鼓橐熏之，必令明习橐事者勿令离灶口。连版以穴高下，广陕为度，令穴者与版俱前，凿亓版令容矛，参分亓疏数，令可以救窦。穴则遇，以版当之，以矛救窦，勿令塞窦，窦则塞，引版而郄，过一窦而塞之，凿亓窦，通亓烟，烟通，疾鼓橐以熏之。从穴内听穴之左右，急绝亓前，勿令得行。若集客穴[⑩]，塞之以柴涂，令无可烧版也。然则穴土之攻败矣。

【注释】

①月明：岑仲勉云：“下文百余字都未说及‘罂’，而‘窦’字共九见，若上文未说‘窦’，则‘窦’突如其来。”据此他认为当作“瓦窦”。瓦窦，瓦制的管状物，用于烧烟熏敌。

②六围；王引之云：“‘六围’上当有‘大’字。”

③判：剖。

④偃一覆一：瓦窦剖为两半，一半里朝上，一半里朝下，以便相覆盖。

⑤从这一句至“与穴俱前”句，孙诒让认为“与上下文不相冡，疑当在后文‘无柱与柱交者’下，然首尾文义亦不甚相接，未敢辄移，附识于此。”

⑥际：两半瓦窦相接处，指窦缝。

⑦康：即糠字。若：与。灰：应为“炭”，灰不能燃烧，炭才能燃烧。

⑧五窦：即瓦窦。“五”为“瓦”字之误。灰康长瓦窦：言置糠、炭虽不能塞满（塞满空气不流通，糠炭不燃），但在长的方面要与瓦窦相齐，才能多发烟。

⑨左右俱杂相如：指糠炭要配得均匀。

⑩集客穴：我方集结冲入敌穴处。

【译文】

令烧陶工人烧制瓦窦，每管长二尺五寸，直径六围，从中垂直剖为两半，一半里朝上，一半里朝下（以便于放燃烧物质）。合盖后将接缝涂抹好，不使管内熏烟泄漏出来。穴的两边都放瓦窦，沿着隧道向前延伸。瓦窦要紧贴地面，里边放上糠、炭，但不要装满堵死，以便于空气流通，糠炭均匀拌合。隧洞口建灶，形如烧瓦的窑。使它能装下七八团艾草，两边的瓦窦也是如此。每灶用四台风箱。我方所掘之穴将与敌穴相遇时，用桔槔将相隔的土层凿破，急鼓起风箱用烟熏敌。一定要命令极其熟练操作风箱的人掌控风箱，令其不可擅离职守。把木板连起来可以阻挡敌人，连板的高度与宽度应与穴相当，穴掘至何处，即将连版同时推进，在连板上或疏或密地凿几个孔，孔要能穿矛并能通烟管，当瓦窦烟管阻塞时用矛凿通。我方掘的穴如果与敌穴相遇，就用木板阻敌。用矛凿通瓦窦，不使它阻塞，如果瓦窦阻塞了，即引连板退却。碰上瓦窦阻塞，马上将它凿通，使之通烟，烟通后，急鼓风箱以烟熏敌。在穴中要仔细审听周围的动静，如果得知敌方正往我方掘穴，就设法阻挡敌人向前。如果我方已冲至敌穴处，就用涂了泥的木材堵住敌人，使敌人没办法烧毁我方的连板。这样，敌人用挖隧道的办法攻城就失败了。

【原文】

寇至吾城，急非常也，谨备穴[①]。穴疑有应寇，急穴。穴未得，慎毋追。

凡杀以穴攻者，二十步一置穴，穴高十尺，凿十尺，凿如前，步下三尺，十步拥穴，左右横行，高广各十尺杀。

俚两罂，深平城，置板亓上，𠢐板以井听。五步一密，用[illegible]若松为穴户，户穴有两蒺藜，皆长极亓户，户为环，垒石外埻[②]，高七尺，加堞亓上。勿为陛与石，以县陛上下出入，具炉橐，橐以牛皮，炉有两瓴，以桥鼓之百十[③]，每亦熏四十什[④]，然炭杜之，满炉而盖之，毋令气出。适人疾近五百穴[⑤]，穴高若下，不至吾穴，即以伯凿而求通之[⑥]。穴中与适人遇，则皆圉而毋逐，且战北，以须炉火之然也，即去而入壅穴杀，有㑩䆆[⑦]，为之户及关籥独顺[⑧]，得往来行亓中。穴垒之中各一狗，狗吠即有人也。

【注释】

①从"谨备穴"至"急穴"一段，文字有错简，应为"谨备穴，疑有穴，应急穴"。

②埻：应作"埻"。"埻"即"郭"字异文。郭：周郭，指穴的周围。

③桥：古人称牵引上下的工具为"桥"。"百"字前漏一"重"字。"十"应作"斤"。

④每亦熏：应作"毋下重"。什：应作"斤"。

⑤五百：应作"吾"。

⑥伯：应作"倚"。

⑦㑩䆆：应作"窜"。

⑧独顺：应作"绳幎"。

【译文】

敌人至我城下，军情已是非同寻常的紧急，需认真加以防备，应怀疑敌人采用穴攻之法，要加紧掘穴拒敌。在还不能确定敌人所挖穴道的具体位置之前，须谨慎从事。

打破敌人的穴攻，必须每隔二十步挖一穴道，穴高十尺，宽十尺，每往前掘一步，穴道就要比地面低三尺，穴内每十步往左右两侧各凿一拥穴，以备从旁进出，拥穴高与宽均十尺。

城墙下埋两个瓦坛，使坛口与城下地面相平，用木板覆盖坛口，伏在坛上可察听敌穴的动静。五步打一井。穴内用桐木或松木做门，门内布放蒺藜，蒺藜的长与门齐等。门上安门环。门外用石头垒起围墙，围墙高七尺，石堆上砌

女墙。穴内不要修台阶，用悬索牵引当阶梯以便上下出入。备好炉灶与风箱，风箱用牛皮制成袋状，每个炉灶有两个陶制容器，用杠杆鼓动风箱。桔槔重百十斤，最少不能低于四十斤，将燃炭塞进炉灶，填满后盖好，不要让它漏气。快接近敌穴时，敌穴的位置可能或高于或低于我穴，此时要斜着掘穴速与敌穴相通。如果掘穴时与敌穴相遇，只防御不追逐，故意且战且败诱敌深入，待灶火点燃即转入两旁的拥穴中，如鼠隐藏，门拉上锁，门上凿孔系绳，从孔中可观敌人动静，穴中可往来行走。每个隧道中各放一只狗，听到狗叫说明有人到来。

【原文】

斩艾与柴长尺，乃置窯灶中，先垒窯壁迎穴为连[①]。

凿井傅城足，三丈一，视外之广陕而为凿井，慎勿失。城卑穴高从穴难。凿井城上[②]，为三四井，内新斲井中[③]，伏而听之。审之知穴之所在[④]，穴而迎之。穴且遇，为颉皋，必以坚材为夫以利斧施之，命有力者三人用颉皋冲之，灌以不洁十余石。

趣伏此井中，置艾亓上，七分[⑤]，盆盖井口，毋令烟上泄，旁亓橐口，疾鼓之。

以车轮辒[⑥]。一束樵，染麻索涂中以束之[⑦]。铁锁，倶正当寇穴口。铁锁长三丈，端环，一端钩。

【注释】

①连：后疑漏一“版”字。连版：编连木板。

②城上：应作“城内”。

③斲：应作“甀”。也是罂一类的瓦器。

④审之：“之”为衍文。

⑤分：应作“八员”。

⑥辒：前疑漏一“为”字。

⑦染麻索涂中以束之：意思是用染过的麻索束轮于木，并用泥涂上以防火烧。

【译文】

将艾草与柴斩断为一尺长一截，然后放到炉灶中，先垒灶，用连板拒敌

在城脚下凿井，三丈一井，同时要根据城外的宽窄来定井的位置，切不可有失误。如果城低穴高，就难以探测敌穴的踪迹。

在城内凿三四口井，井内置放瓦瓶，可伏在瓶上听，以查知敌穴所在的方向，然后掘穴迎敌。弄清敌人挖隧道的方位后，就使用桔槔，一定要用坚硬的木材做桔槔杆，将锋利的斧头系在杆上，命三个身强力壮的人用桔槔冲敌穴，并向敌穴倾倒十几石污秽物。

赶快将柴装入灶中，将七八捆艾草点燃放进灶中，用盆盖好灶口，不让烟往上泄，迅速拉开风箱鼓风以烟熏敌。

用车轮当作阻敌的武器，用染过的麻绳将车轮束于木上，外面涂上泥以防火烧。用铁锁悬在正对敌穴口之处，铁锁长三丈，一端结成环，另一端有安上钩。

【原文】

偃穴高七尺，五寸广，柱间也尺[①]，二尺一柱，柱下傅舄，二柱共一员十一[②]。两柱同质，横员士[③]，柱大二围半，必固亓员士，无柱与柱交者。

穴二窯，皆为穴月屋[④]，为置吏、舍人各一人，必置水。塞穴门以车两走，为薀，涂亓上，以穴高下广狭为度，令入穴中四五尺，维置之。当穴者客争伏门，转而塞之为窯，容三员艾者[⑤]，令亓突入伏尺[⑥]。伏傅突一旁，以二橐守之，勿离。穴矛以铁，长四尺半，大如铁服说，即刃之二矛。内去窦尺[⑦]，邪凿之，上穴当心，亓矛长七尺。穴中为环利率，穴二。

【注释】

①也：应作“七”。

②员十一：应作“负土”，指支垫柱石的土石。

③横：两柱石下同横连一木板，木板下垫土支垫。员士：应作“负土”。

④月屋：应作“门上瓦屋”。

⑤容三员艾者：塞入三枚艾草团。员，通“丸”。

⑥伏：后疑掉一“尺”字。

⑦内：应作“穴”。

【译文】

鼠穴高七尺五寸，宽及两旁立柱的间隔均七尺，穴墙边二尺立一柱，柱下置基石，两根支柱共一个顶板，板下置土填垫。柱粗二围半，一定要使顶板牢固，柱与柱之间不相接。

每条隧道口都有两个炉灶，灶上都要盖上瓦顶，灶由吏卒、舍人负责，要储备水。敌人攻入穴中，即用轮辊阻敌通道，轮及木要涂泥以防火。轮的大小要根据穴的高低宽窄来定，将轮置于穴四、五尺之处，用绳索把它悬挂起来。当敌攻入我方穴洞之时，即燃灶火熏敌。灶中插入三枚艾草球，敌进来时，用两只风箱鼓风燃烟熏敌，鼓风人不要离开岗位。凿穴的矛用铁制成，长四尺半，大如斧钺，与酋矛、夷矛相同，再离隧道口一尺远的地方继续挖，要向下倾斜直掘至地心，此时掘穴的矛要有七尺长才够用。穴中用环索牵引以便上下出入。

【原文】

凿井城上[①]，俟亓身井且通[②]，居版上，而凿亓一偏，已而移版，凿一偏。颉皋为两夫，而旁狸亓植，而数钩亓两端[③]，诸作穴者五十人，男女相半。五十人。攻内为传士之口[④]，受六参，约枲绳以牛亓下[⑤]，可提而与投[⑥]。已则穴七人守退，垒之中为大庑一，藏穴具亓中。难穴，取城外池唇木月散之什[⑦]，斩亓穴[⑧]，深到泉，难近穴为铁，金与扶林长四尺，财自足。客即穴，亦穴而应之。

【注释】

①上：应作“下”。

②身：应作“穿”。

③数：应作“敷”，附着。

④内：应作“穴”。士：应作“土”。□：应作“具”。

⑤牛：应作“绊”。

⑥与：应作“举”。

⑦月：应作“瓦”。什：应作“外”。

⑧穴：应作“内”。

【译文】

在城下凿井，待井快穿通时，站在木板上，先从井的一边往里凿，这一边凿好后，再移动木板凿另一边。起重用的桔槔分为两端，旁边埋上木柱作支撑，两端著上钩。掘穴用五十人，男女各一半。掘出的土用六只竹笼在穴中传送，竹笼盛土后用麻绳系绕，用环索牵上隧道口将土倒掉。隧道完工后留七人守护，建一间大屋，将掘隧道的工具藏在里边。为阻止敌人挖隧道进攻，可在护城河两边散放木头、瓦石。在城内掘穴迎敌，掘深至泉水处即止。在接近敌方隧道时阻击敌人，要用铁斧，铁斧及其柄长四尺，才足以御敌。如果敌人挖隧道攻城，我方就挖相对的隧道应战。

【原文】

为铁钩钜长四尺者，财自足，穴彻，以钩客穴者。为短矛、短弩、虻矢，财自足，穴彻以斗。以金剑为难，长五尺，为銎、木尿；尿有虑枚，以左客穴。

戒持罂，容三十斗以上，狸穴中，丈一[①]，以听穴者声。

为穴，高八尺，广[②]，善为傅置。具全牛交橐，皮及坛[③]，卫穴二，盖陈霍及艾，穴彻熏之以。

斧金为斫[④]，尿长三尺，卫穴四。为垒，卫穴四十，属四。为斤、斧、锯、凿、帝[③]，财自足。为铁校，卫穴四。

为中橹，高十丈半[⑥]，广四尺。为横穴八橹。盖具橐枲，财自足，以烛穴中。

盖持𨡓，客即熏，以救目。救目分方鑿[⑦]，以益盛𨡓置穴中[⑧]，文盆毋少四斗[⑨]。即熏，以自临𨡓上及以洒目[⑩]。”

【注释】

①丈一：前疑掉一“三”字。

②广：后漏了“八尺”二字。

③全：应作“炉”。交：应作“皮”。橐：应作“橐”。皮及坛：应作“及瓦缶”。

④斧金为斫：用铜做斧的刃口。

⑤钁：应作“钁”，大锄。

⑥丈：应作“尺”。

⑦鑿：应作“凿”。

⑧益：应作“盆”。𨡓：应作“醯”。

⑨文：应作“大”。

⑩自：应作“目”。𨡓：应作“醯”。洒：应作“酒”。

【译文】

造四尺长的铁钩距才够用，敌我双方的隧道一旦接通，可用来钩敌。制造短矛、短戟、短弩、虻矢才够用，打通敌方隧道以后用来作战。砍杀敌人的武器用青铜作刃口、长五尺，穿孔，装上木柄，木柄上手握的部位有浅槽与齿纹，用以阻拒敌人。

备置容积在三十斗以上的瓦坛，将瓦坛埋到穴中，三丈一个，以便察听敌人挖隧道的声响。

挖隧道，隧道高八尺，宽十尺。妥善立好支柱，外面要用泥涂抹好以防火烧。准备好炉灶及牛皮做的风箱，以及熏烟用的瓦窦，每穴两管瓦窦，管中多陈放霍草、艾草，敌我双方隧道一接通，就立刻点燃用来熏敌。

砍斧用青铜作刃口，柄长三尺，每条隧道准备四把。准备盛土的竹笼，每条隧道四十具，锄头四把，还要准备斧头、锯子、凿子、大锄等才够用。置铁栏杆，每条隧道四个。

准备遮障用的楯，楯高十尺半，宽四尺。横阻敌人隧道要用大椐，多备禾秆麻秆才够用，禾秆麻秆可用来照明。

多备些醋，敌人如果施用烟熏，用它保护眼睛，为了保护眼睛还可以向各个方向开挖隧道。用盆盛醋放在隧道中，大盆的醋不少于四斗。即使烟熏，只要把眼睛对着醋盆或用醋洗目就可防烟。”

备蛾傅

【题解】

《备蛾傅》叙述防备和抵御敌方像蚂蚁一样密集爬城的方法：居高临下抛射投掷；用开水浇；用火帘烧；抛洒沙石；战士隐藏在木仓中，用滑车牵引，刺杀爬城敌人等。

【原文】

禽子再拜再拜曰：“敢问适人强弱[①]，遂以傅城[②]，后上先断[③]，以为法程[④]，斩城为基[⑤]，掘下为室，前上不止，后射既疾[⑥]，为之奈何?”子墨子曰：“子问蛾傅之守邪[⑦]？蛾傅者，将之忿者也[⑧]。守为行临射之[⑨]，校机藉之[⑩]，擢之[⑪]，太氾迫之[⑫]，烧苔覆之[⑬]，沙石雨之，然则蛾傅之攻败矣。

【注释】

①适：通“敌”，下同。强弱：此义难通，今依王闿运校本作“强梁”译。强梁：逞强之意。

②傅：附着，沿着。下同。

③断：斩。

④灋：王念孙云：“‘灋’者‘法’之误。”法程：法规。

⑤斩：通“堑”。

⑥疾：急速。

⑦蛾傅：指敌人缘墙而上，如蚂蚁之密集缘墙而上。蛾：蚁。

⑧将之忿者：指拼死决一死战。

⑨行临：即高临，居高临下。

⑩校机藉之：校机，即《备高临》篇的“枝机”。见《备高临》篇第一段注释⑪。

⑪擢：拔。

⑫太氾：孙诒让云：“当为‘火汤’。”

⑬荅：竹编的遮挡矢石之物。

【译文】

禽子再拜，说：“请问，如果敌人逞强，缘城而上，后上者将被斩首，以军法督阵。凿城为基，掘地为室，前队奋力爬城不止，后队猛发弓矢支援，面对此种情况怎么办？”墨子答到：“你问的是怎样对付敌人如蚂蚁般涌来缘城而上的进攻吧？敌人爬城，是准备拼死决战的。对付的办法是居高临下予以射击，发动枝机压迫敌人，拔除一切可供依托的物体，烧热水往敌人头上倒，燃烧遮荅覆盖敌人，从城上投沙石势如雨下，这样敌人以密集兵力爬城进攻就必然遭到失败。

【原文】

备蛾傅为县脾[①]，以木板厚二寸，前后三尺，旁广五尺，高五尺，而折为下磨车[②]，转径尺六寸[③]。令一人操二丈四方[④]，刃其两端，居县脾中，以铁璅敷县二脾上衡[⑤]，为之机[⑥]，令有力四人下上之，弗离。施县脾，大数二十步一[⑦]，攻队所在六步一[⑧]。

为纍[⑨]，苔广从丈各二尺[⑩]，以木为上衡，以麻索大徧之[⑪]，染其索涂中，为铁鏁[⑫]，钩其两端之县。客则蛾傅城，烧苔以覆之，连筳[⑬]，抄大皆救之[⑭]。以车两走[⑮]，轴间广大以圉[⑯]，犯之[⑰]。融其两端[⑱]。以束轮[⑲]，徧徧涂其上[⑳]。室中以榆若蒸[㉑]，以棘为旁[㉒]，命曰火捽[㉓]，一曰传汤[㉔]，以当队[㉕]。客则乘队[㉖]，烧传汤，斩维而下之[㉗]，令勇士随而击之，以为勇士前行[㉘]，城上辄塞坏城。

【注释】

①县脾：县：同“悬”。岑仲勉注：“县脾是方形无底之木箱，前后各阔三尺，两旁五尺，高五尺，其中恰可容一人。”

②下磨车：即辘轳车，今称滑车。

③转径：指滑车车轮的直径。

④方：毕沅云：“疑‘矛’字。”

⑤璅：“琐”字之误，琐，通“锁”。敷：附。二：衍文。上衡：上端的横木。

⑥为之机：转动滑车。

⑦大数：大概。

⑧攻队：敌人进攻线。

⑨纍：通“礌”，石头。

⑩广从：即广纵，指宽和长。从：同“纵”。丈各：当为“各丈”。

⑪以麻索大徧之：孙诒让云：“疑当作‘以大麻索编之’。”徧：同“编”。

⑫铁鏁：铁锁。

⑬连筳：吴毓江认为是“连梃”。用来打击女墙外爬城敌人的工具。

战国时期的刀币

⑭抄大：孙诒让云：“当作‘沙火’。”救：止。救之：阻止敌人。

⑮车两走：孙诒让云："车两走即两轮。"

⑯围：孙诒让云："疑当作'围'。"

⑰犯之：文义不详。

⑱䂨其两端：孙诒让云："'䂨'疑当为'独之变体。《玉篇·矛部》云：'䂨'，刺矛也。"独其两端：就是将束轮轴的大木两端削成刺矛状。

⑲以束轮：参照《备穴》篇，应为"以木束轮"。

⑳偏偏：遍涂的意思，加强语气。

㉑室：通"窒"。窒中：充塞其中。若：或。蒸：《周礼·甸师》郑注："大木曰薪，小曰蒸。"

㉒棘：荆棘。

㉓命曰：名曰。命，同"名"。捽：烧。

㉔传汤：孙诒让云："传汤，即以车两走所作械名。"指在两轮间充塞柴薪和荆棘的机械，着火后坠下烧敌。

㉕当队：对着敌军展开的进攻线。

㉖客：敌方。则：如果。乘队：指缘城展开进攻。

㉗斩维：砍断绳子。因车轮是用绳子系着的，故用时须斩断而后可以坠下烧敌。

㉘以为勇士前行：指先以传汤替勇士开路。

【译文】

防御敌人以密集兵力爬城，要制作吊箱，吊箱木板厚二寸，前后宽三尺，两边宽五尺，箱高五尺。造滑车，滑车转轮的直径为六寸，命一人持二丈四尺长的长矛站在吊箱上，矛的两端要锋利，用铁锁勾系吊箱上端的横木，转动滑轮，命四个力士从吊箱上下刺杀爬城的敌人。吊箱二十步置一个，在敌人攻线之处要六步置一箱。

准备石块，制作遮障矢石的竹苔，竹苔长宽各一丈二尺，上边的横木用大麻索缠绕，用泥涂抹以防火烧，用铁锁勾系竹苔的两端。敌人如果爬城而上，就燃烧竹荅覆盖敌人。用连杆击敌，投沙石燃大火阻挡敌人爬城。将车的两个轮子束在大木上，车轴的距离要宽，大木两端要像刺矛那样尖利，木及车轮都抹上泥土，中间充塞榆柴蒸木等易燃物，旁置荆棘。这种机械名之曰火捽，又名叫传汤。把它放在面对敌人的攻线上，敌人如果爬城，就燃烧传汤，割断系绳，让车轮从城上坠下烧杀敌人。命令勇士随之出击，坠落的车轮可为勇士们开路。城上的人要立马抓紧修复被毁坏的墙。

【原文】

城下足为下说镵杙[1]，长五尺，大圉半以上[2]，皆剡其末[3]，为五行，行间广三尺，狸三尺[4]，大耳树之[5]。为连殳[6]，长五尺，大十尺[7]。梃长二尺，大六寸，索长二尺[8]。椎，柄长六尺，首长尺五寸。斧，柄长六尺，刃必利，皆葬其一后[9]。荅广丈二尺，□□丈六尺[10]，垂前衡四寸[11]，两端接尺相覆[12]，勿令鱼鳞三[13]，著其后行[14]。中央木绳一[15]，长二丈六尺，荅楼不会者以牒塞[16]，数暴干[17]，荅为格，令风上下。牒恶疑坏者，先狸木十尺一枚一[18]，节坏[19]，邓植以押虑卢薄于木[20]，卢薄表八尺[21]，广七寸，经尺一[22]，数施一击而下之[23]，为上下钙而斲之[24]。

【注释】

①下说：下端尖锐，“说”当为“锐”之误。镵杙：尖木桩。《说文》金部：“镵，锐也。”墨子提出在城下插上削尖的木桩，一方面可阻拦敌人行动，另一方面，爬城的敌人摔下来，也可杀伤敌人。

②圉半：围半。圉：“围”之误。

③剡：削尖。

④狸：通“埋”。

⑤大耳：孙诒让云：“疑‘犬牙’之误。”

⑥连殳：一种军器。即《备城门》篇中的大梃。

⑦大十尺：孙诒让云：“殳不得大至丈，必有误，疑‘大十’当作‘大

寸'。"或当作"大十寸"。

⑧索长二丈：连梃这种军器，类似于农村的打禾杆，两节杆之间用索连系，杆可以旋转，用力省而打击重。

⑨皆葬其一后：此句有误。

⑩□□丈六尺：《备城门》篇言"荅广九尺，长十二尺"，本句空格当是"其长"

二字。

⑪四寸：岑仲勉注："殆'四尺'之讹。"

⑫两端接尺相覆：荅不止一片，一片接一片，平行展开两片荅相交接的两端要相扣覆，不留空隙，所以接头相覆一尺。

⑬勿令鱼鳞三：不要如鱼鳞般参差不齐。三：同"参"。

⑭著其后行：岑仲勉云：句前应有"皆"字，因为荅的构成不止一片。后行：后边的横木。行，"衡"之误。

⑮中央木绳一：中央，指后衡的中间。木：孙诒让云："疑当作'大'。"荅是以绳为牵扯的。

⑯荅楼：荅张开，形似城楼。不会：指不密合。牒：板木。

⑰暴干：晒干。

⑱一枚一：后"一"为衍文。

⑲节坏：当作"即坏"。

⑳邓植以押虑卢薄于木：邓：毕沅云"即斫字"。植：木。虑：衍文。卢薄：柱上的横木，俗称壁柱。

㉑表："长"之误。

㉒经：通"径"，直径。

㉓数施一击：指多次槌击。

㉔钙：岑仲勉注："余颇疑为'钉'之讹。"斲："斫"之误。

【译文】

城下多插削尖的木桩，每棵长五尺，大的围半以上，末端削尖，排五行，每行距离三尺，插入地下三尺，犬牙交错竖立。准备好打击敌人的连殳，连殳长五尺，粗一寸；连梃长二尺，大六寸，系梃的绳长二尺。椎，柄长六尺，柄首长一尺五寸。斧，柄长六尺，斧口必锋利。竹苔宽丈二尺，长文六尺，前面的横木四尺，苔与苔的两端交接处要相扣覆一尺，不要像鱼鳞那样参差不齐。各片苔都附在后边的横木上，后边横木的中间系一大绳，长二丈六尺，备牵垂之用。苔楼不密合的地方用板片填塞，保持干燥。苔中要有空格，使空气流通。为了防止城堞可能被损坏，可予先埋一棵十尺长的木头，如果城堞坏了，就斫一棵木头把它横着钉在埋好的木桩上，横木长八尺，宽七寸，直径一尺，然后频频槌击使横木下移，上下钉牢。

【原文】

经一钧[①]、禾楼[②]、罗石[③]、县苔、植内毋植外[④]。

杜格[⑤]，狸四尺，高者十丈，木长短相杂，兑其上[⑥]，而外内厚涂之。

为前行行栈[⑦]、县苔。隅为楼[⑧]，楼必曲里[⑨]。土五步一，毋其二十畾[⑩]。爵穴十尺一[⑪]，下堞三尺，广其外。转膈城上[⑫]，楼及散与池革盆。若转，攻卒击其后，煖失治。车革火。

凡杀蛾傅而攻者之法[⑬]，置薄城外[⑭]，去城十尺，薄厚十尺。伐操之法[⑮]，大小尽木断之[⑯]，以十尺为断[⑰]，离而深狸坚筑之，毋使可拔。

【注释】

①经一钧：岑仲勉注："此节必有脱误，'经一'或上文'经尺一'之复出。"钧：孙诒让云："疑当作'钩'，上疑有脱字。"

②禾楼：孙诒让云："'禾'疑当作'木'，《备城门》篇有木楼。"

③罗石：即礧石、大石头。

④植内毋植外：植，柱也。谓荅要张挂在柱的内方，不要张挂在柱的外方。

⑤杜格：即柞格，用木头围成的阻碍军行的障碍物。孙诒让云："'柞一杜'形近而误。"

⑥兑：同"锐"。

⑦为前行行栈："为前行"三字与上下文义难通，似为错简。行栈：指行城上的桥道，可伸可收。

⑧隅为楼：谓城隅置楼。隅：城角。

⑨曲里：孙诒让云："'曲里'，即'再重'之讹。"

⑩毋其二十畾：孙诒让云："疑当作'毋下二十畾'，此书'其'字多作'亓'，与'下'形近，故互讹。"畾：通"虆"，盛土的笼。

⑪爵穴：城堞间的孔穴。

⑫转䑏城上：从此句至"车革火"文义互不相属，有脱误，故难译出，仅保留原文备查。

⑬杀：破。

⑭薄：岑仲勉注："薄，柱也。亦得为障碍物。"

⑮伐操：毕沅云："'操'当为'薄'。"伐薄，指伐木为柱。

⑯尽木：应为"尽本"。本：根。

⑰断：截。

【译文】

城上置木楼，堆石块，张挂竹荅，竹荅要悬于柱子的里侧。

作障碍用的柞格，下部埋四尺。柞格高十尺，长短木头相间，上端削尖，外面涂抹厚泥。

城上放置可伸缩的桥道和悬张着的竹荅。城的四角建楼，楼必定是两层。五步一堆土，最少不能少于二十笼。在城堞下凿孔穴，每间隔十尺凿一孔，孔穴对着城外的部分要凿宽些。

挫败敌人如蚂蚁般蜂拥爬城的进攻，还可在城外安插木藩篱，离城墙十尺，木藩篱厚度为十尺，伐木时，大小树木连根砍断，十尺长一截，相互间杂深埋于地下，并捶紧固，使敌人不易拔动。

【原文】

二十步一杀[①]，有壝[②]，厚十尺。杀有两门，门广五步，薄门板梯狸之[③]，勿筑，令易拔。城上希薄门而置搗[④]。

县火，四尺一椅[⑤]。五步一灶，灶门有炉炭。传令敌人尽入，车火烧门[⑥]，县火次之，出载而立[⑦]，其广终队[⑧]，两载之间一火，皆立而待鼓音而然，即俱发之。敌人辟火而复攻，县火复下，敌人甚病。

敌引哭而榆[⑨]，则令吾死士左右出穴门击遗师[⑩]，令贲士、主将皆听城鼓之音而出，又听城鼓之音而入。因素出兵将施伏[⑪]，夜半，而城上四面鼓噪，敌人必或[⑫]，破军杀将。以白衣为服，以号相得。

【注释】

此段与《备梯》篇后部分完全相同，疑错简。

①杀：岑仲勉注为“豫备投掷敌人之所，因名曰‘杀’。”

②壝：孙诒让云：“当作‘鬲’。”鬲：通“隔”，指隔墙。

③薄：柱。

④希：望也。搗：王引之云：“‘搗’字义不可通，‘搗’当为‘楬’字之误。楬，杙也。”楬，即《备梯》篇所言的“裾”，以木做的藩篱。参考《备梯》篇第二段注释⑤。

⑤椅：孙诒让云：“当作‘衜’。”即《备梯》篇中的“钩樴”，用绳系钩悬物的工具。

⑥车：孙诒让云：“《备梯》篇作‘煇’，此疑‘熏’之误。”

⑦出载而立：见《备梯》篇第二段注释⑰。

⑧其广终队：见《备梯》篇第二段注释⑱。

⑨哭：俞樾云：“当作‘师’。”榆：毕沅注本为“去”。

⑩遗师：孙诒让云：“‘遗’疑当为‘遁’之误。”

⑪因素出兵：照旧出兵。

⑫或：通：“惑”。

【译文】

二十步置一投掷之所，所内有隔墙，隔墙厚十尺，建两道门，门宽五步，门柱及板梯要下埋一部分，不要埋紧固，使容易拔除，便于出击，对着柱门设置一道藩篱。

悬置火炬，用绳系子钩衙上。每五步置一灶，灶门放炉炭，待敌人进入，就熏火烧门，城上悬挂的火炬接着往下投，各种战具的设放，必须面对敌人所展开的攻线，两战具间置一火，士卒皆立待鼓声而点火，一齐投下，敌人避开火势再发起攻势，城上悬着的火炬再往下投，敌人处境十分不利。

敌人引兵撤退时，我方命令敢死队从左右出突门攻击溃逃的敌军，命令勇士，主将听城楼鼓音出城出击，又听城楼鼓音退入城中，白天照旧出兵伏击，到半夜城上四面鼓噪，敌人必生疑惑，我方破军斩将，以白衣为标志，以口令为联络信号。

迎敌祠

【题解】

《迎敌祠》叙述迎敌前的祭祀、对巫卜的管理、誓师形式以及城防将士的职守、布防、坚壁清野和旨在充分利用人力物力的措施等。

【原文】

敌以东方来，迎之东坛[①]，坛高八尺，堂密八；年八十者八人，主祭青旗[2]。青神长八尺者八，弩八，八发而止。将服必青，其牲以鸡[3]，敌以南方来，迎之南坛，坛高七尺，堂密七。年七十者七人，主祭赤旗。赤神长七尺者七，弩七，七发而止。将服必赤，其牲以狗。敌以西方来，迎之西坛，坛高九尺，堂密九，年九十者九人，主祭白旗。素神长九尺者九，弩九，九发而止。将服必白，其牲以羊。敌以北方来，迎之北坛，坛高六尺，堂密六。年六十者六人，主祭黑旗。黑神长六尺者六，弩六，六发而止。将服必黑，其牲以彘。从外宅诸名大祠[4]，灵巫或祷焉[5]，给祷牲。

【注释】

①古人迷信，每当有军事行动，则筑坛设祭，祷告神明以求神的保佑。

②主祭青旗：古代出军打仗前，必先祭旗，规定旗的颜色，并立神像。

③牲：祭祀用的家畜。

④从外宅诸名大祠：从城外各大名祠。外宅，指外头，即城外。意思是各大名祠均要派巫前去致祭。

⑤灵巫：即巫祝，古代专掌祭祀的人，既代人向神祷告，又能转达神的意志。

【译文】

敌人从东方来，我方就在东方筑坛设祭，求神保佑，坛高八尺，深八尺，安排八位八十岁的老人主持祭青旗的仪式。塑八尺高的东方青神八尊，弓弩手八个，每人射八支箭。将领一定要穿青色的服装，用鸡作祭品。敌人从南方来，我方就在南方筑坛设祭，求神保佑，坛高七尺，深七尺，安排七位七十岁的老人主持祭赤旗的仪式，塑七尺高的南方赤神七尊，弓弩手七个，每人发射七支箭，将领一定要穿赤色的服装，用狗作祭品。敌人从西方来，我方就在西方筑坛设祭，求神保佑，坛高九尺，深九尺，安排九位九十岁的老人主持祭白旗的仪式，塑九尺高的西方白神九尊，弓弩手九个，每人发射九支箭，将领一定要穿白色的服装，用羊作祭品。敌人从北方来，我方就在北方筑坛设祭，求神保佑，坛高六尺，深六尺，安排六位六十岁的老人主持祭黑旗的仪式，塑六尺高的北方黑神六尊，弓弩手六个，每人发射六支箭，将领一定要穿黑色的服装，用猪做祭品。城外各大名祠，派巫祝前去祈祷，并给以祭神的牲品。

【原文】

凡望气[①]，有大将气，有小将气，有往气，有来气，有败气，能得明此者可知成败、吉凶。举巫、医、卜有所，长具药[②]，宫之[③]，善为舍。巫必近公社，必敬神之。巫卜以请守[④]，守独智巫卜望气之请而已。其出入为流言，惊骇恐吏民，谨微察之，断，罪不赦。牧贤大夫及有方技者若工[⑤]，弟之。举屠、酤者置厨给事，弟之。

凡守城之法[⑥]，倶师受事，出葆，循沟防，筑荐通涂，修城。百官共财，百工即事，司马视城脩卒伍。设守门，二人掌右阉，二人掌左阉，四人掌闭，百甲坐之[⑦]。城上步一甲、一戟，其赞三人。五步有五长，十步有什长，百步有百长，旁有大率[⑧]，中有大将，皆有司吏卒长。城上当阶，有司守之。移中中处，泽急而奏之。士皆有职。城之外，矢之所遝，坏其墙，无以为客菌。三十里之内，薪、蒸、水皆入内[⑩]。狗、彘、豚、鸡食其实，敛其骸以为醢，腹病者以起[⑪]。城之内薪蒸庐室，矢之所遝，皆为之涂菌。令命昏纬狗纂马，掔纬。静夜闻鼓声而諺，所以阉客之气也，所以固民之意也，故时諺则民不疾矣。

【注释】

①望气：古有望气之说，观方位风云气候以对人事，从而判断吉凶祸福，这是一种迷信。

②长具药：长于掌握药物。

③宫：后疑掉一“养”字。

④请：后疑漏一“报”字。

⑤牧：应作“收”。

⑥从此句至本段末，所余之事与迎敌祠无关，疑他篇之文错简于此。今按

原文译出。

⑦百甲坐之：每门有百位甲士坐守。

⑧旁：即分受四旁者。大率：即将领。

⑨逻：及。

⑩水：应作“木”，前疑有一“材”字。

⑪腹：通“复”，恢复。起：好转。

【译文】

观风云气候，有大将气，有小将气，有往气，有来气，有败气等等区别，能够明白这些“气”的区别的人就可以预先知道成功和失败、吉利和凶险。任用巫祝、医士、卜使等有特长的人，医士之特长，在于善掌药物，将他们养在宫中，建置馆舍。巫祝住的地方一定要靠近祭土地神的地方，一定要把神灵当神灵来敬重。巫师、占卜师将实情报告守城主将，只能让守城主将知道巫师、占卜师占望的结果，不要让其他人知道。如果巫师、占卜师制造传播流言，使得官吏百姓惊恐不安，经认真查明，将予以斩首，罪不容赦。望气者的房舍靠近太守的住所。召集贤大夫和有专长的各种技艺之人，给予他们相应的等第。选拔屠夫、酿酒人，把他们安置到厨房做事，也要根据他们的能力分等级任用。

守城的方法是，县师的职责：视察堡垒，巡视河沟城防，阻塞城外通道，修缮城墙。所有大小官吏要供应战争所需的钱财粮饷，所有有技艺的人要为打仗干事。司马根据城防情况分派兵士。安排守门，二人掌管城门右边门扇，二人掌左边门扇，四人共同负责城门的开启与关闭，百名带甲的兵士坐守城门。城上每五步一甲士持一戟，另加帮手三人。每五步安排一名伍长，每十步安排一名什长，百步任命一名百长。四周有将领中军有统帅。这样逐级将领各司其职。在上城墙的阶梯处，城上有专职的官兵把守。将文书簿籍转移到合适的地方，选取紧急重要的部分上报。军士都有各自的职责。城墙外面，箭能射到的地方，要把墙统统推倒，以免成为敌人的掩蔽防御工事。三十里之内，大小木头一律运进城内。狗、大猪、小猪、鸡，吃掉肉，把骨头收集起来制成酱，肠胃有病的可以用它治好。城内的柴草堆和房屋，只要从城外箭能射到的地方外面都要抹上一层泥，以防火烧着。命令城内在黄昏之后将狗马系好，要拴套牢固。夜深人静时一听到鼓声就一齐呐喊，用来遏制敌人的气焰，稳定百姓的情绪，这样老百姓就不会害怕了。

【原文】

祝、史告于四望、山川、社稷，先于戎，乃退。公素服誓于太庙，曰："其人为不道，不修义详，唯乃是王[①]，曰：予必怀亡尔社稷，灭尔百姓。二参子尚夜自厦[②]，以勤寡人[③]，和心比力兼左右，各死而守。"既誓，公乃退食。舍于中太庙之右，祝、史舍于社。百官具御，乃斗鼓于门[④]，右置旂，左置旌于隅练名。射参发，告胜，五兵咸备，乃下，出挨[⑤]，升望我郊[⑥]。乃命鼓，俄升[⑦]，役司马射自门右，蓬矢射之，茅参发[⑧]，弓弩继之；校自门左，先以挥，木石继之。祝、史、宗人告社，覆之以甑。

【注释】

①乃：应作"力"。王：应作"正"。

②二参子：称自己的部属。参，同"三"。厦：应作"厉"，通"励"，努力。

③勤寡人：为寡人效劳。

④斗：应作"升"。

⑤挨：应作"俟"。

⑥升望我郊：侯国官庙有门台，可站在上面望国都。

⑦俄升：一会儿升鼓。俄，须臾，一会儿。

⑧茅：应作"矛"。

【译文】

太祝、太史在战前要祭告四周山川和社稷，祭告完毕退下。然后国君穿上素服在大庙誓师，誓词说："敌人无道，不修仁义，一味崇尚武力，妄想消灭我们的国家和百姓。并且说：你们要日夜奋斗，为寡人效劳，同心协力互相支持，拼死力守住城池！"誓师完毕，君王才退下用餐，临时住在中太庙的右边房舍中，太祝、太史临时住在祠庙。然后百官护驾，到太庙击鼓，门的右边插旂，左边插上旌，在旌旗的飘带上写上将帅之名。发三箭祈祷胜利，弓矢、殳、矛、戈、戟五兵齐备。下鼓待命，君王登上门台观望城郊。于是命令击鼓，一会儿登上门台，役司马从门右边发射，用蓬蒿制成的箭向天地四方发射，拿矛的兵士用矛向空刺三下，接着弓弩手向空发射；军校从门左先进行一种制胜的巫术"挥"，然后木头礌石齐下。太祝、太史、宗伯向祠庙祭告，把甑覆盖于地上，誓师之礼完毕。

旗帜

【题解】

《旗帜》叙述守城军队的旗帜、鼓、着装、徽章、信符等军事符号的含义和使用方法等。

【原文】

守城之法，木为苍旗①，火为赤旗，薪樵为黄旗，石为白旗，水为黑旗，食为菌旗②，死士为仓英之旗③，竟士为雩旗④，多卒为双兔之旗，五尺童子为童旗⑤，女子为悌末之旗⑥，弩为狗旗，戟为䓖旗⑦，剑盾为羽旗，车为龙旗，骑为鸟旗。凡所求索旗名不在书者，皆以其形名为旗。城上举旗，备具之官致财物，之足而下旗。

【注释】

①木为苍旗：需材木时悬青旗。苍，青色。

②菌旗：岑仲勉注："菌是食品，故食为菌旗。"

③仓英：苏时学云："仓英，当即苍鹰。"

④竟士：苏时学云："犹言劲卒。"雩：王念孙云："'雩'即'虎'之讹。"

⑤五尺童子：指十四岁以下儿童。

⑥梯末：岑仲勉校注为"姊妹"二字之讹。

⑦䖶旗：孙诒让注："'䖶'，疑即'旌'字。"旌，用五色羽毛做装饰的旗。

【译文】

守城的方法，可以旗为信号，需材木举青旗，需用火举赤旗，需柴薪举黄旗，需石头举白旗，需用水举黑旗，需食物举菌旗，需勇士举苍鹰之旗，需劲卒举虎旗，需增加士卒举双兔旗，需儿童举童旗，需女子举姊妹旗，需弓弩举狗旗，需戈戟举旌旗，需剑盾举羽旗，需车辆举龙旗，需坐骑举鸟旗。凡所需旗名书上没有的，都以物的形状及名称为旗。城上举旗后，负责供应的官员送来城上够用的财物后，即偃旗。

【原文】

凡守城之法：石有积，樵薪有积，菅茅有积[①]，雚苇有积[②]，木有积，炭有积，沙有积，松柏有积，蓬艾有积，麻脂有积，金铁有积[③]，粟米有积；井灶有处，重质有居[④]。五兵各有旗，节各有辨[⑤]，法令各有贞[⑥]，轻重分数各有请[⑦]，主慎道路者有经[⑧]。

亭尉各为帜[⑨]，竿长二丈五，帛长丈五，广半幅者大[⑩]。寇傅攻前池外廉[⑪]，城上当队鼓三[⑫]，举一帜；到水中周[⑬]，鼓四，举二帜；到藩[⑭]，鼓五，举三帜；到冯垣[⑮]，鼓六，举四帜；到女垣[⑯]，鼓七，举五帜；到大城，鼓八，举六帜；乘大城半以上[⑰]，鼓无休[⑱]。夜以火，如此数[⑲]。寇却解[⑳]，辄部帜如进数[㉑]，而无鼓。

【注释】

①菅（间）：《说文》“菅，茅也”。

②雚：即“萑”。萑苇：芦荻。

③金铁：王念孙云：“‘金铁’当为‘金钱’，字之误也。”

④重质：重要的人质。两国交战，以人质作筹码，或防内部有叛，拘留有关人员亲属作人质。这些人质事关重大，故须有安全的居所。

⑤节：符节。古代的一种凭证。符是竹做的契约，分剖为二，双方各执一半，合之以为信验。

⑥贞：岑仲勉注：“贞，定也。”

⑦请：通“情”。

⑧主慎道路：孙诒让云：“慎，循之假字，谓循行道路”。经：岑仲勉注：“经，行也。……巡视道路者当各有所司，画分经行之线。”

⑨帜：旗帜，标志。

⑩者大：孙诒让云：“‘大’当为‘六’……六即亭尉帜之数，盖每亭为六帜，以备寇警缓急举踣之用。”

⑪傅：附沿。池：护城河。廉：边。

⑫当队：面对敌人的进攻线。

⑬周：通“洲”，水中陆地。

⑭藩：孙诒让云：“藩，盖池内厓岸，编树竹木为墙落。”即护城河两岸的藩篱。

⑮冯垣：护城河与城墙之间，用土堆成的矮墙。

⑯女垣：女墙。

⑰乘：爬。

⑱无休：不要停止。

⑲夜以火，如此数：指晚上举旗人不能见，故按白天举旗数以火代旗。

⑳却解：退却。

㉑部：部署。

【译文】

凡守城的方法，要积石头，积柴薪，积茅草，积芦苇，积木材，积烧炭，积沙石，积松柏，积蓬艾，积麻油，积金钱，积粮食；打井置灶有地方，重要的人质须有安全的住处。弓矢、殳、矛、戈、戟各有旗号，验信的符节能够辨识，法令各有规章，轻重等级视人情，巡察道路者各有经行的范围。

城上各亭尉负责举旗，旗杆长二丈五，做旗的帛长一丈五尺，宽半幅，共六面旗。当敌人进攻到护城河边，城上就对着敌人的攻线击鼓三下，举一面旗；当敌人进到河洲之上，城上击鼓四下，举两面旗；当敌人进到护城河的藩篱边，城上击鼓五下，举三面旗；当敌人进到城外冯墙处，城上击鼓六下，举四面旗；当敌人攻到外城的女墙处，城上击鼓七下，举五面旗；当敌人攻到城下，城上击鼓八下，举六面旗；当敌人爬到城墙中部，城上击鼓不停。晚上以举火代替举旗，按举旗数举火。敌人撤退时，按照敌进攻时举旗数举旗，但不击鼓。

【原文】

城为隆[①]，长五十尺。四面四门将长四十尺[②]，其次三十尺，其次二十五尺，其次二十尺，其次十五尺，高无下四十五尺[③]。

城上吏卒置之背[④]，卒于头上，城下吏卒置之肩，左军于左肩[⑤]，中军置之胸。各一鼓[⑥]，中军一三[⑦]。每鼓三、十击之[⑧]，诸有鼓之吏，谨以次应之[⑨]，当应鼓而不应，不当应而应鼓，主者斩[⑩]。

【注释】

①为隆：孙诒让注："疑当作'城将为绛帜'，'绛'、'降'、'隆'声类并同。"

②四门将：指把守四面城门的将领。

③高无下四十五尺：孙诒让校："此'四'字衍。高无下十五尺，即最上

长五十尺，依次递减，至此为极短也。”

④吏卒：王引之云：“‘卒’字涉下文‘吏卒’而衍。下文卒置于头上，则不得又置之背也。”置之背：背上插旗。此旗为小的徽旗，与将旗不一样。

⑤左军于左肩：此句下当有“右军于右肩”。

⑥各一鼓：指左、右军各一鼓。

⑦中军一三：孙诒让云：“疑当作‘中军三’，言鼓多于左右军。‘一’衍文。”

⑧每鼓三、十击之：每击一次鼓或三下，或十下。

⑨以次应之：按顺序击鼓回应。

⑩主者斩：斩负责击鼓者。

【译文】

守城的主将用绛色的旗帜，旗长五十尺。守四面城门的将领旗长四十尺，其他按等级递减；三十尺，二十五尺，二十尺，十五尺，最低不少于十五尺。

城上军吏将小旗徽插在背上，士卒插在头上，城下的吏卒旗徽插在肩上，左军插左肩，右军插右肩，中军插胸前。左右军各一个鼓，中军三个鼓。中军每次击鼓或三下，或十下，各处负责击鼓的军吏，认真按顺序击鼓回应，当回应而不回应，不当回应而回应的，将斩首。

【原文】

道广三十步，于城下夹阶者[①]，各二[②]，其井置铁瓮[③]。于道之外为屏[④]，三十步而为之圜[⑤]，高丈。为民圂[⑥]，垣高十二尺以上。巷术周道者[⑦]，必为之门，门二人守之，非有信符[⑧]，勿行，不从令者斩。

城中吏卒民男女，皆葕异衣章微[⑨]，令男女可知。

诸守牲格者[⑩]，三出却适[⑪]，守以令召赐食前[⑫]，予大旗[⑬]，署百户邑若他人财物[⑭]，建旗其署[⑮]，令皆明白知之，曰某子旗[⑯]。牲格内广二十五步，外广十步，表以地形为度[⑰]。

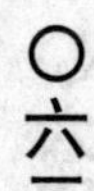

靳卒[18]，中教解前后左右[19]，卒劳者更休之。

【注释】

①夹阶：指从城下上城的道路两旁。本段所言道上的卫生设施。

②此句孙本标点有误。“各二”应接下句“其井”二字为句。“其”为衍文。

③铁瓘：岑仲勉注为“铁罐”，汲水器。

④屏：屏墙。围墙作厕。

⑤圜：指围墙。圜，围绕。

⑥圂：厕所。

⑦巷术：街巷。术：道。周道：大道。巷术周道：孙诒让注：“言巷术通周道者。”

⑧信符：作通行验证的凭据，如符节一类。

⑨荮异：辨别。王引之云：“‘荮’当为‘辨’，辨异二字连文。”章徽：即章徽，旗徽。

⑩牲格：即《备蛾傅》篇的‘杜格’，亦即“柞格”，用上端削尖的木桩筑成的障碍物，亦即木藩篱，下同。

⑪却适：打退敌人进攻。

⑫守：负责守城的官员。

⑬予：授予。

⑭署百户邑：拥有管辖百户人家的城邑。署：营署。若：或。

⑮建旗其所：在其署所竖旗。

⑯某子：即某人。

⑰表：“袤”字之误。袤：长。

⑱靳：孙诒让云：“疑当作‘勒’。”指练兵。

⑲中教解：居中教导。

【译文】

城中道宽三十尺，在上城的道路两侧各凿两井，井上放置汲水铁罐，在道之外筑屏墙，三十步围一屏墙，墙高一丈。供百姓使用的厕所，墙高一丈二以上。从街巷通向大路的地方，一定要设门卡，门卡派二人守卫，没有出入证的人，不准通行，不服从命令者斩首。

城中官兵，百姓，皆以旗徽作识别，让全城男女都知道。

守卫城外木藩篱的官兵，击退敌人三次进攻者，守官将传令召见当面赐食，授予大旗，赏给拥有百户人家的城邑或其他财物，在其署所竖立旗帜，使人民都清楚知道是某人的旗。木藩篱内侧宽二十五步，外侧宽十步，长度根据地形而定。

要练兵，将官居中教导士卒前后左右如何行动，士卒劳困则轮换休息。

号令

【题解】

《号令》叙述“凡守城者，以急伤敌为上”的积极防御思想，以及守城军队的纪律、法规、禁令、奖惩办法，人员布防和处理上下级关系的原则、方法，征集民财的措施等。

【原文】

安国之道，道任地始[①]，地得其任则功成，地不得其任则劳而无功。人亦如此，备不先具者无以安主，吏卒民多心不一者，皆在其将长[②]，诸行赏罚及有治者，必出于王公。数使人行劳赐守边城关塞、备蛮夷之劳苦者，举其守卒之财用有余、不足，地形之当守边者，其器备常多者。边倶邑视其树木恶则少用，田不辟，少食，无大屋草盖，少用桑。多财，民好食。为内牒[3]，内行栈，置器备其上，城上吏、卒、养，皆为舍道内，各当其隔部。养什二人[4]，为符者曰养吏一人，辨护诸门。门者及有守禁者皆无令无事者得稽留止其旁[5]，不从令者戮。敌人但至，千丈之城，必郭迎之，主人利。不尽千丈者勿迎也，视敌之居曲，众少而应之，此守城之大体也。其不在此中者，皆心术与人事参之。凡守城者以亟伤敌为上，其延日持久以待救之至，明于守者也[6]，不能此[7]，乃能守城。

【注释】

①道任地始：其道从任地开始，即道先要能够适应地利。

②将长：守将及其下的什长、百长等。

③内牒：即“内堞”。堞：城上女墙，分内外两道。

④养什二人：每十人设炊事兵二人。什，十人。

⑤稽留止其旁：滞留于守门者的周围。

⑥明于守者：明于防守之道。

⑦不：应作“必”。

【译文】

保障国家安全的途径从地道适应地利开始，适应地利就成功，不适应地利就会劳而无功。人也是如此，不先搞好战备就无法使守城人心安，官吏、士兵和百姓不能齐心协力，责任全在将领和官长。所有赏赐和处罚以及治理措施，都出自国君。国君要经常派人视察慰劳赏赐那些镇守边关和边塞，防备蛮夷而又劳苦的将士，视察后报告哪些镇守统帅的军事资财有余或者不足，哪些地形应派兵据守，某处器材预备经常充足。对于边境地区和边境城邑，看到那里树木生长不好就要少用木材，土地没有开辟就要节约粮食，没有大屋和草屋的地方就要少砍桑树。经济发达的地区，老百姓讲究吃喝。城内要构筑矮墙和行栈，上面安顿好军事器材。城上小头目、士兵、炊事人员都要在城内各自的所属地段安排房舍。每十个人设两个炊事员，再配掌管信符的养吏一个，监察守护各门户。不要让无事者滞留附近，不听从命令的就杀掉。每当敌人攻来，如果守的是大城，一定要在郭外迎战敌人，这对守城者有利；如果守的是小城，就不要出城迎战敌人。但还要根据敌人部署的兵力多少灵活应战。这些都是防守城池的大致原则。凡不在以上情况之内的，就要根据当地道路和人事酌定。守城者以迅速摧垮敌人为上策，但拖延时间等待救兵到来也是一种防守之道。这样做才能守住城池。

【原文】

守城之法，敌去邑百里以上，城将如今，尽召五官及百长，以富人重室之亲[1]，舍之官府，谨令信人守卫之，谨密为故。

及傅城，守将营无下三百人。四面四门之将，必选择之有功劳之臣及死事之后重者[2]，从卒各百人。门将并守他门，他门之上必夹为高楼，使善射者居焉。女郭、冯垣一人，一人守之，使重室子五十步一击[3]。因城中里为八部，部一吏，吏各从四人，以行冲术及里中[4]。里中父老小不举守之事及会计者，分里以为四部，部一长，以苛往来，不以时行、行而有他异者，以得其奸。吏从卒四人以上有分者，大将必与为信符，大将使人行，守操信符，信不合及号不相应者，伯长以上辄止之，以闻大将。当止不止及从吏卒纵之，皆斩。诸有罪自死罪以上，皆逮父母、妻子、同产[5]。

【注释】

①重室：有身份地位的人家。

②死事之后重者：指牺牲了的人的后代，即今烈士之后代，其可以信赖。

③击：应作“楼”。

④冲术：道路。

⑤同产：兄弟。

【译文】

守城的方法，敌人离城百里之外的时候，守城大将就要将地方上的五官及军队的各级将领全部召集起来发布命令，让富人贵戚的亲眷住到官府，派可靠的部下守卫他们，以谨慎机密行事。

灰陶鼎（战国）

等到敌人爬城强攻的时候，守城大将所在兵营的士兵不得少于三百人。防卫四面城门的将领一定要选择曾立过军功以及烈士的后代担任，每人可带兵百人。每一方城门的守将如果兼守另一方的城门，就要在另一方城门之上的两边建起高楼，派善于射箭的兵士守在里面。城上矮墙、冯垣各派一人守护。每五十步建一楼，派贵家子弟守卫。按城中街巷分为八部，每部派一个小头目，各有随从四人，在城中要道和街巷中巡逻。街巷中没有参与守卫工作和管理财物出入的父老百姓，按街巷分为四部，每部设一官长，让他们盘查往来行人中那些不按规定时间出行或形迹可疑的人，以防奸人乘虚而入。分派去执行守卫任务的小头目，大将一定要发给验信的符节。大将随时派人巡查，守门者要持信符验信，信符不合和口号不相应的，百长以上官吏就有权予以扣留，然后将情况报告大将。应当扣留而不扣留以及随从吏卒把人放跑了的，一律斩首。凡是触犯死罪以上的人，罪及他们的父母、妻子、子女和兄弟。

【原文】

诸男女有守于城上者[①]，什，六弩、四兵。丁女子、老少，人一矛。

卒有惊事，中军疾击鼓者三，城上道路、里中巷街，皆无得行，行者斩。女子到大军，令行者男子行左，女子行右，无并行。皆就其守，不从令者斩。

离守者三日而一徇[②]，而所以备奸也。里舌与皆守宿里门，吏行其部，至里门，𠙶与开门内吏，与行父老之守及穷巷幽间无人之处。奸民之所谋为外心，罪车裂。舌与父老及吏主部者，不得皆斩[③]；得之，除，又赏之黄金，人二镒。大将使使人行守[④]，长夜五循行[⑤]，短夜三循行。四面之吏亦皆自行其守，如大将之行，不从令者斩。

【注释】

①女：应作“子”。

②徇：对众宣示，示众。

③不得皆斩：不能预先得知情况的要处斩。

④使：应作“信”。信人：可靠的人。

⑤长夜：夜长。循：通“巡”。

【译文】

在城上防守的男子，每十人中六人拿弓箭，四人拿其他兵器。参与防卫的成年女子、老人和少年每人一支矛。

突然间有警急事情，中军赶紧击鼓三次，城上道路、城内大街小巷都要禁止通行，擅自行动的斩首。女子参与大军行动时，男子走左边，女子走右边，不得并行。所有军民都要坚守各自分派的岗位，不服从命令的斩首。擅自离开防守岗位三天的，游街示众，用以防备狡诈的人。里长和防守人员都要日夜守护各街巷进出口，部吏巡行到他们划分的区域，到进出口，里长开门接待部吏，陪同巡查各父老所守的岗位和小巷中偏僻无人的地方。图谋通敌的奸民，用车裂处死。里长和父老以及部吏不能预先发觉和抓获图谋通敌的人，一律处斩，若能及时发现与抓住，免罪之外还每人赏黄金二镒。大将派亲信巡查各防守区域，夜长时每晚巡查五次，夜短时三次。各方负责防守的部吏也都要像大将一样巡查各自管辖的区域，不按命令办的斩首。

【原文】

诸灶必为屏，火突高出屋四尺[①]。慎无敢失火，失火者斩，其端失火以为事者车裂[②]。伍人不得，斩；得之，除。救火者无敢讙哗，及离守绝巷救火者斩[③]。其缶及父老有守此巷中部吏，皆得救之，部吏亟令人谒之大将，大将使信人将左右救之，部吏失不言者斩。诸女子有死罪及坐失火皆无有所失[④]，逮其以火为乱事者如法。围城之重禁。

敌人卒而至，严令吏命无敢讙嚣[⑤]、三最[⑥]、并行、相视、坐泣流涕、若视、举手相探、相指、相呼、相麾、相踵、相投、相击、相靡以身及衣、讼驳言语及非令也而视敌动移者，斩。伍人不得，斩；得之，除。伍人逾城归敌，伍人不得，斩；与伯归敌，队吏斩；与吏归敌，队将斩。归敌者父母、妻子、同产皆车裂。先觉之，除。当术需敌离地，斩。伍人不得，斩；得之，除。

【注释】

①火突：烟囱。

②事：前脱一“乱”字。

③绝巷：穿越街巷。

④皆无有所失：虽然失火但未对他人造成损失。

⑤命：应作“民”。

⑥最：应作“聚”。三最：三人相聚。

【译文】

所有炉灶一定要有防火的屏围，烟囱要高出屋顶四尺，以防失火，失火者处斩，故意纵火谋乱的人，处车裂之刑，知情不举报或不抓住纵火犯，也要杀掉；若能抓住就免予处分。救火的人不许大声喧哗，擅自离开防守岗位越巷救火也要杀头。失火地区的里正和父老以及防守的部吏都要救火，部吏应赶紧派人报告大将，大将派亲信率领部下去救火，部吏失职不报的要杀头。女子犯有死罪，或虽失火但并没损害他人，至大到纵火谋乱的，都要依法处置。敌人围城时要特别严禁火灾。

敌人突然到来，要严厉禁止官吏和百姓大声喧哗，不得三人以上聚集，两人以上并行，不准对面哭泣流泪、打手势探问；不准互相指手画脚、呼叫、挥动旗帜；不准互相跟随、抛掷物品、互相投击；不准用衣服或身体互相接触，不准用语言互相辩论，没有命令不准擅自察看敌人动静，否则一律处斩。知情人不举报，杀头；及时举报的，免罪。有人翻越城墙投敌，同伴不举报，杀头；百长投敌叛变，队吏要被斩；队吏叛变投敌，杀队将。叛变投敌人的父母、妻子、儿女、兄弟都要车裂处死，如果事先发觉而报告制止的，免罪。临阵害怕敌人而离开防地的，杀头；同在一起的人知情不报的，杀头；能及时举报的，免罪。

【原文】

其疾斗却敌于术[①]，敌下终不能复上，疾斗者队二人，赐上奉。而胜围，城周里以上，封城将三十里地为关内侯[②]，辅将如令赐上卿，丞及吏比于丞者，赐爵五大夫，官吏、豪杰与计坚守者，十人及城上吏比五官者[③]，皆赐公乘。男子有守者，爵人二级，女子赐钱五千，男女老小先分守者[④]，人赐钱千，复之三岁，无有所与，不租税，此所以劝吏民坚守胜围也。

【注释】

①疾斗：奋勇作战。术：道。此指战场。

②关内侯：先秦赏赐功臣的一种爵位。

③十：应作“士”。

④先：应作“无”。

【译文】

在战场上奋力作战打退了敌人并使敌人不能再攻上来的斗士，每队评选二人，给予最高的俸禄。如打败敌人而解围，城一里以上的，封城将为关内侯，赏地三十里；副将按规定赐给上卿的官职；丞、吏以及原职位相当于丞的人赐给五大夫的官爵，其他官吏、豪杰参与谋划坚守的，士人和城上那些原职位相当于五官的都赐给公乘官职。参与守城的男子赐给二级爵号；女子赏钱五千；其余本无分派守城的男女老少，每人赏钱一千，免除赋税三年。这样做能鼓励官民坚守城池战胜敌人。

【原文】

吏卒侍大门中者，曹无过二人[①]。勇敢为前行，伍坐，令各知其左右前后。擅离署，戮。门尉昼三阅之，莫，鼓击门闭一阅，守时令人参之，上逋者名[②]。铺食皆于署，不得外食。守必谨微察视谒者、执盾、中涓及妇人侍前者[③]，志意、颜色、使令、言语之请。及上饮食，必令人尝，皆非请也[④]，击而请故[⑤]。守有所不说，谒者、执盾、中涓及妇人侍前者。守曰断之。冲之、若缚之，不如令及后缚者，皆断。必时素诫之。诸门下朝夕立若坐，各令以年少长相次，旦夕就位，先佑有功有能，其余皆以次立。五日官各上喜戏，居处不庄、好侵侮人者一。

【注释】

①曹：古时职官名称。

②逋：逃离。

③中涓：侍从名称。负责文书传达。

④皆：应作“若”。非请：非情，情况异常。

⑤击：应作“系”。

【译文】

守卫官署大门的头目与士兵，每处曹官不要多于两个人。卫兵中勇敢的分派在前行，五人连坐，让他们知道各自左右前后是谁。擅自离开官署的，杀掉。

门尉每天白天三次点名，晚上击鼓关门后再点一次名，守将随时派人检查督促，要将离队者名单上报。吏卒饮食不离住所、不准到外就餐。守城主将一定要谨慎地暗中观察谒者、执盾、中涓以及料理日常生活的妇人等的思想、脸色、动作和言语的情况。端上饮食，一定要令人先尝一尝。若有异常情况，就要立即抓起来盘问原因。守城主将对亲近侍从中的谒者、执盾、中涓及妇人有不满意的，就可下令杀掉、殴打或者捆绑，而其他侍从不执行命令或捆绑迟缓的，都要处罚。这些一定要时时告诫他们。所有官署门前早晚负责警卫的，或站或坐，分别以年纪大小为次序，早晚值勤，有功劳有本领的居上位，其余都按次序站立。每五天一次，对那些嬉戏、仪态不庄重、喜欢侵犯欺侮人的，官长要分别上报。

【原文】

诸人士外使者来，必令有以执将①。出而还若行倶②，必使信人先戒舍室，乃出迎，门守乃入舍③。为人下者常司上之，随而行，松上不随下。必须□□随④。

客卒守主人，及其为守卫，主人亦守客卒。城中戍卒，其邑或以下寇，谨备之，数录其署，同邑者，弗令共所守。与阶门吏为符，符合入，劳；符不合，牧⑤，守言⑥，若城上者⑦，衣服，他不如令者。

【注释】

①有以执将：执带旗章符节。

②出而还若行县：将官外出回来，如巡视各县回来。

③门：应作“闻”。闻守：报告守臣。

④□□：脱文。

⑤牧：应作“收”。

⑥守言：应作“言守”，报告守臣。

⑦自此以下三句有脱文，文义不详。

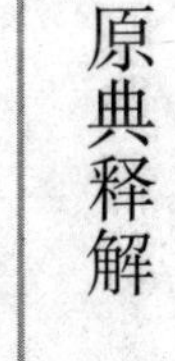

【译文】

所有人士、外来使者入境，一定要出示旗徽符节。将领外出巡行各县回来，一定要派人先告知家属，家属出来迎接，先向守城主将报告后才返回自家。下属须伺候上级前往，随同出行。

外来军卒来城协助防守，主人也要防备外来兵卒。担负城中防卫的外来兵士，如果他们原来所在的城邑已被敌人攻陷，尤其要小心戒备他们，要反复检查察看他们的名册，原属同一个城的不要让他们共同防守一处地方。守卫城阶大门的门吏要严格持符节验证，上城者符信合的予以慰问、放行。符信不合，就扣留来人，并报告守城主将。

【原文】

宿鼓在守大门中①，莫，令骑若使者操节闭城者，皆以执毚②。昏鼓鼓十，诸门亭皆闭之。行者断，必击问行故，乃行其罪。晨见掌文③，鼓纵行者，诸城门吏各入请籥④，开门已，辄复上籥。有符节不用此令。寇至，楼鼓五，有周鼓，杂小鼓乃应之。小鼓五后众军，断。命必足畏，赏必足利，令必行，令出辄人随，省其可行、不行。号，夕有号，失号，断。为守备程而署之曰某程，置署街街衢阶若门，令往来者皆视而放。诸吏卒民有谋杀伤其将长者，与谋反同罪，有能捕告，赐黄金二十斤，谨罪⑤。非其分职而擅取之，若非其所当治而擅治为之，断。诸吏卒民非其部界而擅入他部界，辄收以属都司空若候，候以闻守，不收而擅纵之，断。能捕得谋反、卖城、逾城敌者一人⑥。以令为除死罪二人，城旦四人。反城事父母去者⑦，去者之父母妻子。

【注释】

①宿鼓：晚上警戒用的鼓。

②毚：孙诒让云："疑此亦当为'龟'之讹，但'执龟'义亦难通，疑当作'执圭'。"圭，是一种玉石，用来赏赐或祭祀用的珍品，执圭者必为有爵位

有职守的人。

③晨见掌文：掌文，即掌纹。天亮能看见五指的时候才能放行。

④篇：通“钥”，钥匙。

⑤谨罪：对犯罪者从严定罪。

⑥敌：前脱一“归”字。

⑦事：应作“弃”。

【译文】

宿卫戒夜的大鼓设置在守城主将的大门之中。黄昏，派骑兵和使者拿着符节去传令关闭城门，使者都让有爵位的人担任。黄昏时以鼓为号令，击十下鼓，所有城门路亭通通关闭，再要通行的就杀掉，但要先抓起来问明通行的原因才按罪行事。天亮击鼓放行，各城门的官吏入官署拿取钥匙，开完门后，再交还钥匙。有符节等出入凭信的不受此令限制。敌人前来进攻，城楼敲鼓五次，又四周击鼓，杂以各种小鼓响应。鼓击五下之后才集合的，杀头。号令一定要使人畏惧，赏赐一定要使人得利；命令必须执行。号令一发出，立即派人随着省察号令执行情况。口号，夜晚有联络的口号，口号不合的，杀掉。制定戒严章程，题上标题就称“某某章程”，公布在大街小巷、路口，使往来的人都能看到从而照章办理。所有那些谋杀和伤害自己将领、官长的官吏、士兵和百姓，一律与谋反的人同罪，若有能够捉拿到谋杀伤害长官的人，赏给金二十斤，对犯罪者要从严治罪。不是职责范围却擅自拿取，以及滥用职权办非法事情的，罚罪。所有那些不属于自己所在的区域却擅自闯入的官吏、士兵和百姓，都要由所在的都司空和侦探拘留，由侦探报告守将。不拘留却擅自放跑的，罚罪。能够捉拿一个谋反、出卖本城机密或翻越城墙投降敌人的人，用明令规定将来可以赦免其家二人的死罪及四个人的劳役。翻越城墙逃跑者，其父母、兄弟、妻儿同罪。

【原文】

悉举民室材木、瓦若蔺石数，署长短小大。当举不举，吏有罪。诸卒民居城上者，各葆其左右[①]，左右有罪而不智也，其次伍有罪。若能身捕罪人若告之吏，皆构之[②]。若非伍而先知他伍之罪，皆倍其构赏。

城外令任，城内守任。令、丞、尉亡得入当[③]，满十人以上，令、丞、尉夺爵各二级；百人以上，令、丞、尉免以卒戍。诸取当者，必取寇虏，乃听之。

募民欲财物粟米以贸易凡器者，卒以贾予，邑人知识[④]、昆弟有罪，虽不在县中而欲为赎，若以粟米、钱金、布帛、他财物免出者，令许之。传言者十步一人，稽留言及乏传者，断。诸可以便事者，亟以疏传言守。吏卒民欲言事者，亟为传言请之吏，稽留不言诸者[⑤]，断。

县各上其县中豪杰若谋士、居大夫、重厚口数多少。

【注释】

①葆：通“保”，担保。

②构：通“购”，赏求。

③入当：找人抵数。

④知识：相识的人。

⑤诸：应作“请”。

【译文】

详尽查报民用房屋木材、瓦石的数量，登记长短大小。应查报却不查报的，官吏有罪。所有在城上居住的官吏、士兵和百姓，要与他们的左右邻居结成联保联防，左右邻居犯罪却不知道，那么同联保的人也有罪。如果能够亲自捉拿犯罪的人或把犯罪人报告有关官吏，都给予奖赏。如果不是同一联防联保内的却事先知道别的联保组的犯罪活动而报告给有关官吏，都加倍给予奖赏。

城外守卫任务由令负责，城内的防守由守臣担任。令、丞、尉，他们的部下有人逃跑，得找人抵数。逃跑的人超过十个，令、丞、尉各减爵位两级；逃跑人数超过一百，令、丞、尉就要被免职，充作士兵。如果他们俘获的人数与逃跑的人数相当，那么功罪可以抵消，但必须要以俘虏相抵。征集百姓的钱财、布匹和粮食，百姓想交换各种日常用器，要按平价给予交换。城里人的朋友或相识的人、兄弟有罪，即使不在县内但想用粮食、金钱、布匹和其他财物赎罪出去的，法令允许。上下传达言语的人十步设一人，滞留或失职没传达的杀头。凡是可以便利办的事情赶紧以书面报告守城主将。吏卒百姓想要向上面进言的，急速通过传言人传达，官吏滞留或不代为传达的，杀头。

县要上报各县的豪杰、谋士、大夫、富士的名册、人数。

【原文】

官府城下吏卒民家，前后左右相传保火。火发自燔[①]，燔曼延燔人，断。诸以众强凌弱少及强奸人妇女，以讙哗者，皆断。诸城门若亭，谨侯视往来行者符。符传疑，若无符，皆诣县廷言，请问其所使；其有符传者，善舍官府[②]。其有知识、兄弟欲见之，为召[③]，勿令里巷中，三老、守闾令厉缮夫为答[④]。若他以事者微者，不得入里中。三老不得入家人。传令里中有以羽[⑤]，羽在三所差[⑥]，家人各令其官中[⑦]，失令、若稽留令者，断。家有守者治食。吏卒民无符节，而擅入里巷官府，吏、三老、守闾者失苛止。皆断。

【注释】

①燔：焚烧。

②善舍官府：到官府好好招待。

③为召：代诏。

④三老：古代的乡官，掌管地方上的思想教育。

⑤有：应作“者”。羽：鸟毛。军中紧急文书称“羽书”。

⑥者：应作“在”。三：后脱一“老”字。所：后衍一“差”字。

⑦官：应作“家”。

【译文】

官府、城下官吏、士兵、百姓之家都要前后左右参加火灾联防，失火烧了自家或蔓延烧了别家，处斩。以多欺少，以强欺弱或强奸妇女及大声喧哗，都将处斩。

所有城门和路亭，要细心检验往来行人的信符。信符有疑问和没有凭证的，都要送到县廷，询问他们是谁派遣的。往来人中有凭证的妥善安排到官府住下。他们想要会见朋友、兄弟，要替他们招来相见，不能让他们自己进入城中街巷，若是他们要见城中有身份的三老、守闾等人，可让三老、守闾等人委托家中膳夫等下人代替应招来官舍相见。其他有事的人及职位低下的人都不得擅自进入街巷之中。三老不得进入一般民众家里。要向街巷传令就用羽书，羽书存放在三老家里，传令给一般民众就直接将命令送到他们家里，失职没有传送或延缓者，判罪。吏卒百姓没有凭证擅自进入里巷和官府，官吏、三老以及守闾的人没有及时盘查和制止，都要判罪。

【原文】

诸盗守器械、财物及相盗者，直一钱以上，皆断。吏卒民各自大书于杰，著之其署同[①]，守案其署，擅入者，断。城上日壹废席蓐[②]，令相错发[③]。有匿不言人所挟藏在禁中者，断。

吏卒民死者，辄召其人，与次司空葬之，勿令得坐泣。伤甚者令归治病家善养，予医给药，赐酒日二升、肉二斤，令吏数行闾，视病有瘳[④]，辄造事上[⑤]。诈为自贼伤以辟事者，族之。事已，守使吏身行死伤家，临户而悲哀之。

【注释】

①同：应作“隔”。署隔：驻地营房。

②席蓐：草席。

③错发：交换发放。每日收回换发，其目的是防止私藏禁物。

④瘳：病愈。

⑤造事上：指归队。造，到、往。

【译文】

凡是偷盗守城器械、财物以及私人财物，即使价值一钱也要判罪。吏卒百姓都要将姓名大书于帖子上，张贴在各自的署所中，守城主将视察各办事处发现有擅自进入别人署所的，要判罪。城上每天收发一次席子垫铺，规定可以彼此交换。若有知道别人私藏禁令中不准挟带的物品却隐瞒不报的，判罪。

吏卒、百姓战死，赶紧召来死者家属，与次司空一起将死者埋葬，不得久坐哭泣。受伤很重的让他回家治疗，妥善调养，供医送药，每天赏酒二升、肉二斤，经常派官吏到病者家中慰问，病情好转，就令其赶紧回队为官长效力。若是自己故意造成伤害欺骗官府以求逃避战斗的，罪连三族。战死者埋葬以后，守城主将派官吏亲自到死者家中吊哀慰问。

【原文】

寇去事已，塞祷[①]。守以令益邑中豪杰力斗诸有功者[②]，必身行死伤者家以吊哀之，身见死事之后[③]，城围罢，主亟发使者往劳，举有功及死伤者数使爵禄，守身尊崇，明白贵之[④]，令其怨结于敌。

城上卒若吏各保其左右。若欲以城为外谋者，父母、妻子、同产皆断。左右知不捕告，皆与同罪。城下里中家人皆相葆，若城上之数。有能捕告之者，封之以千家之邑；若非其左右及他伍捕告者，封之二千家之邑。

【注释】

①塞祷：祭祀以报答神的福佑。

②益：加赏。

③死事之后：死于守城的人的遗嘱。

④明白贵之：明白表示尊崇他们。

【译文】

敌人退去，要举行祭祀以报答神的福佑，守城主将下令奖赏城中豪杰拼力战斗的所有有功人员，一定亲自到死伤者家中慰问家人、哀悼死者，亲自接见为守城而牺牲的遗属。城邑解除围困之后，守城主将要急速派使者前往慰劳，所有有战功的和死伤的要多升爵加禄，守城主将要亲身做明白表示，极力尊崇贵重他们，使他们与敌人结下仇恨。

城上兵士和官吏组成联保联防。如果有谁里通外敌，他的父母、妻子、儿女、兄弟都要杀头。左右知道却不捕捉和报告，就和犯罪人一样判罪。城里街巷居民都要联防联保，处罚和奖赏按城上规定。有能够捉拿罪犯向上报告的，封给他一千户的食邑。如果不是罪犯的左右邻居而是其他联防区的人将罪犯捉拿上报的，就封给他二千户的食邑。

【原文】

城禁：使[①]、卒、民不欲寇微职和旌者[②]、断。不从今者，断。非擅出令者[③]，断。失令者，断。倚戟县下城，上下不与众等者，断。无应而妄讙呼者，断。总失者[④]，断。誉客内毁者，断。离署而聚语者，断。闻城鼓声而伍后上署者，断。人自大书版，著之其署隔，守必自谋其先后[⑤]，非其署而妄入之者，断。离署左右，共入他署，左右不捕，挟私书，行请谒及为行书者，释守事而治私家事，卒民相盗家室、婴儿，皆断无赦；人举而藉之。无符节而横行军中者，断。客在城下，因数易其署而无易其养[⑥]。誉敌：少以为众，乱以为治，敌攻拙以为巧者，断。客、主人无得相与言及相藉，客射以书，无得誉[⑦]，外示内以善，无得应，不从令者，皆断。禁无得举矢书若以书射寇，犯令者父母、妻子皆断，身枭城上。有能捕告之者，赏之黄金二十斤。非时而行者，唯守及掺太守之节而使者。

【注释】

①使：应作“吏”。

②不：衍文。欲：应作“效”。

③非：衍文。

④总：应作“纵”。纵失：私纵罪人。

⑤谋：应作“课”，查阅。

⑥养：炊事兵。

⑦誉：作“举”，拾。

【译文】

守城禁令：官吏、士兵、百姓仿效制作敌人的军门旗标者，杀头。不服从命令的，杀头。擅自发布号令的，杀头。延误军令的，杀头。靠着战戟悬身下城，上城下城与众不同的，杀头。不是响应号令而胡乱高声呼喊的，杀头。私纵罪犯的，杀头。称赞敌人、诋毁自己的，杀头。擅离职位而聚在一块谈论的，杀头。听到城楼鼓声却在应鼓击过五次以后才到办事地点的，杀头。各人自己将姓名书写在版上，挂在署所中，守城主将必须亲自考查他们到署的先后，非本署人员却擅自进入的，杀头。离开本署地点而进入他署，而该署人员不予捉拿。挟带私人信件，搞私人拜会活动以及替人请托。放弃防守事务去干私家的事。兵士、百姓偷取他人妻子、婴儿，通通杀头，不予赦免。一旦有人举报就登记在册。没有凭证却在军中乱走的，杀头。敌人近在城下，城上守卒须随时换防，但炊事兵不换。故意赞美敌人，兵将少却说成多，军纪混乱却说成整肃，敌人进攻方法愚蠢却说成巧妙的，杀头。守城者不得与敌人对话，敌人用箭射来书信，不得去捡取。敌人从城外故意表示的亲善，不得有相应的反应，不服从禁令的，都杀掉。禁令规定城内不得将书信射给敌人，触犯这条禁令的，父母、妻儿、兄弟都杀掉，尸体挂到城上示众。有捕获犯罪并报告情况给官长的，赏给他黄金二十斤。能在禁止通行的时间行走的，只能是守城主将本人以及拿着守城主将给予的凭证干公差的人。

【原文】

守入临城，必谨问父老、吏大夫、请有怨仇仇不相解者[①]，召其人，明白为之解之。守必自异其人而藉之[②]，孤之[③]，有以私怨害城若吏事者，父母、妻子皆断。其以城为外谋者，三族。有能得若捕告者，以其所守邑，小大封之，守还授其印，尊崇官之，令吏大夫及卒民皆明知之。豪杰之外多交诸侯者，常请之，令上通知之，善属之，所居之吏上数选具之，令无得擅出入，连质之[④]。术乡长者、父老、豪杰之亲戚父母、妻子，必尊崇之，若贫人食不能自给食者[⑤]，上食之。及勇士父母亲戚妻子，皆时酒肉[⑥]，必敬之，舍之必近太守。守楼临质宫而善周[⑦]，必密涂楼，令下无见上，上见下，下无知上有人无人。

【注释】

①请：应作“诸”。

②异其人：辨认他们。

③孤之：隔离开来。这是防因彼此怨恨而有投敌者。

④连质：取其亲属为人质，为的是防豪杰有叛心。

⑤人：后衍出一“食”字。

⑥时酒肉：时时赐以酒肉。

⑦临质宫：靠近人质的住房。

【译文】

守城主将入城担任守城职责，一定要谨慎询问城中父老、官吏大夫，对地方上互相有怨仇而不能消除的人，把他们召集起来，替他们讲明道理，消除怨恨。守城主将必须亲自辨认他们，并登记其姓名，使他们不居住在一块。如果有因私怨私仇而妨碍守城和公事的，父母、妻儿都杀掉。里通外敌者，杀三族。有能够事先发觉或捉拿犯罪人上报的，就把所守城邑大小一样的城邑封赏给他，守城主将还得授给他官印，给他很尊崇的官职，并使官吏大夫及兵士和老百姓皆明确知道这件事。在外面与诸侯有广泛结交的豪杰，要经常召请他们，事先让当地官员通知和关照他们，所在地方长官要频频安排酒食宴请他们，叫他们不要擅自出入，要取其亲属作为人质。乡镇中的长者、父老、豪杰等人的父母、妻儿，一定要尊重爱护他们。如果他们生活贫苦，官长要给予吃的。至于勇士的父母、妻儿，要经常赐给酒肉，一定要敬重他们，他们住的地方一定要靠近守城主将的官署。守城主将大楼要紧临人质居住的房舍，守臣之楼一定要密密涂上泥巴，使楼下看不见楼上，楼上看得见楼下，楼下不知道楼上是否有人。

【原文】

守之所亲，举吏贞廉、忠信、无害、可任事者，其饮食酒肉勿禁，钱金、布帛、财物各自守之，慎勿相盗。葆宫之墙必三重，墙之垣，守者皆累瓦釜墙上。门有吏，主者门里，筦闭[①]，必须太守之节。葆卫必取戍卒有重厚者。请择吏之忠信者，无害可任事者。

令将卫，自筑十尺之垣，周还墙[②]，门、闺者，非令卫司马门[③]。

望气者舍必近太守，巫舍必近公社，必敬神之。巫祝史与望气者必以善言告民，以请上报守，守独知其请而已。无与望气妄为不善言惊恐民[④]，断弗赦。

【注释】

①筦：同“管”、管，通“关”。

②周还墙：四周筑墙。还，通“还”。

③非：应作“并”。

④无：应作“巫”。

【译文】

守城主将亲近的人，要举荐正派廉洁、忠诚可靠、公平而有能力可以承担事务的人为官吏，对他们的饮食酒肉不要有限制，金钱、布匹、财物各自保管，千万不要相偷盗。人质住的房屋围墙一定要修三道，围墙上堆瓦砾以防有人越

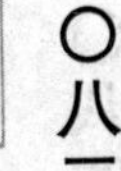

墙。城门有主管官吏，负责所有城门和里巷的门，开锁和上锁关闭必须有守城主将给的符节。人质住处的守卫一定要挑选忠厚的卫兵。要谨慎选拔忠诚可靠、公正而又能承担任务的官吏。

令、将一级官长要自行护卫，驻地四周筑起十尺高的墙，守大门及守闺门的人，同时要负责官署的防务。

望气者一定要靠近守城主将住的地方，巫师的住房要靠近神社，一定要敬重神灵。巫师们与祝史告诉百姓一般消息，把占得的实际情形报告给守城主将，守城主将一人知道就可以了。巫师和祝史若胡编不吉利的话使百姓惊恐不安，就杀掉决不赦免。

【原文】

度食不足，食民各自占[①]，家五种石升数，为期，其在蓴害[②]，吏与杂訾。期尽匿不占，占不悉[③]，令吏卒𢾍得，皆断。有能捕告，赐什三[④]。收粟米、布帛、钱金，出内畜产，皆为平直其贾，与主券人书之。事已，皆各以其贾倍偿之。又用其贾贵贱、多少赐爵，欲为吏者许之，其不欲为吏而欲以受赐赏爵禄，若赎出亲戚、所知罪人者，以令许之。其受构赏者令葆宫见，以与其亲[⑤]。欲以复佐上者，皆倍其爵赏，某县某里某子家食口二人，积粟六百石，某里某子家食口十人，积粟百石。出粟米有期日[⑥]，过期不出者王公有之，有能得若告之，赏之什三。慎无令民知吾粟米多少。

【注释】

①食民：百姓。自占：自己私下度量，该上交多少。

②蓴害：应作“薄者”。薄：古簿字。其在簿者：只簿册上登记其认交之数。

③占不悉：不如数认交。

④什三：指没收物质的十分之三。

⑤以与其亲：以此表示与其亲密。

⑥有期日：有限期。

【译文】

估量到粮食不够，使百姓个人自报认交粮食数，确定缴纳日期，登上簿书，官吏偿付相当价格的钱或物。若期限过了还隐藏不缴纳，或还没有全部交清，就派官吏和兵士暗中搜求，若搜出隐藏的粮食，都要判罪。有能抓住隐藏粮食的人报告给官府的，赏给其中的十分之三。征收的粮食、布匹、金钱、牲畜，都要公平估定价格，给主人开具征收证券，写明征收数量价值，战事结束，一律按原价值加倍偿付。还可根据当时价格的高低和物质的多少赐给官爵，想做官的就批准他。那些不愿做官而愿意拿他接受的赏赐爵禄，或赎出犯罪的父母兄弟、朋友的，按法令准许他们。那些接受赏赐的人，让他们进葆宫受接见，表示同他们亲密。把偿付征收品的财物再献出来帮助官长的，加倍赐予爵禄。在簿册上记上某县某里某人家里人口两个，存积粟米六百担。或某里某人人口十人，积存粟百担。缴纳粟米粮食有确定的日期，过期没有缴纳的则没收所有粟米充公。有查出隐藏不交的粮食报告给官吏的，把查出隐藏数量的十分之三赏给他。我军有多少粮食千万不能让百姓弄清，以免动摇军心。

【原文】

守入城，先以候为始，得辄宫养之，勿令知吾守卫之备。候者为异宫①，父母妻子皆同其宫，赐衣食酒肉，信吏善待之。候来若复②，就间③。守宫三难，外环隅为之楼，内环为楼，楼入葆宫丈五尺为复道。葆不得有室，三日一发席蓐，略视之，布茅宫中④，厚三尺以上。发候⑤，必使乡邑忠信、善重士⑥，有亲戚、妻子，厚奉资之。必重发候，为养其亲，若妻子，为异舍，无与员同所，给食之酒肉。遣他候，奉资之如前候，反，相参审信⑦，厚赐之⑧，候三发三信，重赐之，不欲受赐而欲为吏者，许之二百石之吏。守珮授之印。其不欲为吏而欲受构赏禄，皆如前。有能入深至主国者⑨，问之审信，赏之倍他候。其不欲受赏，而欲为吏者，许之三百石之吏者。扞士受赏赐者⑩，守必身自致之其亲之其亲之所[11]。见其见守之任[12]。其欲复以佐上者[13]，其构赏、爵禄、罪人倍之[14]。

【注释】

①异宫：另居。宫，房子。

②复：返回。

③就间：应作“就问”。

④布茅：铺茅草。

⑤发侯：派遣侦探。

⑥善重士：厚重之士，指人品忠厚之士。

⑦参审：验审。信：情报可靠。

⑧厚赐之：指经过验审情报真确给厚赏。

⑨主国：指敌人的国都。

⑩扞士：捍卫城池之士。

⑪其亲之：为衍文。

⑫见：应作“令”。

⑬其欲复以佐上者：指想将所得的赏物再献给公家。

⑭罪人：前脱“赎出”二字。

【译文】

守城主将入城，先从挑选侦探开始。物色到充当侦探的人就把他们集中到葆宫，不要让他知道我方守卫的设施和装备。侦探要互相隔离居住，他们的父母、妻子、儿子同他们住在一起，赐给衣服食物、酒肉，派人好好招待他们。侦探回来交差，要接受询问。守城主将的住房围墙修三道，外围墙四角建楼，内围墙建楼，楼与葆宫相接一丈五尺修成上下复道。葆宫不砌内室。每三天发一次垫席垫草，注意观察他们的动静，地上铺三尺以上的茅草做床垫。一定要派遣乡镇中忠实可靠的厚重之士出城，有父母、妻子、儿女的，要多给资助。

一定要重视派遣侦探，供养他们的父母和妻子、儿女。侦探隔离居住，不要与众人同一住房，供给他们酒肉吃。派遣别的侦探，给予的钱物同前一个侦探相同。侦探回来，参验所提供的情报，如果确实可信，就优厚地奖赏他们。三次派出侦察，三次提供的情报都真实可信，就重赏他。不愿接受赏赐而愿意担任官吏的，给予二百石的官阶，守城主将授予并为他佩带官印。不愿担任官吏愿受赏赐的，爵禄同前面一样。有能够深入敌人国都，经询问确实可信，给予他的赏赐比别的侦探加倍。不愿受赏而愿担任官吏的，给予三百石的官阶。保卫城池立功的勇士，守城主将一定要亲自把赏品送往他父母住的地方，叫他们看得见守城主将对他的宠信。对那些愿意把赏赐再度捐出辅助官长的，给予的奖赏、爵禄或赎出罪人的数量分别加倍。

【原文】

出候无过十里[①]，居高便所树表，表三人守之，比至城者三表，与城上熢燧相望[②]，昼则举烽，夜则举火。闻寇所从来，审知寇形必攻，论小城不自守通者，尽葆其老弱粟米畜产。遣卒候者无过五十人，客至堞去之，慎无厌建。候者曹无过三百人，日暮出之，为微职[③]。空队[④]、要塞之人所往来者，令可□迹者[⑤]，无下里三人[⑥]，平而迹[⑦]。各立其表，城上应之。候出越陈表，遮坐郭门之外内，立其表，令卒之半居门内，令其少多无可知也。即有惊，见寇越陈去，城上以麾指之，迹坐击正期，以战备从麾所指。望见寇，举一垂；入竟，举二垂；狎郭，举三垂；入郭，举四垂；狎城，举五垂。夜以火，皆如此。去郭百步，墙垣、树木小大尽伐除之。外空井，尽窒之，无令可得汲也。外空窒尽发之，木尽伐之。诸可以攻城者尽内城中，令其人各有以记之，事以，各以其记取之。事为之券，书其枚数。当遂材木不能尽内，即烧之，无令客得而用之。

【注释】

①候：指担负警戒任务的候，即今巡逻兵或警卫。

②熢燧：即烽燧，古代边防报警的两种信号。

③微职：通“徽识”，为识别自己人而做的标识。

④空队：指空旷之处。队，通“燧”。

⑤□：原文空缺，应作“以”。可以迹者：善于查勘敌人踪迹的候者。

⑥里三人：一里之内须派三人。

⑦平而迹：每日清晨前往查勘。

【译文】

派出的警戒兵不要超出十里以外，在地势较高而又方便的地方竖立标记，派三人看守标记，从最远处到城邑沿途共竖立三处标记，与城上烽燧遥遥相望，白天就烧烟，夜晚则点火。得知敌人来的方向，确实弄清敌人已表露出必定进攻，考虑到城小不能守护交通要道，就要将老人、小孩、粮食、牲畜等全部护送进城。一次派出的警戒兵不超过五十人，敌人攻到外城矮墙地段，警戒兵应马上撤离入城，千万不要滞留城外。警戒兵总数不超过三百人，天黑派他们出城，佩上军徽标志。行人经常通过的幽径和重要的关塞，要派善于查勘踪迹的人去查勘，每里路程内至少派三个人，天一亮就去察看路上关塞留下的踪迹，每人竖立向城上报告情况的标志，城上根据标志做出相应的反应。警戒兵出城侦察用标记向城内报告情况，城内的警戒兵坐守在郭门里外，也竖立联络标记。命令兵士一半在郭门内，一半在郭门外，使敌人无法知道人数多少。一旦有紧急情况，见敌人越过田表，城上用旗帜指挥警戒兵，于是击鼓、整旗，预备作战，都依城上的指挥行动。看得见敌人，城上就点一堆烽烟；敌人进入我方境界，点两堆烽烟；敌人接近外城，点三堆烽烟；敌人进入我方外城，点四堆烽烟；接近我方大城墙，点五堆烽烟。夜晚就点烽火，敌情和相应的烽火数目同白天点烽烟一样。离外城百步范围内的墙壁、树木，不分大小全部拆除或砍伐掉。城外人家之井要全部填掉，不让敌人汲水。城外人家之屋全部折毁，树木全部砍掉。凡是可以用作攻城的东西全部运进城内，命令各人把送进城的东西记上。战事结束，各自按所记的领取。官吏给他们打收条，写明件数。当道的木材不能全部运进城，就烧掉，不让敌人得到和利用。

【原文】

人自大书版，著之其署忠[1]。有司出其所治，则从淫之法[2]。其罪射[3]。务色谩正，淫嚣不静，当路尼众[4]，舍事后就，逾时不宁，其罪射。讙嚣駴众，其罪杀。非上不谏，次主凶言，其罪杀。无敢有乐器、弊骐军中，有则其罪射。非有司之令，无敢有车驰、人趋，有则其罪射。无敢散牛马军中，有则其罪射。饮食不时，其罪射。无敢歌哭于军中，有则其罪射。令各执罚尽杀，有司见有罪而不诛，同罚。若或逃之，亦杀。凡将率斗其众失法，杀。凡有司不使去卒、吏民闻誓令[5]，代之服罪。凡戮人于市，死上目行[6]。

【注释】

①忠：应作“中”。

②从淫：放纵淫乱。从，通“纵”。

③射：古代一种刑罚。

④尼众：指阻碍众人。

⑤去：应作“士”。

⑥上目行：应作“三日徇”。

【译文】

各人把姓名用大字写于版上，写在署所中。官吏公布处罚条例，凡纵淫的，用箭射穿他的耳朵。骄慢欺凌正派人，吵闹不安静，在道路中阻碍过往行人，分派工作迟迟不到，不按时就班又不请假，用箭射穿耳朵来处罚他。狂呼乱叫惊扰民众，其罪杀头。不向上官当面进谏却背后非议，任意口出恶言的，其罪杀头。军队中不准奏乐下棋，违令的用箭射穿耳朵。不是上官的命令，不得随意开车、跑步，若有违背的，用箭射穿耳朵。军中不准散放牛马，如有违背，用箭射穿耳朵。饮食不按时，用箭射穿耳朵。不准在军中唱歌、哭泣，如有，用箭射穿耳朵。传令各官吏切实执行刑罚条例，该杀的一律杀掉。官吏见有罪却不处罚，就一同处罚；如果有人要逃跑，就处以死刑。凡是将领不能约束兵士如法作战的，杀头。凡是官吏没有使兵士和百姓知道军中的禁令，有人犯了法，官吏应代犯法的服罪。凡犯死罪者当众行刑，陈尸三天示众。

【原文】

谒者侍令门外，为二曹，夹门坐，铺食更[①]，无空。门下谒者一长[②]，守数令入中，视其亡者，以督门尉与其官长，及亡者入中报。四人夹令门内坐，二人夹散门外坐[③]。客见，持兵立前，铺食更，上侍者名。守室下高楼[④]，候者望见乘车若骑卒道外来者，及城中非常者[⑤]，辄言之守。守以须城上候城门及邑吏来告其事者以验之，楼下人受候者言，以报守。中涓二人，夹散门内坐，门常闭，铺食更。中涓一长者。环守宫之术衢，置屯道，各垣其两旁，高丈，为埤睨，立初鸡足置[⑥]，夹挟视葆食。而札书得必谨案视参食者[⑦]，节不法[⑧]，正请之[⑨]。屯陈垣外术衢街皆楼[⑩]，高临里中，楼一鼓聋灶[⑪]；即有物故，鼓，吏至而止。夜以火指鼓所。城下五十步一厕，厕与上同圂，请有罪过而可无断者[⑫]，令杼厕利之[⑬]。

【注释】

①铺：通“餔”。餔食：吃饭。

②长：后疑脱一“者”字。

③散门：其他的门。

④室：应作“堂”。

⑤非常者：非同寻常的情况。

⑥初：应作“勿”。

⑦食：应作“验”。参验：验证。

⑧节：应作“即”。

⑨请：应作“诸”。

⑩楼：前疑脱一“为”字。

⑪耷：应为“砻”。

⑫请：应作“诸”。

⑬杼：应作“抒”，排除。利：应作“罚”。

【译文】

卫兵在门外侍卫守城主将，分为两队，夹门而坐，轮流进餐，不能空缺。门卫设一负责人，守城主将命令他随时送上报告单，阅览所开列的逃离的卫兵，以此督促门尉及其官长。四个卫兵分两边夹守城主将门内坐，二人夹散门外坐，有客来见守城主将，卫兵持兵器站立于前，轮流就餐，报告卫兵的姓名。在守城主将堂下或高楼中观察情况的人，望见有乘车和骑兵从外到来，以及城中有异常情况，立即报告给守城主将。守城主将等候城门上观察兵和县邑官吏来的报告互相参考验证。守城主将楼下的人听取楼上观察人的话，并报告给守城主将。两名负责传话给守城主将的侍从“中涓”，夹散门内坐，门经常关着，轮流进餐。“中涓”中要有一位负责人。环绕守城主将宫室的大路修起夹道，两旁分别砌起墙，墙高一丈。设置观察台，不要像安鸡脚架一样，以便监视葆舍。收到文书信件一定要谨慎地考察与其他情况参验，如有不合军法的地方就要询问或改正。夹道和墙外大路、街道要建起高楼，居高临下立在城巷中，楼上击鼓一次，就预备砻灶。如有事故就击鼓，直到官吏到来才停止。夜晚用火光指示击鼓地点。城下五十步建一个厕所，上下厕所贮污的通道相通。凡犯了罪而不被处斩的人，就派遣去打扫厕所来处罚他。

【评析】

《号令》主要从另一个方面说明了守城所需要的最重要的武器，那就是号令。一个军队要想取得胜利，将领的号令最为重要。文中一开始说：“安国之道，道任地始，地得其任则功成，地不得其任则劳而无功。”从这句话中可以知道一个国家的安全最重要的是利用好自己的地理条件，而作为人呢？在战争时，不搞好战争装备，就无法使主上安定，小官吏、士兵和百姓不能齐心协力，这

些责任全在于将领。如果将领的号令正确，大家都齐心协力，共同对付敌人，那么战争岂能不胜？

【故事阐微】

岳飞八日平杨幺

南宋时，杨幺聚众造反：岳飞奉命前去征讨。

岳飞

岳飞所属的部队多是西北人，不习水战、岳飞说："士兵的习惯并非不可改变，关键在于如何使用。"于是他先派使者去招降。杨幺的同党黄佐说："岳帅号令如山，若是与岳帅为敌，最后一定命丧黄泉，不如投效岳帅，他一定会善待重用我。"于是黄佐归降岳飞。岳飞独自一人骑马来到黄佐营地探视他，并且轻轻地抚摸黄佐的肩膀说："你能识时务归顺朝廷，如果能立大功，日后何止是封侯拜爵而已！我想派你再回洞庭湖，见了有用的将领就活捉他，见到可规劝的就招降，你看如何？"黄佐感动得流下眼泪，发誓要以死相报：这时枢密使张浚以鄙督军事来到潭州，参政席益对张浚说，怀疑岳飞有轻敌之心，患奏报朝廷；张浚说："岳帅为人忠信诚正，他用兵老谋深算，怎么可以随便议论他呢？"席益听了很惭愧，于是放弃了上奏的打算。

黄佐袭击了周伦的营寨，杀死周伦，擒获统制陈贵等人。这时，皇帝召张浚回朝商议秋季防务之事，临行前，岳飞取出袖中的战略图给张浚看，想与他商议讨平杨幺的计划。张浚想等来年再商议，岳飞说："王四厢用朝廷正规军打

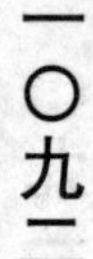

水寇，当然难打，而我用水寇打水寇，这仗就容易打了。水战是我军的短处，敌人的长处，以我之短攻敌之长，所以很难取胜，若是能通过敌人的将领利用敌人的士兵，就好比削去敌人的手足，再离间敌人的心腹，使其孤立无援，继之以官兵围剿，八天之内一定能擒服杨幺。”张浚同意了。岳飞于是来到鼎州。黄佐已说服杨钦前采归降，岳飞高兴地说：“杨钦是杨幺身边的悍将，现在归降我军，杨幺已众叛亲离了。”于是岳飞上奏朝廷，皇上下旨授杨钦武义大夫的官职，待遇非常优厚，岳飞又命杨钦遣回洞庭湖以反间，过了两天，杨钦也说服了全琮、刘锐等人归降，岳飞见了他们，故意大声骂道：“贼人没有全部投降，你们来此地做什么！”命人鞭打他们，又命他们重新回洞庭湖。当天晚上岳飞率兵偷袭敌营，降服杨幺的士兵达数万人。杨幺依仗防守坚固不服，仍然浮舟湖中，船用轮子击水，行驶如飞，旁边设有撞竿，宫船一靠近就被击碎、岳飞命人从君山上砍伐树木做成大木筏堵住港口，又用腐木乱草队上游漂流而下，再选择水浅的地方，派那些善于骂阵的七兵，对着杨幺边走边骂。杨幺盛怒之下，乘船追击。结果船只的水轮破杂草缠住，动弹不得。岳飞立刻下令官兵攻击，贼兵纷纷窜逃入港，又被港口的木筏挡住去路。官兵乘着木筏，披着牛皮以挡箭石，举起大木桩撞击贼船，贼船全部被撞坏。

杨幺逃入水中，被牛皋擒获斩首。岳飞率兵突然进入贼营，残余的贼军将领吃惊地说：“这是哪来的神啊！”立刻全部投降。岳飞亲自到各营寨安抚众人，释放老弱的贼兵回家，而年轻力壮的贼兵则编入朝廷的正式部队，果然如他所说，八天内平服贼人。张浚十分叹服地说：“岳侯真是神机妙算啊！”

杂守

【题解】

《杂守》叙述防备和抵御敌方筑土台攻城的方法，烽火、徽帜的管理办法，征集民财的措施，围城危机时的节食方法，城防工程设施，以及广纳人才，充分发挥人力作用，以利守城战斗的方法等。

【原文】

禽子问曰："客众而勇，轻意见威[①]，以骇主人。薪土俱上，以为羊坽[②]，积土为高，以临民[③]，蒙橹俱前[④]，遂属之城[⑤]，兵弩俱上，为之奈何？"子墨子曰："子问羊坽之守邪？羊坽者攻之拙者也[⑥]，足以劳卒，不足以害城。羊坽之政[⑦]，远攻则远害[⑧]，近城则近害[⑨]，不至城。矢石无休，左右趣射[⑩]，蘭为柱后[⑪]，望以固[⑫]。厉吾锐卒[⑬]，慎无使顾[⑭]，守者重下[⑮]，攻者轻去。养勇高奋，民心百倍，多执数少[⑯]，卒乃不怠。

【注释】

①轻意：骄满轻狂之态。

②羊坽：即《备高临》篇所说的"羊黔"，指土山基址。详见《备高临》篇第一段注释③。

③临民：居高临下窥望城内。

④蒙橹：作遮障用的大楯。

⑤属：连接。

⑥拙：笨办法。

⑦政：当为"攻"字。

⑧害：孙诒让云："'害'，并当为'圄'，圄与圉御字同。"御：抵御。

⑨城：当为"攻"字。

⑩趣：通"促"，急促。

⑪蘭为柱后：岑仲勉注："余以为蘭，藺音形皆相近，即《号令》篇之藺石及《备城门》篇之絫石，大石也；柱，即拄，撑持也，'柱后'犹今说'后盾'，谓碎石之后，继以大石也。"

⑫望以固：以，同"已"。

⑬厉：厉兵：即精兵。

⑭顾：后顾。指有所胆怯。

⑮重下：指狠狠从上往下打击敌人。

⑯多执：多擒敌。数少：王念孙云："'少'当为'赏'。"

【译文】

禽滑釐问："敌人以众多兵力猛烈发起攻势，轻狂施威，借以吓人。他们运来薪土，筑基址堆高山，逐渐与我城相连，居高临下，以大楯作遮挡，兵弩一齐上，对此我们怎么办？"墨子回答说："你是问怎样防备敌人用积土造山的办法来进攻吧？用积土造山来进攻是笨拙的办法，它足以使士卒劳困，却不足以危害城池。用积土造山来进攻，远处攻就远处防御，近处攻就近处防御，不让敌人到达城上。我方从城上不停发射矢石，左右开弓，碎沙、礌石往下掷，让敌人看到防守的坚固。派遣精兵锐卒，不要胆怯后退。守者狠狠还击，攻者自然逃溃。培养勇气振奋精神，百姓信心百倍，多杀敌者给重赏，士卒斗志不衰竭。"

【原文】

作士不休[①]，不能禁御，遂属之城，以御云梯之法应之。凡待煙[②]、冲[③]、云梯、临之法[④]，必应城以御之曰不足[⑤]，则以木椁之[⑥]。左百步，右百步，繁下矢、石、沙、炭以雨之，薪火、水汤以济之。选厉锐卒，慎无使顾，审赏行罚，以静为故[⑦]，从之以急，无使生虑，恚瘾高愤[⑧]，民心百倍，多执数赏，卒乃不怠。冲、临、梯皆以冲冲之。

【注释】

①士：当为"土"。指积土成山。

②煙：同"堙"，填塞沟壕。

③冲：指冲车。见《备城门》篇第一段注释④。

④临：指筑士为山，居高临下。

⑤应城：即《备高临》篇的“守为台城”，见该篇第一段注释⑧。

⑥以木椁之：岑仲勉注：“余按城郭、棺椁，皆有‘包盖’之义，此处‘椁’字义相近，因恐城墙过薄，不足抵御冲击，再加材木以求坚实，故下文接言木椁之广度，左右各六十丈（百步）。”

⑦以静为故：务求镇静沉着。

⑧恚瘛高愤：即前文的“养勇高奋”的异写。

【译文】

如果不能阻止敌人积土为山，其土山已与我城相连时，可采用抵挡云梯的办法对付他。对付敌人填沟池、用冲车、架云梯、积高山的办法，是在城上修建行城，如果行城还不足以御敌，为防止城被冲击，要在城墙外加固一层木椁，木椁左右各六十丈。从城上频繁发射箭矢，抛掷石、沙、炭，如雨而下，薪火、热水跟着倒。选择精兵锐卒，不要胆怯后退，赏罚分明，务求沉着镇静，动作迅速，勿使生变，培养勇气，振奋精神，百姓信心百倍，多擒敌者给予重赏，士卒斗志才不衰。抵御敌人冲、临、梯的办法亦可用冲器来冲撞它。

【原文】

渠长丈五尺[①]，其埋者三尺，矢长丈二尺[②]。渠广丈六尺[③]，其弟丈二尺[④]，渠之垂者四尺[⑤]。树渠无傅叶五寸[⑥]，梯渠十丈一梯[⑦]，渠紘大数，里二百五十八[⑧]，渠荅百二十九[⑨]。

诸外道可要塞以难寇[⑩]，其甚害者为筑三亭，亭三隅，织女之[⑪]，令能相救。诸距阜[⑫]、山林、沟渎、丘陵、阡陌[⑬]、郭门、若阎术[⑭]，可要塞及为微职[⑮]，可以迹知往来者少多及所伏藏之处。

葆民[⑯]，先举城中官府、民宅、室署，大小调处，葆者或欲从兄弟[⑰]、知识者许之[⑱]。外宅粟米、畜产、财物诸可以佐城者，送入城中，事即急，则使积门内。民献粟米、布帛、金钱、牛马、畜产，皆为置平贾[⑲]，与主券书之[⑳]。

【注释】

①渠：守城器械之一，见《备城门》篇。

②矢长：当为“夫长”。夫，通“肤”，指渠露出地面的部分。详见《备城门》。

③渠广丈六尺：岑仲勉认为，前文言渠“并无广度。此处所举‘广丈六尺’，恰与《备城门》中‘渠长丈六尺’之度相符。”后面言“梯渠”，此处当为梯渠长丈六尺。孙诒让云：“渠之有梯者谓之梯渠。”

④弟：同“梯”。岑仲勉注：“前文凡说渠之处，均无‘梯’之称谓。……而此处梯长丈二尺，恰与夫长相同。”

⑤垂：《备城门》等篇未言渠有“垂”，只《备蛾傅》篇有“答长丈六尺，垂前衡四寸（岑仲勉注：“殆四尺之讹”）”。后文有“渠答大数”，渠与答长度相近，并相交互错置，此句当为“答之垂者四尺”。答：用竹草编织作遮障矢石用的器械。垂：指答前作牵垂用的横木。

⑥叶：通“堞”，城堞。

⑦梯渠十丈一：岑仲勉注：“必是‘梯渠七尺一’之误。”

⑧里二百五十八：孙诒让云：“此当作‘里二百五十八步’。”

⑨渠荅百二十九：共设渠荅一百二十九个。《备城门》言城上二步一渠，又言二步一荅。每二步设渠或荅一个，每里正好设一百二十九个。

⑩可要塞：可筑要塞。下同。

⑪织女之：指成三角形，如天上织女三星的位置一样。

⑫距阜：大土山。距：通“巨”。

⑬阡陌：田间纵横交错的小路。

⑭阎术：里门。《说文》门部：“阎，里中门也。”

⑮微职：同“徽识”，标识。

⑯葆：同“保”。

⑰葆者：指被保护的人。

⑱知识：相知，朋友。

⑲置：通“值”。贾：同“价”。

⑳与主券：发给物主证券。

【译文】

防守用的渠械长一丈五尺，下部埋入三尺，露出地面部分一丈二尺。梯渠长一丈六尺，露出地面部分为一丈二尺。遮障矢石的竹荅，其前面作牵垂用的横木为四尺。立渠时渠与城堞的距离不超过五寸。梯渠十丈一个。渠与荅相互错置，两步一个，一里二百五十八步，约树渠荅一百二十九个。

城外要道之处可筑障碍阻挡敌寇，特别重要的地方要修筑三个防卫亭，亭呈三角形，如天上织女三星之状，使三亭之间能及时相互援救。各高地、山林、沟渎、丘陵、道路、郭门及里巷街道，都要设置障碍，并立标记，以便于探查敌人的多少及其躲藏的地方。

要保护百姓，将城中的官府、民宅、各办事处，按其面积大小分派给百姓暂时居住，被保护的人想与兄弟、朋友住在一起也可以。城外民宅的粟米、畜产、财物凡可以帮助守城的一切物品，统统运入城中，如果事态紧急来不及，可先堆积于城门内。老百姓献出的粟米、布帛、金钱、牛马、畜产等，都应公平估定价值，发给物主证券，写明具体数字。

【原文】

使人各得其所长[1]，天下事当，钧其分职[2]，天下事得，皆其所喜，天下事备，强弱有数，天下事具矣。

筑邮亭者圜之[3]，高三丈以上，令侍杀[4]。为辟梯[5]，梯两臂长三尺[6]，连门三尺[7]，报以绳连之[8]。椠再杂为县梁[9]。聋灶[10]，亭一鼓。寇烽、惊烽、乱烽[11]，传火以次应之，至主国止[12]，其事急者引而上下之[13]。烽火以举[14]，辄五鼓传，又以火属之[15]，言寇所从来者少多，旦弇还[16]，去来属次烽勿罢[17]。望见寇，举一烽；入境，举二烽；射妻[18]，举三烽一蓝[19]；郭会[20]，举四烽二蓝；城会[21]，举五烽五蓝。夜以火，如此数。守烽者事急。

【注释】

①长：长处。此段八句与前后文意不接，恐为错简。

②钧其分职：分配均衡，各有职责。钧：通“均”。

③邮亭：岑仲勉注：“邮亭即亭燧守望之所。”亭：守护烽火台的亭子。邮：边邑传递文书的驿站。圜：同“圆”。圆之：指亭的建筑为圆形。

④侍杀：孙诒让云：“‘侍’当为‘倚’，言邪（斜）杀为梯也。”邪，通“斜”。倚杀：指圆亭上狭下宽，有坡度。

⑤辟梯：两边有扶手的梯子。辟：通“臂”。

⑥梯两臂长三尺：三尺，当为“三丈”。因亭高三丈，梯亦高三丈，才能上顶点火。

⑦连门：孙诒让云：“疑当作‘连版’。”版，同“板”。连板：指梯板。三尺：指每级梯板宽三尺。

⑧报：回绕。

⑨渠：当为“堑”，沟堑。再杂：杂，通“匝”。再匝：两圈。县梁：吊桥。

⑩聋灶：即垄灶，活动灶。聋：通“垄”。

⑪寇烽、惊烽、乱烽：指举烽有三种情况。惊：同“警”。

⑫主国：国都。

⑬引而上下之：指用桔槔牵引使之可上可下。古代烽火台上立一桔槔（可牵引上下的木制机具），桔槔头挂一盛满柴草的笼子，有警事就烧笼中柴草发烟报警，桔槔一头抬起，使烟高举，令远处能望见。

⑭以：通“已”。

⑮属：继。

⑯旦弇还：孙诒让云：“疑当为‘毋弇建’，即《号令篇》之‘无厌建’。”弇，同“淹”，淹滞，停留。

⑰去来属次：岑仲勉注："当谓寇或往或来行踪不定。"

⑱射妻：孙诒让云："'妻'即'要'之讹……。射要，谓急趋要害。"

⑲蓝：王引之云："'蓝'字义不可通，盖'鼓'字之误……。'三'字误作'一'，下句'四'字误作'二'。"

⑳郭会：指敌人会合于外城。

㉑城会：指敌人进逼城下。

【译文】

用人能发挥其长处，才算用人得当；分配均衡，各司其职，事情才能办好；各人都得到了喜爱的东西，强与弱心中有定数，这样治理天下才算成功。

边塞烽火台要修成圆形，高三丈以上，令其有斜度。用梯子往上，梯的两臂长三丈，梯板宽三尺，用绳将梯板缠绕在梯臂上。城下的沟池上悬两座吊桥。准备好能搬动的垄灶，每亭置一鼓。敌人入侵时就用烽火报警，发生警事时用烽火报警，有动乱时也用烽火报警，按事情的缓急程度依次传应，直达国都为止。有紧急情况，就牵引桔槔，使之抬高散发浓烟报警。烽火已经举起，接着五鼓击传，再用火报告敌人的多寡，不能停留。敌人或来或往，行踪不定，举烽不能停止。望见敌寇，举一烽；敌寇入境，举二烽；敌寇急趋要害之地，举三烽三击鼓；敌兵进入城郭，举四烽四击鼓；敌兵进临城下，举五烽五击鼓。晚上举火报警，按白日的办法如数执行。守卫烽火台的人发现紧急情况就用烽火告急。

【原文】

候无过五十[①]，寇至叶[②]，随去之，唯弇逮[③]。日暮出之，令皆为微职[④]。距阜、山林，皆令可以迹，平明而迹。无迹[⑤]，各立其表，下城之应[⑥]。候出置田表，斥坐郭内外立旗帜，卒半在内，令多少无可知。即有惊[⑦]，举孔表[⑧]，见寇，举牧表[⑨]。城上以麾指之，斥步鼓整旗[⑩]，旗以备战从麾所指[⑪]。田者男子以备备从斥[⑫]，女子亟走入。即见放[⑬]，到传到城止[⑭]。守表者三人，更立捶表而望[15]，守数令骑若吏行旁视[16]，有以知为所为[17]。其曹一鼓[18]。望见寇，鼓传到城止。

【注释】

①候：指担任警戒任务的巡逻兵。此段意思与《号令》篇第十九段上半部分基本相同。

②叶：通“堞”。

③弇逮：即“淹逮”，滞留。

④微职：同“徽识”，标识。

⑤无迹：王引之注：“《号令篇》云：‘迹者无下里三人，平明而迹，各立其表，城上应之’。今本‘迹者无下里三人’七字，祇存无迹二字。”

⑥下城之应：应为“城上应之”。

⑦惊：同“警”。

⑧孔表：孙诒让云：“‘孔’，疑当作‘外’。”

⑨牧表：孙诒让云：“‘牧’，疑当为‘次’。”《号令》篇说，候出城无过十里，十里之内沿途欲立三表，故有外表、次表之别。

⑩斥：斥候，即《号令》篇中坐守城门担负警戒任务的遮候。步，苏时学注：“‘步’当作‘坐’。”

⑪旗：衍文。备战：应为“战备”。

⑫田者男子：指在田里耕作的男子。备备：当为“战备”。

⑬见放：孙诒让云：“‘放’当为‘寇’。”

⑭到传到城止：王引之注：“上‘到’字当为‘鼓’。”

⑮捶表：俞樾注为邮表。邮表：指邮亭上的标识，即烽火台。

⑯守：太守，若：或。旁视：遍视。

⑰知为：当为“知其”。

⑱其曹一鼓：每处一鼓。

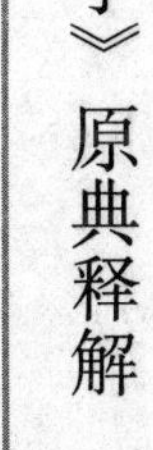

【译文】

出城担任巡逻警戒任务的候不要超过五十人，敌人接近城堞外，就随即撤离，不要淹留。晚上出去活动，都戴上标识。高地、山林，派候者查勘敌人踪迹，每日清晨前往勘查，每里地不少于三人，并各立表记，城上好接应。候出外置田表，遮候坐守郭门内外竖起旗帜，士卒多半藏在门内，使敌人不知我方虚实。有警事，举城外第一个田表，看见敌人，举第二个田表。城上用旗帜指挥，遮候击鼓整旗，听从将旗的指挥做好战斗准备。在田里耕作的男子跟着遮候做好战斗准备，女子赶快跑入城中。见敌即击鼓，让鼓声传到城中。每表派三人守卫，还要在烽火亭上立邮表以观望敌人动静。守臣经常派骑卒或官吏巡视各处，了解情况，每处置一鼓，见到敌人就击鼓，直到鼓声传到城中为止。

【原文】

斗食[①]，终岁三十六石；参食[②]，终岁二十四石；四食[③]，终岁十八石；五食[④]，终岁十四石四斗；六食[⑤]，终岁十二石。斗食食五升[⑥]，参食食参升小半，四食食二升半，五食食二升，六食食一升大半，日再食[⑦]。救死之时，日二升者二十日，日三升者三十日，日四升者四十日，如是，而民免于九十日之约矣[⑧]。

寇近，亟收诸杂乡金器[⑨]，若铜铁及他可以左守事者[⑩]。先举县官室居、官府不急者，材之大小长短及凡数[⑪]，即急先发[⑫]。寇薄[⑬]，发屋[⑭]，伐木，虽有请谒，勿听。入柴[⑮]，勿积鱼鳞簪[⑯]，当队[⑰]，令易取也。材木不能尽入者，燔之[⑱]，无令寇得用之。积木，各以长短大小恶美形相从[⑲]，城四面外各积其内[⑳]，诸木大者皆以为关鼻[㉑]，乃积聚之。

【注释】

①斗食：指每日吃一斗粮（按一日两顿计算），古代的升斗比现代小。

②参食：参：同“三”。俞樾注：“参食者，参分斗而日食其二也。”意思是原每日一斗，现一顿只吃一斗的三分之一，按每日两顿计算，一天只吃一斗

的三分之二，故一年只吃二十四石粮。当敌人围城时，如果节约粮食，利于坚守。

③四食：四分斗只吃其二。

④五食：五分斗只吃其二。

⑤六食：六分斗只吃其二。

⑥斗食食五升：每日吃一斗粮的人，每顿要吃五升。

⑦日再食：每日两顿。再：二。

⑧约：节约。

⑨杂乡：孙诒让云："当作'离乡'。言城外别乡器物皆收入城内也。"

⑩左：同"佐"。

⑪凡数：总数。

⑫发：征发。

⑬薄：迫近。

⑭发屋：毁屋。

⑮入柴：纳柴。

⑯勿积鱼鳞簪：不要像鱼身上的鳞片那样参差不齐。簪：通"参"。参，参差交错。

⑰当队：当路。

⑱燔：焚烧。

⑲恶美：好坏。

⑳城四面外：指城四郊之物。各积其内：向相近的城门输送。

㉑关鼻：孔洞。在大木的一端穿孔，以便套绳拖动。

【译文】

按每人每日吃两顿，每天吃一斗米计算，一年要吃三十六石粮；如果每天只吃一斗的三分之二，一年吃粮二十四石；如果每天只吃一斗的四分之二，一年吃粮十八石；如果每天只吃一斗的五分之二，一年吃粮十四石四斗；如果每

天只吃一斗的六分之二，一年吃粮十二石。每天吃一斗的，每顿要吃五升；每天吃一斗的三分之二的，每顿只吃三升多一点；每天吃一斗的四分之二的，每顿只吃二升半；每天吃一斗的五分之二的，每顿只吃二升；每天吃一斗的六分之二的，每顿只吃一升多。粮食紧张危及生存时，每天节约二升可多坚持二十天，每天节约三升可多坚持三十天，每天节约四升可多坚持四十天，如此，百姓可坚持九十天而免于饿死了。

敌人临近，要急将城外别乡的金器或铜铁及其他可以辅助城防的器物收入城内。先调查登记官吏的居室与官府不急用的物品、材木大小的总数，急用时即可征用。敌人逼近之时，毁屋伐木，即便有人请求也不能听。将柴草捆好纳入城中，不要像鱼鳞般参差不齐，要放整齐，堆在当路的地方，便于提取。材木不能全部运到城中的，就地烧毁，不让敌人得用。堆积材木，要按长短、大小、好坏分类存放，城郊四面的物资，各向就近的城门输送，粗大的木材，先要在前端穿孔打眼后再堆放。

【原文】

城守司马以上，父母①、昆弟、妻子，有质在主所，乃可以坚守。署都司空②，大城四人，候二人③，县候面一④，亭尉、次司空、亭一人。吏侍守所者财足⑤，廉信，父母昆弟妻子有在葆宫中者，乃得为侍吏。诸吏必有质，乃得任事。守大门者二人，夹门而立，令行者趣其外⑥。各四戟⑦，夹门立，而其人坐其下。吏日五阅之，上逋者名⑧。

池外廉⑨，有要有害⑩，必为疑人⑪，令往来行夜者射之，谋其疏者⑫。墙外水中⑬，为竹箭⑭，箭尺广二步⑮，箭下于水五寸，杂长短，前外廉三行⑯，外外乡⑰，内亦内乡⑱。三十步一弩庐⑲，庐广十尺，袤丈二尺⑳。

【注释】

①司马：官职名。

②署：置。都司空：即《号令》篇中的五官之一。

③候：此“候”孙诒让云：“亦五官之一。”

④县候面一：指城的四面，每面各一候。

⑤财足：其才干足以任事。财：通“材”，才干。

⑥趣：同“促”，急行。

⑦各四戟：指夹门而立的另有持戟者四人。

⑧逋：逃。

⑨池外廉：池外边接近敌人之处。廉：边。

⑩有要有害：指要害之地。

⑪必为疑人：确信其为可疑的人。

⑫谋：俞樾云：“‘谋’乃‘诛’字之误。”疏：疏忽、疏漏。

⑬水中：指护城河中。

⑭竹箭：削尖的竹签。

⑮箭尺广二步：指插竹签的地方宽二步（一丈二尺）。尺，衍文。

⑯前外廉三行：前：通“箭”。

⑰外外乡：言靠外边竹箭，其端外向。乡：同“向”。

⑱内亦内乡：言靠城这边其端内向。这样插竹箭，使敌来往均受阻。

⑲弩庐：孙诒让云：“弩庐即置连弩车之庐也”。庐，指车台。

⑳袤：“长”字之误。

【译文】

守城时，司马以上的官吏，其父母、兄弟、妻子儿女在葆宫做人质的，才能坚定其守城的意志。设都司空一职，大城四人，候二人。城的四面各置一候，再设亭尉、次司空、亭各一人。在守臣身边供职的吏，要具有才干，为人廉洁忠信，其父母、兄弟、妻儿有在葆宫做人质的，才能当侍吏，各吏必有保人，才能担任职务。守卫守臣官署大门二人，要分别站立在门的两边，不许行人在门外逗留。持戟的卫士四人，将戟放于门的两侧，人坐在戟下。吏每天点阅五次，要向上报离岗者名单。

护城河之外要害之地，如发现有可疑的人，即命往来巡查的人射击，疏忽大意酿成祸害者，将被诛。城外护城池中插上竹箭，宽一丈二尺，竹箭尖端比水面低五寸，竹箭长短间杂，在池的外沿插三行，外边一行竹箭，尖端向着外，里边一行、尖端向着内。三十步筑一连弩车台基，台基宽十尺，长一丈二尺。

【原文】

队有急[1]，极发其近者往佐[2]，其次袭其处[3]。

守节出入[4]，使主节必疏书[5]，署其情，令若其事[6]，而须其还报以剑验之[7]。节出，使所出门者[8]，辄言节出时掺者名[9]。

百步一队[10]。

閤通守舍[11]，相错穿室[12]。治复道，为筑墉[13]，墉善其上[14]。

取疏[15]，令民家有三年畜蔬食[16]，以备湛旱[17]、岁不为[18]。常令边县豫种畜芫[19]、芸[20]、乌喙[21]、祩叶[22]，外宅沟井窴可[23]，塞不可，置此其中。安则示以危，危示以安。

寇至，诸门户令皆凿而类窍之[24]，各为二类，一凿而属绳[25]，绳长四尺，大如指[26]。寇至，先杀牛、羊、鸡、狗、乌[27]、雁[28]，收其皮革、筋、角、脂、䏦[29]、羽。彘皆剥之[30]。吏樿桐自[31]，为铁錍[32]，厚简为衡枉[33]。事急，卒不可远[34]，令掘外宅林。谋多少[35]，若治城口为击[36]，三隅之[37]。重五斤已上诸林木[38]，渥水中[39]，无过一茷[40]。涂茅屋若积薪者，厚五寸已上。吏各举其步界中财物可以左守备者上[41]。

【注释】

①队：指敌人攻线之处。

②极：通“亟”，急。佐：支援。

③其次袭其处：苏时学注：“言军有危急，则发其近者往助之，近者既发，则移其次者居之，以为接应也。”

④守节：指守臣的符节。下句“使”字应接此句末。

⑤主节：掌管符节的吏。疏书：书写。

⑥令若其事：使之与其事相符。若：相符。

⑦须：待。剑：通“检”。

⑧所出门者：经过的城门。

⑨掺：同“操”。

⑩百步一队：孙诒让云：“上疑有脱文。”此句文意不详。

⑪閤：閤门。即闺门、旁门。

⑫相错穿室：指旁门相互错置，生人不易辨认。

⑬墉：墙。

⑭墉善其上：孙诒让云：“此善下有脱字，……此疑亦当云‘善盖其上’，或云‘善涂其上’。”

⑮疏：同“蔬”。《论语》：“饭疏食饮水。”

⑯畜同“蓄”。蔬食：指可储存的干粮。

⑰湛：久雨。

⑱岁不为：年岁没有收成。

⑲芫：毒草。

⑳芸：孙诒让云：“当为‘芒’字之误。”毒草。

㉑乌喙：毒草。

㉒祩：孙诒让曰：“与‘椒’同。”叶：指以上各草之叶。《通典·兵守拒法》：“凡敌欲攻，即去城外五百步内，井树墙屋并填除之，井有填不尽者，投药毒之。”

㉓寘：同“填”。

㉔类窍：孙诒让云：“此‘类’当作‘幎’”。幎，即“幂”，遮盖。

㉕属：连。

㉖指：手指。

㉗乌：王念孙云：“‘乌’当为‘鳧’，此鳧谓鸭也。”

㉘雁：鹅。

㉙茼：孙诒让云："本'脑'字之讹也。"

㉚彘：此字当放上文"牛、羊、鸡、狗"之间。

㉛吏樿桐自：孙诒让云："'吏'疑'使'之误，下有脱字。'樿'疑'槚'之误。"槚：楸树。岑仲勉说，"自"是栗字的"坏体"。

㉜铁鉮：铁斧。

㉝简：孙诒让云："疑当为'兰'之误。"兰，通"阑"，阻拦。枉：当为"柱"。

㉞卒：通"猝"，一下子，突然。

㉟谋：孙诒让云："疑当为'课'。"课：征收。

㊱若治城□为击：孙诒让云："即《号令篇》所云'五十步一击也'，'城'下疑缺'上'字。"击：苏时学云："'击'当作'楼'。"

㊲三隅之：指楼的形状为三角形。

㊳已：通"以"。下同。

㊴渥：浸泡。

㊵茷：也写代"筏"。把木材编连成排平放水中，一个组合单位称为一筏或一排。一排多少木材无定。

㊶步界：即部界，辖区。左：同"佐"，支援。

【译文】

被敌人攻击的地点情况紧急，要立即调就近的部队增援，再调附近的部队接替增援部队的防务。

守臣以符节作使者出入的凭证，掌管符节的吏一定要予以记录，所记的情况一定要与所办的事相合，待使者回报时以便查验。有人持节外出，所经过的城门，门官需登记持节者姓名上报。

各道旁门均可通向守臣的住处，旁门相互错置，令生人不易辨识。修上下通道，筑环墙，墙上置瓦片防有人翻越。

收获粮食菜蔬，让百姓储备三年以上的干粮，以防水旱之年没有收成。让边县事先种植并储备芫、芒、乌喙、椒等毒草，城外的民宅、沟井，能推倒的推倒，能填塞的填塞，不能填塞的沟井，投放毒草以毒敌人。安全的时候要想到有危险，危险的时候要考虑如何安全。

敌人到来，要在各城门上穿孔打眼，并将孔眼盖住。每门凿二孔，一孔用手指粗的绳索系绊。事先杀了牛、羊、猪、鸡、狗、鸭、鹅，将皮革、筋、角、脂、脑、羽收集起来。用楸木、桐木、栗木为横柱，安置铁斧，厚设防线阻拦敌人。如果形势紧急，远处材木一下子运不来，就采伐附近林木代替。征用多少材木，根据城上建楼的多少来定，楼建成三角形。重五斤以上的小材木编成筏子浸泡水中，不要叠放。茅屋或堆积的柴薪，外面要涂上五寸以上的厚泥以防着火。各吏须调查辖区内财物，凡能支助城防的即征拨上报。

【原文】

有谗人，有利人，有恶人，有善人，有长人[①]，有谋士，有勇士，有巧士，有使士[②]，有内人者，有外人者，有善人者，有善门人者，守必察其所以然者，应名乃内之。民相恶，若议吏[③]，吏所解，皆札书藏之，以须告之至以参验之。睨者小五尺，不可卒者[④]，为署吏，令给事官府若舍。蔺石、厉矢、诸材器用，皆谨部[⑤]，各有积分数。为解车以枱[⑥]。城矣以轺车，轮轱，广十尺[⑦]，辕长丈，为三辐，广三尺。为板箱，长与辕等，高四尺，善盖上治中令可载矢。

子墨子曰："凡不守者有五：城大人少，一不守也；城小人众，二不守也；人众食寡，三不守也；市去城远，四不守也；畜积在外[⑧]，富人在虚[⑨]，五不守也。率万家而城方三里。"

【注释】

①长人：指智者。

②使士：当为"信士"之误。信士：可靠之士。

③若议吏：或者对官吏有意见。议：意见、言论。

④不可卒：不能任士卒。

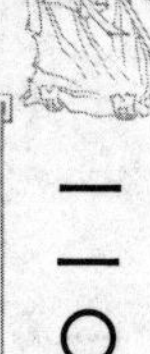

⑤谨部：仔细部署。

⑥解：应作“轺”。

⑦广十尺：此处有误。毂或轴都不可广十尺。

⑧畜积在外：指储备守城的器物还没运到城内。

⑨虚：同“墟”，村落，此指富人在外，不在城邑。

【译文】

有谗人，有利人，有恶人，有善人，有长人，有谋士，有勇士，有巧士，有信士，有内人，有外人，有善于待人的人，有善于与人斗的人，守城主将一定要考察他们，名实相符的才接纳任用。百姓互相仇恨自相诉讼或对官吏提出非议控告，官吏的辩护，都要一起书写记录收存，以等候控告人到来时用来参考验证。儿童不宜充当戍卒，有署吏安排他们在官府中当差。礌石、厉矢各种材木器用，都要谨慎部署，并且分别要有存放的数目。用梓木制造装载弓箭的轺车，用轺车装载弓箭，轮箍周长十尺，车辕长一丈，四个轮子，轮宽六尺。拼造车厢，车厢长度和车辕一样长，高度为四尺，上面用板盖盖好放整齐，以便装载箭矢。

墨子说：“凡城不能守的有五种情况：一是城大人少，二是城小人多，三是人多而粮食少，四是集市离城太远难以采购物品，五是储备的守城物资在城外，富裕的百姓也不在城中。大略说来城中居民一万家，城邑方圆三里才可以坚守。”

附录

墨子佚文

说明：以下佚文系毕沅、孙诒让采摭书传而得，孙诒让将其附于十五卷末备考，并对毕沅所述部分予以校补。本书只将佚文抄录于后，供读者参考。

乐者，圣王之所非也，而儒者为之，过也。

孔子

孔子见景公，公曰："先生素不见晏子乎?"对曰："晏子事三君而得顺焉，是有三心，所以不见也。"公告晏子，晏子曰："三君皆欲其国安，是以婴得顺也。闻君子独立不惭于影，今孔子伐树削迹，不自以为辱，身穷陈、蔡，不自以为约。始吾望儒贵之，今则疑之。"景公祭路寝，闻哭声，问梁丘据。对曰："鲁孔子之徒也。其母死，服丧三年，哭泣甚哀。"公曰："岂不可哉?"晏子曰："古者圣人非不能也，而不为者，知其无补于死者，而深害生事故也。"

堂高三尺，土阶三等，茅茨不翦，采椽不刮，食土簋，啜土刑，粝梁之食，藜藿之羹，夏日葛衣，冬日鹿裘，其送死，桐棺三寸，举音不尽其哀。

年逾十五，则聪明心虑无不徇通矣。

禽滑釐问于墨子曰："锦绣絺紵，将安用之?"墨子曰："恶，是非吾用务也。古有无文者得之矣，夏禹是也。卑小宫室，损薄饮食，土阶三等，衣裳细布。当此之时，黼黻无所用，而务在于完坚。殷之盘庚，大其先王之室，而改迁于殷，茅茨不翦，采椽不斫，以变天下之视，当此之时，文采之帛将安所施?夫品庶非有心也，以人主为心，苟上不为，下恶用之?二王者，以身先于天下，故化隆于其时，成名于今世也。且夫锦绣絺紵，乱君之所造也。其本皆兴于齐景公喜奢而忘俭。幸有晏子以俭镌之，然犹几不能胜。夫奢安可穷哉！纣为鹿台糟邱、酒池肉林，宫墙文画，雕琢刻镂，锦绣被堂，金玉珍玮，妇女优倡，钟鼓管絃，流漫不禁，而天下愈竭，故卒身死国亡，为天下戮。非惟锦绣絺紵之用邪?今当凶年，有欲予子随侯之珠者，不得卖也，珍宝而以为饰。又欲予子一钟粟者。得珠者不得粟，得粟者不得珠，子将何择?"禽滑釐曰："吾取粟耳，可以救穷。”墨子曰：“诚然，则恶在事夫奢也。长无用好末淫，非圣人之所急也。故食必常饱，然后求美；衣必常暖，然后求丽；居必常安，然后求乐。为可长，行可久，先质而后文，此圣人之务。”禽滑釐曰：“善。”

吾见《百国春秋》。

禽子问：“天与地孰仁?”墨子曰：“翟以地为仁。太山之上则封禅焉。培塿之侧则生松柏，下生黍苗莞蒲，水生鼋鼍龟鱼，民衣焉，食焉，死焉，地终不责德焉。故翟以地为仁。”

申徒狄曰：“周之灵珪，出于土石；楚之明月，出于蚌蜃。”

画衣冠，异章服，而民不犯。

墨子献书惠王，王受而读之，曰：“良书也。”

时不可及，日不可留。

《备冲篇》。

备冲法，绞善麻长八丈，内有大树，则系之，用斧长六尺，令有力者斩之。

申徒狄谓周公曰：“贱人何可薄也！周之灵珪，出于土石；随之明月，出于蚌蜃；少豪大豪，出于污泽，天上诸侯皆以为宝。狄今请退也。”桀女乐三万人，晨譟闻于衢。服文绣衣裳。

秦穆王遗戎王以女乐二八，戎王沈于女乐，不顾国亡，政国之祸。

良剑期乎利，不期乎莫邪。

禹造粉。

子禽问曰：“多言有益乎?”墨子曰：“虾蟆蛙蝇日夜而鸣，舌干擗，然而不听。今鹤鸡时夜而鸣，天下振动。多言何益?唯其言之时也。”

昔夏之衰也，有推侈、大戏；殷之衰也，有费仲、恶来，足走千里，手制兕虎。

神机阴开，剞劂无迹，人巧之妙也。而治世不以为民业。工人下漆而上丹则可，下丹而上漆则不可。万事由此也。

神明钩绳者，乃巧之具也，而非所以为巧。神明之事不可以智巧为也，不可以功力致也。天地所包，阴阳所呕，雨露所濡，以生万殊。翡翠瑇瑁碧玉珠，文采明朗，泽若濡，摩而不玩，久而不渝，奚仲不能放，鲁般弗能造，此之大巧。夫至巧不用剑。大匠大不斫。夫物有以自然，而后人事有治也。故大匠不能斫金，巧治不能铄木，金之势不可斫，而木之性不可铄也。埏埴以为器，刳木而为舟，烁铁而为刃，铸金而为钟，因其可也。

（以上系毕沅所摘自书传）

金城汤池。

釜丘。

使造三年而成一叶，天下之叶少哉。

舜葬于苍梧之野，象为之耕。

禹葬会稽，鸟为之耘。

五星光明，苣艳如旗。

（以上系孙诒让校增）

第五章 （清）毕沅注《墨子》

叙

毕沅

《墨子》七十一篇，见《汉·艺文志》。隋以来为十五卷，目一卷，见《隋·经籍志》。宋亡九篇，为六十一篇，见《中兴馆阁书目》。实六十三篇，后又亡十篇，为五十三篇，即今本也。本存《道藏》中，缺宋讳字，知即宋本。又三卷一本，即《亲士》至《尚同》十三篇，宋王应麟、陈振孙等仅见此本。有乐台注，见郑樵《通志·艺文略》，今亡。案《通典》言兵有守拒法，而不引《墨子·备城门》渚篇，《玉海》云《后汉书注》引《墨子·备突篇》，《诗正义》引《墨子·备冲篇》，似亦未见全书，疑其失坠久也。今上开四库馆，求天下遗书，有两江总督采进本。谨案亦与此本同。自此本以外，有明刻本，其字少见，皆以意改，无《经》上、下及《备城门》等篇，盖无足观。墨书传述甚少，得毋以孟子之言，转多古言古字。先是仁和卢学士文弨、阳湖孙明经星衍互校此书，略有端绪。沅始集其成，因遍览唐宋类书、古今传注所引，正其讹谬，又以知闻疏通其惑。自乾隆壬寅八月至癸卯十月，逾一岁而书成。

世之讥墨子以其节葬、非儒说。墨者既以节葬为夏法，特非周制，儒者弗用之；非儒则由墨氏弟子尊其师之过，其称孔子讳及诸毁词，是非翟之言也。案他篇亦称孔子，亦称仲尼，又以为孔子言亦当而不可易，是翟未尝非孔。孔子之言多见《论语》《家语》及他纬书、传注，亦无斥墨词。至孟子始云“能言距杨、墨者，圣人之徒”，又云“杨、墨之道不息，孔子之道不著”。盖必当时为墨学者流为横议，或类《非儒篇》所说，孟子始嫉之。故《韩非子·显学》云：“墨离为三，取舍相反不同，而皆自谓真孔墨。”韩愈云：“辩生于末学，各务售其师之说，非二师之道本然。”其知此也。今惟《亲士》《修身》及《经上》《经下》疑翟自著，余篇称“子墨子”，《耕柱篇》并称“子禽子”，则是门人小子记录所闻，以是古书不可忽也。且其《鲁问篇》曰：“凡入国，必择务而从事焉。国家昏乱，则语之尚贤、尚同；国家贫，则语之节用、节葬；国家熹音湛湎，则语之非乐、非命；国家淫僻无礼，则语之尊天、事鬼；国家务夺侵凌，则语之兼爱。”是亦通达经权，不可訾议。又其《备城门》诸篇，皆古兵家言，有实用焉。

书称中山诸国亡于燕、代、胡、貊之间，考中山之灭在赵惠文王四年，当周赧王二十年，则翟实六国时人，至周末犹存。故《史记》云：“或曰并孔子时，或曰在其后。”班固亦云：“在孔子后。”司马贞按：“《别录》云：‘墨子书有文子。文子，子夏之弟子，问于墨子。’如此，则墨子者在七十子后。”李善引《抱朴子》亦云：“孔子时人，或云在其后。”今按其人在七十子后。若《史记·邹阳传》，邹阳曰：“宋信子罕之计而囚墨翟。”司马贞云：“《汉书》作‘子冉’。不知子冉是何人。文颖曰：‘子冉，子罕也。’《荀卿传》云：‘墨翟，孔子时人，或云在孔子后。’又襄公二十九年《左传》‘宋饥，子罕请出粟’。时孔子适八岁，则墨翟与子罕不得相辈，或以子冉为是。”不知如何也。又《文选》亦作“子冉”，注云：“文子曰：‘子罕也。’冉，音任。善曰：未详。”沅亦不能定其时事。又司马迁、班固以为翟宋大夫，葛洪以为宋人者，以《公输篇》有为宋守之事。高诱注《吕氏春秋》以为鲁人，则是楚鲁阳，汉南阳县在鲁山之阳，本书多有鲁阳文君问答，又亟称楚四竟，非鲁、卫之鲁，不可不察也。

先秦之书，字少假借，后乃偏旁相益。若本书“源流”之字作“原”，一又作“源”；“金以溢为名”之字作“益”，一又作“镒”；“四竟”之字作“竟”，一又作“境”。皆传写者乱之，非旧文。乃若“贼瓶百姓”之为“杀”字古文，“遂而不反”合于“遂亡”之训，“关叔”之即“管叔”，实足以证声音文字训诂之学，好古者幸存其旧云。如其疏略，以俟敏求君子。

乾隆四十八年，岁在昭阳单阏涂月，叙于西安节署之环香阁。

第一卷

亲士[①]

【原文】

入国而不存其士，则亡国矣。见贤而不急，则缓其君矣。非贤无急，非士无与虑国；缓贤忘士，而能以其国存者，未曾有也。

【注释】

①《众经音义》云："《仓颉篇》曰：亲，爱也，近也。"《说文解字》云："士，从一，从十。孔子曰：推十合一为士。"《玉篇》云："《传》曰：通古今，辩不然，谓之士。"此与《修身篇》无称"子墨子云"，疑翟所著也。

【原文】

昔者文公出走而正[①]天下，桓公去国而霸诸侯，越王勾践遇吴王之丑而尚摄中国之贤君[②]。三子之能达名成功于天下也，皆于其国抑而大丑也[③]。太上无败[④]，其次败而有以成，此之谓用民。

【注释】

①读如"征"。

②尚与上通。摄，合也，谓合诸侯。郭璞注《尔雅》云："聂，合。"摄

同聂。

③犹曰“安其大丑”。《广雅》云：“抑，安也。”

④李善《文选注》云：“河上公注《老子》云：太上，谓太古无名之君也。”

【原文】

吾闻之曰：“非无安居也，我无安心也；非无足财也，我无足心也[①]”是故君子自难而易彼[②]，众人自易而难彼。君子进不败其志，内不[③]究其情[④]；虽杂庸民，终无怨心[⑤]。彼有自信者也。是故为其所难者，必得其所欲焉；未闻为其所欲，而免其所恶者也。是故逼臣伤君，谄下伤上[⑥]。君必有弗弗之臣，上必有詻詻之下[⑦]。分议者延延，而支苟[⑧]者詻詻，焉可以长生保国。

【注释】

①言不肯苟安，如好利之不知足。

②言自处于难，即躬自厚而薄责人之义。

③旧脱此字，据上文增。

④疚、究同，犹云内省不疚。

⑤言遗佚不怨。

⑥言佞人病国，与逼臣同。

⑦《礼记》云：“言容詻詻。”郑君注云：“教令严也。”《说文》云：“论，讼也。”《玉篇》云：“鱼格切。”

⑧二字疑误。

【原文】

臣下重其爵位而不言，近臣则喑[①]，远臣则唫[②]，怨结于民心。谄谀在侧，善议障塞，则国危矣。桀、纣不以其无天下之士邪？杀其身而丧天下。故曰：

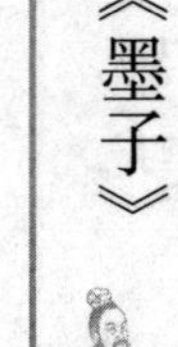

归国宝[3]，不若献贤而进士。

【注释】

①当为“瘖”。《说文》云：“瘖，不能言也。”“喑，宋、齐谓儿泣不止曰喑”，非此义。《玉篇》云：“瘖，於深切，不能言。”“喑，於金、於甘二切，啼极无声也”，则作喑亦是。

②与“噤”音义同。《史记》蒯通曰：“吟而不言。”《索隐》五：“吟，音户荫反，又音琴。”

③归，读如“齐人归女乐”之归。

【原文】

今有五锥，此其铦[1]，铦者必先挫；有五刀，此其错[2]，错者必先靡[3]。是以甘井近竭，招木[4]近伐[5]，灵龟近灼，神蛇近暴[6]。是故比干之殪，其抗也；孟贲之杀，其勇也；西施之沉，其美也；吴起之裂，其事也[7]。故彼人者，寡不死其所长。故曰：太盛难守也。

【注释】

①《史记集解》云：“徐广曰：思廉反。骃案：《汉书音义》曰：铦，谓利。”

②言磨错之利。

③挫、靡为韵，靡字麻声。

④招与乔音相近。

⑤竭、伐为韵。

⑥灼、暴为韵。

⑦谓事功。

【原文】

故虽有贤君，不爱无功之臣；虽有慈父，不爱无益之子。是故不胜其任而处其位，非此位之人也；不胜其爵而处其禄，非此禄之主也。良弓难张，然可以及高入深；良马难乘，然可以任重致远；良才难令，然可以致君见尊。是故江河不恶小谷之满己也，故能大。圣人者，事无辞也，物无违也，故能为天下器。是故江河之水，非一水之源也[①]；千镒之裘[②]，非一狐之白也。夫恶有同方取不取同而已者乎[③]？盖非兼王之道也。是故天地不昭昭，大水不潦潦[④]，大火不燎燎，王德不尧尧者[⑤]。

【注释】

①旧云“非一源也”，据《初学记》。江引此增二字，裘引此与旧同。《艺文类聚》引作“非一水之源”，《北堂书钞》引作“非一源之水”。古无源字。本书《修身》云“原浊者流不清”，只作原。此类俗写乱之，非旧文也。

②镒，从金，俗写。本书《贵义》云“待女以千益”，只作“益”。《文选注》云：“贾逵《国语注》曰：一溢二十四两。”《汉书·食货志》云：“黄金以溢为名。”孟康曰：“二十两为溢也。”

③恶，读如乌。言圣人之与士同方相合，犹江河同源相得，乌有不取诸此而自止者。

④《说文》云：“潦，雨大貌。”然此义与明了同。《老子》云：“水至清则无鱼也。”

⑤《说文》云：“尧，高也。从垚在兀上，高远也。”《白虎通》云：“尧，犹峣峣，至高之貌。”

【原文】

乃千人之长也，其直如矢，其平如砥，不足以覆万物。是故溪陕者速涸[①]，逝浅者速竭，垸埆者其地不育；王者淳泽不出宫中，则不能流国矣。

【注释】

①《说文》云："涸，渴也。"读若"狐貈"之貈。

修身[①]

【原文】

君子战虽有陈，而勇为本焉；丧虽有礼，而哀为本焉；士虽有学，而行为本焉。是故置本不安者，无务丰末；近者不亲，无务来远；亲戚不附，无务外交；事无终始，无务多业；举物而暗，无务博闻。

【注释】

①修治之字从彡，从肉者脩脯字，经典假借多用此。

【原文】

是故先王之治天下也，必察迩来远。君子察迩而迩修者也。见不修行[①]，见毁[②]，而反之身者也，此以怨省而行修矣。谮慝之言[③]，无入于耳；批扞之声[④]，无出之口；杀伤人之孩[⑤]，无存之心。虽有诋讦之民[⑥]，无所依矣。

【注释】

①句。

②句。

③《玉篇》云："慝，他得切，恶也。"经典多此字。古只作"匿"。

④《说文》云："扞，忮也。"《玉篇》云："扞，古安切，又胡旦切，扰也。"

⑤当读如“根荄”。

⑥《说文》云：“诋，诃也；讦，面相斥罪也。”《玉篇》云：“诋，都礼切；讦，居谒切。攻人之阴私也。”

【原文】

故君子力事日强，愿欲日逾，设壮[①]日盛。君子之道也，贫则见廉，富则见义[②]，生则见爱，死则见哀；四行者不可虚假，反之身者也。藏于心者，无以竭爱；动于身者，无以竭恭；出于口者，无以竭驯。畅之四支，接之肌肤，华发隳[③]颠而犹弗舍者，其唯圣人乎！

【注释】

①疑作“饰庄”。

②字当为“羛”，《说文》云：“墨翟书义从弗。”则汉时本如此。今书义字，皆俗改也。

③字当为“堕”。

【原文】

志不强者，智不达；言不信者，行不果[①]；据财不能以分人者，不足与友；守道不笃，遍物不博，辩是非不察者，不足与游；本不固者，末必幾[②]；雄[③]而不修者，其后必惰；原浊者，流不清；行不信者，名必秏[④]。名不徒生，而誉不自长。功成名遂，名誉不可虚假，反之身者也。务言而缓行，虽辩必不听；多力而伐功，虽劳必不图。慧者心辩而不繁说，多力而不伐功，此以名誉扬天下。言无务为多，而务为智；无务为文，而务为察。故彼[⑤]智无察，在身而情，反其路者也[⑥]。善无主于心者不留，行莫辩于身者不立；名不可简而成也，誉不可巧而立也，君子以身戴行者也。思利寻焉[⑦]，忘名忽焉，可以为士于天下者，未尝有也。

【注释】

①《文选注》云：“许君注《淮南子》云：果，成也。”

②《广雅》云：“幾，微也。”或禾字之假音，《说文》云：“禾，木之曲头，不能上也。”

③雄，犹勇。

④旧从耒，非。《玉篇》云：“秏，可到切，减也，败也。《诗》云：秏斁下土。又云：耗正作秏。”

⑤当为“非”。

⑥言非智无察，则所欲反其道。《说文》云：“情，人之阴气有欲者。”

⑦寻，习。

所染[①]

【原文】

子墨子言，见染丝者而叹，曰：染于苍则苍，染于黄则黄。所入者变，其色亦变；五入必[②]而已则[③]为五色矣[④]。故染不可不慎也！

【注释】

①《吕氏春秋》有《当染篇》，文略同。

②一本无此字。

③《吕氏春秋》无此字。

④《后汉书注》引作“五入之则为五色”，《太平御览》引作“五入则为五色”。

【原文】

非独染丝然也，国亦有染[①]。舜染于许由、伯阳[②]，禹染于皋陶、伯益，汤染于伊尹、仲虺，武王染于太公、周公。此四王者所染当，故王天下，立为天子，功名蔽天地。举天下之仁义显人，必称此四王者。

【注释】

①《太平御览》、吴淑《事类赋》俱作“治国亦然”，又节文。

②高诱注《吕氏春秋》云：“伯阳盖老子也，舜时师之者也。”杨倞注《荀子》云：“老子姓李，字伯阳，号聃，著书五千言。”案：此云舜染，则非聃也。

【原文】

夏桀染于干辛[1]、推哆[2]，殷纣染于崇侯、恶来，厉王染于厉公长父[3]、荣夷终[4]，幽王染于傅公夷、蔡[5]公穀[6]。此四王者所染不当，故国残身死，为天下僇[7]。举天下不义辱人，必称四王者。

【注释】

①《吕氏春秋》云：“夏桀染于羊辛。”又《慎大》云：“桀为无道，干莘任威，陵轹诸侯，以及兆民。”高诱曰：“干辛，桀之谀臣。”《说苑》云：“桀用干莘。”班固《古今人表》云：“干辛、崇侯，与之为恶则行。”《表》又作“干莘”，同《说苑》。

②本书《明鬼》云：“王手禽推哆大戏。”下又云：“推哆大戏，主别兕虎，指画杀人。”《古今人表》作“雅侈”。

③《吕氏春秋》“厉”作“虢”，云“虢、荣二卿土”。

④一本作“公”，《史记》云：“厉王好利，近荣夷公。”

⑤一本作“祭”。

⑥《吕氏春秋》作“虢公鼓、祭公敦”。

⑦此“戮”字假音。

【原文】

齐桓染于管仲、鲍叔，晋文染于舅犯、高偃[①]，楚庄染于孙叔、沈尹[②]，吴阖间染于伍员、文义[③]，越勾践染于范蠡、大夫种[④]。此五君所染当，故霸诸侯，功名传于后世。

【注释】

①未详。《吕氏春秋》“高”作“郤”，疑当为“郤”。晋有郤氏。

②《吕氏春秋》作“沈尹蒸”。又《赞贤》有沈尹茎，楚庄王欲以为令尹，沈尹茎辞曰：期思之鄙人有孙叔敖者，圣人也。又《尊师》云：“楚庄师孙叔敖、沈申巫。”高诱曰：“沈县大夫。”《新序》作“沈尹竺”。案：申、尹，茎、巫、竺，皆字之误。

③《吕氏春秋·尊师》云：“吴王阖闾师伍子胥、文之仪。”高诱曰：“文，氏；之仪，名。”案：彼有之字者，如庚公差，《孟子》云“之斯”；专诸，《史记》云“设诸”，音之缓急。

④高诱注《吕氏春秋》云：“大夫种，文氏，字子禽，楚之邹人。”

【原文】

范吉射染于长柳朔、王胜[①]，中行寅染于籍秦、高彊[②]，吴夫差染于王孙雄[③]、太宰嚭[④]，知伯摇[⑤]染于智国、张武，中山尚染于魏义、偃长[⑥]，宋康染于唐鞅、佃不礼[⑦]。此六君者所染不当，故国家[⑧]残亡，身为刑戮，宗庙破灭，绝无后类，君臣离散，民人流亡。举天下之贪暴苛扰者[⑨]。必称此六君也。

【注释】

①《吕氏春秋》“长”作“张”，“胜”作“生”字。高诱注云：“吉射，晋范献子鞅之子，昭子也。张柳朔、王生二人者，吉射家臣也。”

②《吕氏春秋》作“黄籍秦”，非。高诱注云：“寅，晋大夫中行穆子之子，荀子也。黄籍秦、高彊，其家臣。高疆，齐子尾之子，奔晋，为中行氏之臣。”《史记索隐》云：“《系本》：籍秦，晋大夫籍游之孙，籍谈之子。”

③旧误作“雒”。

④高诱注《吕氏春秋》云：“鄐，晋伯宗之孙，楚州黎之子。”

⑤一本作“瑶”。

⑥《吕氏春秋》作“榧”，高诱注云：“尚，魏公子牟之后，魏得中山以邑之。义、长，其二臣。”

⑦《吕氏春秋》“佃”作“田”，是；“礼”作“禋”，误。

⑧《吕氏春秋》作“皆”。

⑨扰，“犪”字之误，经典通用此。

【原文】

凡君之所以安者，何也？以其行理也。行理性于染当[①]。故善为君者，劳于论人，而佚于治官；不能为君者，伤形费神，愁心劳意，然国逾危，身逾辱。此六君者，非不重其国、爱其身也，以不知要故也。不知要者，所染不当也。

【注释】

①性，当为“生”。一本作“在”，误。

【原文】

非独国有染也，士亦有染。其友皆好仁义，淳谨畏令，则家日益，身日安，名日荣，处官得其理矣[①]，则段干木[②]、禽子[③]、傅说之徒是也。其友皆好矜奋，创作比周，则家日损，身日危，名日辱，处官失其理矣，则子西、易牙、竖刀之徒是也[④]。《诗》曰：“必择所堪[⑤]”“必谨所堪”者，此之谓也。

【注释】

①理，犹治。

②《吕氏春秋》云："田子方学于子夏、段干木。"

③《吕氏春秋》云："禽滑釐学于墨子，许犯学于禽滑釐。"此称禽子，则墨子门人小子之文矣。

④《经》《传》或作"竖貂"，此作"刀"者，貂省文。旧作"刁"，非。《玉篇》云："刀，丁幺切，亦姓，俗作刁。"

⑤堪，当为"媅"字假音。

法仪[①]

【原文】

子墨子曰：天下从事者，不可以无法仪；无法仪而其事能成者，无有。虽至士之为将相者，皆有法；虽至百工从事者，亦皆有法。百工为方以矩，为圆以规，直以绳，正以县[②]。无巧工、不巧工，皆以此五者为法。巧者能中之[③]；不巧者虽不能中，放依以从事[④]，犹逾已[⑤]。故百工从事，皆有法所度。今大者治天下，其次治大国，而无法所度，此不若百工辩也[⑥]。

【注释】

①法，《说文》云："灋，刑也，平之如水，从水、廌，所以触不直者去之。法，今文省。"此借为法度之义。仪，义如浑天仪之仪。《说文》云："杈，干也。"仪与杖音相近。又《说文》云："仪，度也。"亦通。

②此"县挂"正字。

③《史记索隐》云："《仓颉篇》云：中，得也。"

④《说文》云："仿，相似也。"放与仿同。

⑤犹胜于己。

⑥《说文》云："辩，治也。"

【原文】

然则奚以为治法而可？当皆法其父母，奚若[①]？天下之为父母者众，而仁者寡。若皆法其父母，此法不仁也。法不仁，不可以为法。当皆法其学，奚若？天下之为学者众，而仁者寡。若皆法其学，此法不仁也。法不仁，不可以为法。当皆法其君，奚若？天下之为君者众，而仁者寡。若皆法其君，此法不仁也。法不仁，不可以为法。故父母、学、君三者，莫可以为治法而可。

【注释】

①与"何如"同。

【原文】

然则奚以为治法而可？故曰：莫若法天。天之行广而无私，其施厚而不德，其明久而不衰，故圣王法之。既以天为法，动作有为，必度于天，天之所欲则为之，天所不欲则止。然而天何欲何恶者也？天必欲人之相爱相利，而不欲人之相恶相贼也。奚以知天之欲人之相爱相利，而不欲人之相恶相贼也？以其兼而爱之、兼而利之也。奚以知天兼而爱之、兼而利之也？以其兼而有之、兼而食之也。

今天下无大小国，皆天之邑也。人无幼长贵贱，皆天之臣也。此以莫不犓羊[①]、豢犬猪[②]，絜为酒醴粢盛[③]，以敬事天。此不为兼而有之、兼而食之邪？天苟兼而有食之，夫奚说以不欲人之相爱相利也？故曰：爱人利人者，天必福之；恶人贼人者，天必祸之。日杀不辜者，得不祥焉。夫奚说人为其相杀而天与祸乎？是以天欲人相爱相利，而不欲人相恶相贼也。

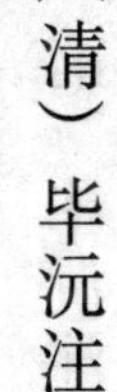

【注释】

①当云“牛羊”。

②《说文》云：“犓，以刍茎养牛也。”“豢，以谷圈养豕也。”《玉篇》云：“犓，则俱切，今作刍。”陆德明《庄子音义》云：“司马云：牛羊曰刍，犬豕曰豢。”

③洁字正作“絜”。《说文》云：“粢，稷也”，“粢，稻饼也”，然则粢盛之字作齍。

【原文】

昔之圣王禹、汤、文、武，兼爱[①]天下之百姓，率以尊天事鬼。其利人多，故天福之，使立为天子，天下诸侯皆宾事之。暴王桀、纣、幽、厉，兼恶天下之百姓，率以诟天侮鬼。贼其人多，故天祸之，使遂失其国家，身死为僇于天下。后世子孙毁之，至今不息。故为不善以得祸者，桀、纣、幽、厉是也；爱人利人以得福者，禹、汤、文、武是也。爱人利人以得福者，有矣；恶人贼人以得祸者，亦有矣。

【注释】

①旧脱此字，以意增。

七患

【原文】

子墨子曰：国有七患。七患者何？城郭沟池不可守而治宫室，一患也；边国至境[①]，四邻莫救，二患也；先尽民力无用之功，赏赐无能之人，民力尽于无用，财宝虚于待客，三患也；仕者待禄，游者忧反，君修法讨，臣慑而不敢拂，四患也；君自以为圣智而不问事，自以为安强而无守备，四邻谋之不知戒，五患也；所言不忠，所忠不信，六患也；畜种菽粟[2]不足以食之，大臣不足以[3]事之，赏赐不能喜，诛罚不能威，七患也。以七患居国，必无社稷[4]；以七患守城，敌至国倾[5]。七患之所当，国必有殃[6]。

【注释】

①当为“竟”。本书《耕柱》云“楚四竟之田”，只作“竟”。

②菽正为“未”。

③旧脱此字，一本有。

④国、稷为韵。

⑤城、倾为韵。

⑥当、殃为韵。

【原文】

凡五谷者，民之所仰也，君之所以为养也。故民无仰，则君无养[1]；民无食，则不可事[2]。故食不可不务也，地不可不立也，用不可不节也[3]。五谷尽收，则五味尽御于主；不尽收，则不尽御[4]。一谷不收谓之馑，二谷不收谓之旱，三谷不收谓之凶，四谷不收谓之馈[5]，五谷不收谓之饑[6]，五谷不孰谓之大侵[7]。

【注释】

①仰、养为韵。

②食、事为韵。

③立、节为韵。

④主、御为韵。

⑤《汉书·食货志》云“负担馈饷”，师古曰：“馈亦馈字，言须馈饷。”

⑥《太平御览》引作“饥”，误，此饥饿字。

⑦八字旧脱，据《艺文类聚》增。《穀梁传》云："一谷不升谓之嗛，二谷不升谓之饥，三谷不升谓之馑，四谷不升谓之康，五谷不升谓之大侵。"《尔雅》云："谷不孰为饥，蔬不孰为馑，果不孰为荒。"与此异。

【原文】

岁馑，则仕者大夫以下皆损禄五分之一；旱，则损五分之二；凶，则损五分之三；馈，则损五分之四；饥、大侵[①]，则尽无禄，禀食而已矣。故凶饥存乎国，人君彻鼎食五分之五，大夫彻县，士不入学，君朝之衣不革制；诸侯之客，四邻之使，雍食[②]而不盛；彻骖騑[③]，塗不芸[④]，马不食粟，婢妾不衣帛；此告不足之至也。

【注释】

①二字旧脱，据《艺文类聚》增。

②疑一"饔"字，《说文》云："饔，孰食也。"

③高诱注《吕氏春秋》云："在中曰服，在边曰騑。"

④塗，俗写从土。本书《非攻中》云"涂道之修远"，只作"涂"。芸，"秐"省文。

【原文】

今有负其子而汲者，队其子于井中[①]，其母必从而道之。今岁凶、民饥、道饿，重其子[②]，此疚于队，其可无察邪？故时年[③]岁善，则民仁且良；时年岁凶，则民吝且恶。夫民何常此之有[④]？为者疾，食者众，则岁无丰。

【注释】

①此坠正字。《说文》云："队，从高队也。"井，读如"阱"。

②言重于其子。

③《说文》云："年，谷熟也。"故曰"时年"。

④句。

【原文】

故曰：财不足则反之时，食不足则反之用。故先民以时生财，固本而用财，则财足。故虽上世之圣王，岂能使五谷常收而旱水不至哉？然而无冻饿之民者，何也？其力时急而自养俭也。故《夏书》曰"禹七年水"，《殷书》曰"汤五年旱[1]，此其离凶饿甚矣[2]，然而民不冻饿者何也？其生财密，其用之节也。故食无备粟，不可以待凶饥；库无备兵，虽有义不能征无义；城郭不备全，不可以自守；心无备虑，不可以应卒，是若庆忌无去之心，不能轻出[4]。

【注释】

①《管子·权数》云："管子曰：汤七年旱，禹五年水。"与此文互异。《庄子·秋水》云："汤之时，八年七旱。"《荀子·王霸》云："禹十年水，汤七年旱。"贾谊《新书》云："禹有十年之蓄，故免九年之水。汤有十年之积，故胜七年之旱。"《淮南子·主术》云："汤之时，七年旱。"又异。

②离，读如"罗"。

③言庆忌虽勇，犹轻出致死。昔吴王患庆忌之在邻国，恐合诸侯来伐。要离诈以负罪出奔，戮妻子，断右于，如卫，求见庆忌，与东之吴。渡江中流，顺风而刺厌忌。事见《吴越春秋·阖闾内传》。

【原文】

夫桀无待汤之备，故放；纣无待武之备，故杀。桀、纣贵为天子，富有天下，然而皆灭亡于百里之君者，何也？有富贵而不为备也。故备者，国之重也；食者，国之宝也；兵者，国之爪也；城者，所以自守也。[1]此三者，国之具也。

【注释】

①宝、爪、守为韵。

【原文】

故曰：以其极赏，以赐无功；虚其府库，以备车马、衣裘、奇怪；苦其役徒，以治宫室观乐。死又厚为棺椁[1]，多为衣裘。生时治台榭[2]，死又修坟墓。故民苦于外，府库单于内[3]，上不厌其乐，下不堪其苦。故国离寇敌则伤[4]，民见凶饑则亡，此皆备不具之罪也。且夫食者，圣人之所宝也。故《周书》曰："国无三年之食者，国非其国也；家无三年之食者，子非其子也。"此之谓国备[5]。

【注释】

①旧作"槨"，俗写。

②当为"谢"。《荀子·王霸》云"台谢甚高"，杨惊曰："谢、榭同。"陆德明《左氏音义》云："榭，本亦作谢。"知古无"榭"字。

③《史记》云："王之威亦单矣。"《集解》云："徐广曰：单亦作殚。"《索隐》云："按单音丹。单，尽也。"

④离，读如"罗"。

⑤《周书》云："《夏箴》曰：小人无兼年之食，遇天饑，妻子非其有也；大夫无兼年之食，遇天饑，臣妾舆马非其有也。"墨盖夏教，故义略同。

辞过[1]

【原文】

子墨子曰：古之民[2]未知为宫室[3]时，就陵阜而居，穴而处。下润湿伤民[4]，故圣王[5]作为宫室。为宫室之法[6]，曰：高足以辟润湿[7]，边[8]足以圉风寒[9]，上足以待雪霜雨露，宫墙之高[10]足以别男女之礼。谨此则止[11]。费财劳力，不加利者，不为也[12]。役[13]，修其城郭，则民劳而不伤；以其常正，收其租税，则民费而不病。民所苦者，非此也，苦于厚作敛于百姓[14]。是故圣王作为宫室，便于生[15]，不以为观乐也；作为衣服带履，便于身，不以为辟怪也[16]。故节于身，诲于民，是以天下之民可得而治，财用可得而足。当今之主，其为宫室，则与此异矣。必厚作敛于百姓，暴夺民衣食之财，以为宫室台榭曲直之望、青黄刻镂之饰[17]。为宫室若此，故左右皆法象之。是以其财不足以待凶饑、赈孤寡，故国贫而民难治也。君实欲天下之治而恶其乱也，当为宫室不可不节。

白玉龙纹透雕璜（战国）

【注释】

①辡受之字从受，经典假借用此。过，谓宫室、衣服、饮食、舟车、蓄私五者之过也。

②《太平御览》引作“上古之民”。

③旧脱此字，据《太平御览》增。

④三句《太平御览》节。

⑤《太平御览》引作“人”。

⑥《太平御览》引作“制”。

⑦辟，“避”字假音。

⑧《太平御览》引作“中”，非。

⑨刘逵注左思赋引作“御”，《太平御览》引作“禦”。《玉篇》云：“圉，禁也。”

⑩《太平御览》引作“墙高”二字。

⑪谨，“廑”字假音。

⑫此下旧接“是故圣王作为宫室”云云，今移。

⑬当云“以其常役”，上脱三字。

⑭旧三十九字在“作诲妇人治之”下，卢学士校云“当在此”，今移。

⑮《太平御览》引作“以便生”。

⑯辟，“僻”字假音。

⑰已上六句《太平御览》节。

【原文】

古之民未知为衣服时，衣皮[1]带茭[2]，冬则不轻而温，夏则不轻而清。圣王以为不中人之情，故作诲妇人治[3]丝麻，捆布绢[4]，以为民衣。为衣服之法：冬则练帛之中[5]，足以为轻且煖[6]；夏则絺绤，轻且[7]清。谨此则止。故圣人为衣服，适身体、和肌肤[8]而足矣，非荣耳目而观愚民也。当是之时，坚车良马，不知贵也；刻镂文采，不知喜也。何则？其所道之然。故民衣食之财，家足以待旱水凶饑者，何也？得其所以自养之情，而不感于外也。是以其民俭而易治，其君用财节而易赡也[9]。府库实满，足以待不然；兵革不顿，士民不劳，足以征不服；故霸王之业可行于天下矣。当今之王，其为衣服，则与此异矣。冬则轻暖，夏则轻清，皆已具矣；必厚作敛于百姓，暴夺民衣食之财，以为锦绣文采靡曼衣之，铸金以为钩，珠玉以为珮[10]；女工作文采，男工作刻镂，以为身服。此非云益暖之情也，单财劳力，毕归之于无用。以此观之，其为衣服非为身体，皆为观好。是以其民淫僻而难治，其君奢侈而难谏也。夫以奢侈之君，御好淫僻之民，欲国无乱，不可得也。君实欲天下之治而恶其乱，当为衣服不可不节。

【注释】

①《艺文类聚》引作“衣皮毛”，非。

②《说文》云：“茭，干刍。”

③已上旧有“役修其城郭”云云四十八字，今移前。

④梱字当为“稛”，《说文》云：“絭束也。”

⑤中，读去声。

⑥《文选注》引作“暖”。

⑦已上七字旧脱，据《北堂书钞》增。

⑧《北堂书钞》引云：“以适身体，以和肌肤。”

⑨《吕氏春秋·适音》云“不充则不詹”，高诱曰：“詹，足也。詹，读如澹然无为之澹。”《文选注》云：“许君注《淮南子》云：澹，足也。古无从贝字，此俗写。”

⑩当为“佩”，古无此字。

【原文】

古之民未知为饮食时，素食而分处。故圣人作诲男耕稼树艺[①]，以为民食。其为食也，足以增气充虚，强体适腹而已矣。故其用财节，其自养俭，民富国治。今则不然，厚作敛于百姓，以为美食刍豢、蒸炙鱼鼈[②]；大国累百器，小国累十器，美食方丈[③]，目不能遍视，手不能遍操，口不能遍味；冬则冻冰，夏则饰饐[④]。人君为饮食如此，故左右象之。是以富贵者奢侈，孤寡者冻馁[⑤]。虽[⑥]欲无乱，不可得也。君实欲天下治而恶其乱，当为食饮不可不节。

【注释】

①古只作“埶”，《说文》云：“埶，种也。从坴丮，持而种之。”

②《太平御览》引此“炙”作“庖”，“鼈”作“鳖”。

③旧作“前方丈”三字，今据《文选注》两引改“美食方丈”。《太平御览》作“前则方丈”。

④饰，若覆食之幕是也。饐，《说文》云：“饭伤湿也。”

⑤当为“餧”，《说文》云：“餧，饥也。”

⑥旧脱此字，据《太平御览》增。

【原文】

古之民未知为舟车时，重任不移，远道不至。故圣王作为舟车，以便民之

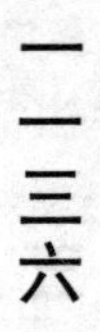

事。其为舟车也，全[①]固轻利，可以任重致远。其为用财少而为利多，是以民乐而利之。故法令不急而行，民不劳而上[②]足用，故民归之。当今之主，其为舟车与此异矣。全固轻利皆已具，必厚作敛于百姓，以饰舟车；饰车以文采，饰舟以刻镂。女子废其纺织而修文采，故民寒；男子离其耕稼而修刻镂，故民饥。人君为舟车若此，故左右象之。是以其民饥寒并至，故为奸邪，多则刑罚深，刑罚深则国乱[③]。君实欲天下之治而恶其乱，当为舟车不可不节。

【注释】

①《太平御览》引作“完”。

②旧作“止”，一本如此。

③《太平御览》引云：“而国乱矣。”

【原文】

凡回于天地之间，包于四海之内，天壤之情，阴阳之和，莫不有也，虽至圣不能更也。何以知其然？圣人有传：天地也，则曰上下；四时也，则曰阴阳；人情也，则曰男女；禽兽也，则曰牡牝、雄雌也。真天壤之情，虽有先王，不能更也。虽上世至圣，必蓄私，不以伤行，故民无怨。宫无拘女，故天下无寡夫；内无拘女，外无寡夫，故天下之民众。当今之君[①]，其蓄私也，大国拘女累千，小国累百。是以天下之男多寡无妻，女多拘无夫，男女[②]失时，故民少。君实欲民之众而恶其寡，当蓄私不可不节。

【注释】

①上俱作“主”。

②旧作“子”，一本如此。

【原文】

凡此五者，圣人之所俭节也，小人之所淫佚也；俭节则昌，淫佚则亡。此五者，不可不节，夫妇节而天地和，风雨节而五谷孰，衣服节而肌肤和。

三辩[①]

【原文】

程繁[②]问于子墨子曰：“圣王不为乐？昔诸侯倦于听治，息于钟鼓之乐；士大夫倦于听治，息于竽瑟之乐；农夫春耕夏耘[③]，秋敛冬藏[④]，息于聆[⑤]缶[⑥]之乐。今夫子曰‘圣王不为乐’，此譬之犹马驾而不税[⑦]，弓张而不弛，无乃非有血气者之所不能至邪？”

【注释】

①此辩圣王虽用乐，而治不在此。三者，为尧舜及汤及武王也。

②《太平御览》引作“程子”。

③《说文》云：“䅽，除苗间秽也。薅或字。”此省文。

④古只作“臧”。

⑤当为“瓴”。

⑥《太平御览》引作“吟谣”，是也。缶是“䍃”字之坏。

⑦《太平御览》作“脱”，同。

【原文】

子墨子曰：“昔者尧舜有茅茨者[①]，且以为礼，且以为乐；汤放桀于大水，环天下自立以为王，事成功立，无大后患，因先王之乐，又自作乐，命曰《护》，又修[②]《九招》[③]；武王胜殷杀纣，环天下自立以为王事成功立，无大后患，因先王之乐，又自作乐，命曰《象》；周成王因先王之乐，命曰《驺虞》[④]。周成王之治天下也，不若武王；武王之治天下也，不若成汤；成汤之治天下也，不若尧舜。故其乐逾繁者，其治逾寡。自此观之，乐非所以治天下也。”

【注释】

①茅茨旧作“第期”，今据《太平御览》改。

②旧作“循”，今以意改。

③已上十六字旧脱，今据《太平御览》增。《吕氏春秋》云：“汤命伊尹作为《大护》，歌《晨露》，修《九招》《六列》。”

④《吕氏春秋》云：“周公为《三象》。”乃成王之乐。此云《象》又是武王作，未详。

【原文】

程繁曰：“子曰‘圣王无乐’，此亦乐已，若之何其谓圣王无乐也?”

子墨子曰：“圣王之命也，多寡之。食之利也，以知饥而食之者，智也；因为无智矣。今圣有乐而少，此亦无也[①]。”

【注释】

①言人所以生者，食之利，但必以知饥而食之，否则非智。今圣人虽用乐而少，此亦无违于圣人。“无”下疑有脱字。

第二卷

尚贤（上）[①]

【原文】

子墨子言曰：“古者王公大人为政于国家者，皆欲国家之富，人民之众，刑政之治。然而不得富而得贫，不得众而得寡，不得治而得乱，则是本失其所欲，得其所恶。是其故何也?”子墨子言曰：“是在王公大人为政于国家者，不能以尚贤事能为政也。是故国有贤良之士众，则国家之治厚；贤良之士寡，则国家之治薄。故大人之务，将在于众贤而已。”

【注释】

①《说文》云：“贤，多才也。”《玉篇》云：“有善行也。”尚与上同。

【原文】

曰：“然则众贤之术将奈何哉?”子墨子言曰：“譬若欲众其国之善射御之士者，必将富之，贵之，敬之，誉之，然后国之善射御之士，将可得而众也。况又有贤良之士，厚乎德行，辩乎言谈，博乎道术者乎?此固国家之珍而社稷之佐也[1]，亦必且富之，贵之，敬之，誉之，然后国之良士，亦将可得而众也。”是故古者圣王之为政，言曰：“不义不富，不义不贵，不义不亲，不义不近。”是以国之富贵人闻之，皆退而谋曰：“始我所恃者，富贵也。今上举义不辟贫贱，然则我不可不为义。”亲者闻之，亦退而谋曰：“始我所恃者，亲也。今上举义不辟亲疏，然则我不可不为义。”近者闻之，亦退而谋曰：“始我所恃者，近也。今上举义不辟近，然则我不可不为义。”远者闻之，亦退而谋曰：“我始以远为无恃。今上举义不辟远，然则我不可不为义。”逮至远鄙郊外之臣、门庭庶子、国中之众、四鄙之萌人[2]闻之，皆竞为义。是其故何也?曰：上之所以使下者，一物也；下之所以事上者，一术也。譬之富[3]者，有高墙深宫，墙立既谨，上为凿一门；有盗人入，阖其自入[4]而求之，盗其无自出。是其故何也?则上得要也。

【注释】

①佐，当为“左”。

②萌，“氓”字之假音。

③旧作“异”，一本如此。

④言所从入之门。

【原文】

故古者圣王之为政，列德而尚贤，虽在农与工肆之人，有能则举之。高予之爵，重予之禄，任之以事，断予之令，曰：爵位不高，则民弗敬；蓄禄不厚，则民不信；政令不断，则民不畏。举三者授之贤者，非为贤赐也，欲其事之成。故当是时，以德就列，以官服事，以劳殿赏[①]，量功而分禄。故官无常贵而民无终贱，有能则举之，无能则下之。举公义，辟私怨[②]，此若言之谓也。

【注释】

①殿，读如“奔而殿”。

②辟，读如“辟举”之辟。

【原文】

故古者尧举舜于服泽之阳[①]，授之政，天下平。禹举益于阴方之中[②]，授之政，九州成。汤举伊尹于庖厨之中[③]，授之政，其谋得。文王举闳夭、泰颠于罝罔之中[④]，授之政，西土服。故当是时，虽在于厚禄尊位之臣，莫不敬惧而施[⑤]；虽在农与工肆之人，莫不竞劝而尚意。故士者，所以为辅相承嗣也。故得士则谋不困，体不劳，名立而功业彰，而恶不生，则由得士也。是故子墨子言曰：“得意，贤士不可不举；不得意，贤士不可不举。尚欲祖述尧、舜、禹、汤之道，将不可以不尚贤。夫尚贤者，政之本也。”

【注释】

①未详其地。“服”与“蒲”音之缓急，或即蒲泽，今蒲州府。

②未详其地。

③《韩非子》云："上古有汤，至圣也。伊尹，至智也。然且七十说而不受，身执鼎俎为庖宰，昵近习亲，汤乃仅知其贤而举之。"《文选注》云："鲁连子曰：伊尹负鼎佩刀以干汤，得意，故尊为宰舍。"又云："文子曰：伊尹负鼎而干汤。"

④事未详。或以《诗·兔罝》有"公侯腹心"之语而为说，恐此诗即赋闳夭、泰颠事。古者书传未湮，翟必有据。

⑤下疑脱一字。

尚贤（中）

【原文】

子墨子言曰：今王公大人之君人民，主社稷，治国家，欲修保而勿失，故[1]不察尚贤为政之本也[2]。何以知尚贤之为政本也？曰：自贵且智者为政乎愚且贱者，则治；自愚贱者为政乎贵且智者，则乱。是以知尚贤之为政本也。

【注释】

①一本作"胡"。

②卢云："当云'尚贤之为歧本'。"

【原文】

故古者圣王甚尊尚贤而任使能，不党父兄，不偏贵富，不嬖颜色。贤者举而上之，富而贵之，以为官长；不肖者抑而废之，贫而贱之，以为徒役。是以民皆劝其赏，畏其罚，相率而为贤者，以贤者众而不肖者寡，此谓[1]进贤。然后圣人听其言，迹其行，察其所能，而慎予官，此谓事能。故可使治国者，使治国；可使长官者，使长官；可使治邑者，使治邑。凡所使治国家、官府、邑里，此皆国之贤者也。

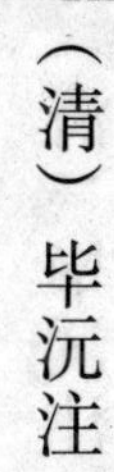

【注释】

①一本作“为”。

【原文】

贤者之治国[①]也，蚤朝晏退[②]，听狱治政，是以国家治而刑法正。贤者之长官也，夜寝夙兴，收敛关市、山林、泽梁之利，以实官府，是以官府实而财不散。贤者之治邑也，蚤出莫入，耕稼树艺，聚菽粟，是以菽粟多而民足乎食。故国家治则刑法正，官府实则万民富。上有以絜为酒醴粢盛，以祭祀天鬼；外有以为皮币，与四邻诸侯交接；内有以食饥息劳，将养其万民；外有以怀天下之贤人。是故上者天鬼富之，外者诸侯与之，内者万民亲之，贤人归之。以此谋事则得，举事则成，入守则固，出诛则强。故唯昔三代圣王尧、舜、禹、汤、文、武之所以王天下、正诸侯者，此亦其法已。

【注释】

①一本有“家”字。

②“蚤”字同“早”。

【原文】

既曰若法[①]，未知所以行之术，则事犹若未成，是以必为置三本。何谓三本？曰：爵位不高，则民不敬也；蓄禄不厚，则民不信也；政令不断，则民不畏也。故古圣王高予之爵，重予之禄，任之以事，断予之令。夫岂为其臣赐哉？欲其事之成也。《诗》曰：“告女忧恤，诲女序爵[②]。孰能执热，鲜不用濯？”则此语古者国君诸侯之不可以不执善承嗣辅佐也，譬之犹执热之有濯也，将休其手焉。古者圣王惟毋得贤人而使之[③]，般爵以贵之[④]，裂地以封之，终身不厌。贤人唯毋得明君而事之，竭四肢之力以任君之事，终身不倦；若有美善则归之上。是以美善在上，而所怨谤在下；宁乐在君[5]，忧戚在臣。故古者圣王之为政若此。

【注释】

①若，犹顺。

②旧作“予爵”，卢以意改。

③毋，读如“贯习”之贯。

④般，读如“颁赐”之颁。

⑤当为“寧”，经典通用此。

【原文】

今王公大人亦欲效人，以尚贤使能为政，高予之爵而禄不从也。夫高爵而无禄，民不信也，曰：“此非中实爱我也，假藉而用我也[1]。”夫假藉之，民将岂能亲其上哉？故先王言曰：“贪[2]于政者，不能分人以事；厚于货者，不能分人以禄。”事则不与，禄则不分，请问天下之贤人将何自至乎王公大人之侧哉？若苟贤者不至乎王公大人之侧，则此不肖者在左右也。不肖者在左右，则其所誉不当贤，而所罚不当暴。王公大人尊此，以为政乎国家，则赏亦必不当贤，而罚亦必不当暴。若苟赏不当贤而罚不当暴，则是为贤者不劝，而为暴者不沮矣。是以入则不慈孝父母，出则不长弟乡里；居处无节，出入无度，男女无别；使治官府则盗窃，守城则倍畔；君有难则不死，出亡则不从；使断狱则不中，分财则不均；与谋事不得，举事不成；入守不固，出诛不强。故虽昔者三代暴王桀、纣、幽、厉之所以失措其国家，倾覆其社稷者，已此故也[3]。何则？皆以明小物而不明大物也。

【注释】

①古无“借”字，只用“藉”。《说文序》有“假借”字，从人，俗写乱之。

②旧作“食”，一本如此。

③古字以、已通，一本作“以”，非。

【原文】

今王公大人有一衣裳不能制也，必藉良工；有一牛羊不能杀也，必藉良宰。故当若之二物者，王公大人未知以尚贤使能为政也。逮至其国家之乱，社稷之危，则不知使能以治之，亲戚则使之，无故富贵、面目佼好则使之[①]。夫无故富贵、面目佼好则使之，岂必智且有慧哉？若使之治国家，则此使不智慧者治国家也；国家之乱，既可得而知已。

【注释】

①佼，“姣”字假音。《说文》云：“姣，好也。”《玉篇》云：“姣音狡，妖媚也。”

【原文】

且夫王公大人有所爱其色而使其心，不察其知而与其爱。是故不能治百人者，使处乎千人之官；不能治千人者，使处乎万人之官。此其故何也？曰：若处官者，爵高而禄厚，故爱其色而使之焉。夫不能治千人者，使处乎万人之官，则此官什倍也。夫治之法将日至者也，日以治之，日不什修；知以治之，知不什益。而予官什倍，则此治一而弃其九矣。虽日夜相接，以治若官，官犹若不治。此其故何也？则王公大人不明乎以尚贤使能为政也。故以尚贤使能为政而治者，夫若言之谓也；以下贤为政而乱者，若吾言之谓也。今王公大人中实将欲治其国家，欲修保而勿失，胡不察尚贤为政之本也？

且以尚贤为政之本者，亦岂独子墨子之言哉？此圣王之道，先王之书，距年之言也[①]。《传》曰：“求圣君哲人，以裨辅而身。”《汤誓》曰：“聿求元圣，与之戮力同心，以治天下。”则此言圣之不失以尚贤使能为政也。

【注释】

①“距年”，下篇作“竖年”，犹云远年。

【原文】

故古者圣王唯能审以尚贤使能为政，无异物杂焉，天下皆得其利。古者舜耕历山[①]，陶河濒[②]，渔雷泽[③]；尧得之服泽之阳[④]，举以为天子，与接天下之政，治天下之民。伊挚，有莘氏女之私臣[⑤]，亲为庖人；汤得之，举以为己相，与接天下之政，治天下之民。傅说被褐带索，庸[⑥]筑乎傅岩[⑦]；武丁得之，举以为三公，与接天下之政，治天下之民。此何故始贱卒而贵，始贫卒而富？则王公大人明乎以尚贤使能为政，是以民无饥而不得食，寒而不得衣，劳而不得息，乱而不得治者。

【注释】

①《史记集解》云：“郑玄曰：在河东。”《水经注》云：“河东郡南有历山，谓之历观，舜所耕处也。有舜井，妫、汭二水出焉。”二说在今山西永济市。高诱注《淮南子》云：“历山在沛阴成阳也，一曰济南历城山也。”《水经注》又云：“周处《风土记》曰：记云，耕于历山，而始宁、剡二县界上。舜所耕田于山下，多柞树。吴越之间名柞为枥，故曰历山。”与郑说异。《括地志》云：“蒲州河东县历山南有舜井。”又云：“越州余姚县有历山舜井。二所又有姚墟，云生舜处也。及妫州历山舜井，皆云舜所耕处，未详也。”案：说各不同。

②此古“滨”字，见《说文》。《史记集解》云：“皇甫谧曰：济阴，定陶西南陶邱亭是也。”《正义》曰：“按：于曹州滨河作瓦器也。《括地志》云：陶城在蒲州河东县北三十里，即舜所都也。南去历山不远，或陶所在，则何必定陶方得为舜陶之陶也。斯或一焉。”按：守节说本《水经注》是也。雷泽则亦以山西永济说为强也。

③《太平御览》《玉海》引作“濩泽”。《地理志》：“河东郡有濩泽。”应劭曰：“泽在西北。”《通典》云：“泽州阳城县有濩泽水。”《史记集解》云：“郑玄曰：雷夏兖州泽，今属济阴。案：今山西永济市南四十里雷首山下有泽，亦云舜所渔也。”

④服泽，疑“蒲泽”。

⑤《汉书》作“㜪”。《玉篇》：“㜪、媄二同色臻切，有㜪国。”《说文》云：“吕不韦曰：有侁氏以伊尹倴女。”案：《吕氏春秋·本味》云：“有侁氏女子采桑，得婴儿于空桑之中，献之其君，其君令侁人养之，长而贤。汤闻伊尹，使人请之有侁氏，有侁氏不可。伊尹亦欲归汤。于是请娶妇为婚，有侁氏喜，以伊尹为媵送女。”高诱曰：“侁，读曰莘。”有莘在今河南陈留县。《括地志》云：“古莘国，在汴州陈留县东五里，故莘城是也。”《陈留风俗传》云：“陈留外黄有莘昌亭，本宋地，莘氏邑也。”或云在陕西郃阳，非。

⑥《史记索隐》引作“傭”。

⑦孔安国《书传》云：“傅岩在虞、虢之界。”《史记索隐》云：“在河东太阳县。”又夏靖书云：“猗氏十里河西岸吴坂下，便得隐穴，是说所潜身处也。”案：今在山西平陆县东二十五里。

【原文】

故古圣王以审以尚贤使能为政，而取法于天。虽天亦不辩贫富、贵贱、远迩、亲疏，贤者举而尚之，不肖者抑而废之。

然则富贵为贤以得其赏者谁也？曰：若昔者三代圣王尧、舜、禹、汤、文、武者是也。所以得其赏何也？曰：其为政乎天下也，兼而爱之，从而利之，又率天下之万民以尚尊天事鬼，爱利万民。是故天鬼赏之，立为天子，以为民父母。万民从而誉之曰圣王，至今不已。则此富贵为贤以得其赏者也。

然则富贵为暴以得其罚者谁也？曰：若昔者三代暴王桀、纣、幽、厉者是也。何以知其然也？曰：其为政乎天下也，兼而憎之，从而贼之，又率天下之民以诟天侮鬼，贱傲万民。是故天鬼罚之，使身死而为刑戮，子孙离散，室家

丧灭，绝无后嗣。万民从而非之曰暴王，至今不已。则此富贵为暴而以得其罚者也。

然则亲而不善以得其罚者谁也？曰：若昔者伯鲧，帝之元子，废帝之德庸，既乃刑之于羽之郊[①]，乃热照无有及也[②]，帝亦不爱。则此亲而不善以得其罚者也。

【注释】

①郭璞注《山海经》云："今东海祝其县西南有羽山。"案：在今山东蓬莱市。

②言其罪绩用弗成，亦止见有所不及耳。

【原文】

然则天之所使能者谁也？曰：若昔者禹、稷、皋陶是也。何以知其然也？先王之书《吕刑》道之，曰："皇帝清问下民，有辞有苗[①]。曰：群后之肆[②]在下，明明不常[③]，鳏寡不盖[④]，德威维威[⑤]，德明维明。乃名三后[⑥]，恤功于民：伯夷降典，哲民维刑[⑦]；禹平水土，主名山川；稷降播种，农殖嘉谷。三后成功，维假[⑧]于民。"则此言三圣人者，谨其言，慎其行，精其思虑，索天下之隐事遗利，以上事天，则天乡其德[⑨]；下施之万民，万民被其利，终身无已。故先王之言曰："此道也，大用之天下则不究[⑩]，小用之则不困，修用之则万民被其利，终身无已。"

【注释】

①《孔书》作"鳏，寡有辞于苗"。

②《孔书》作"逮"。

③《孔书》"不"作"棐"，《传》云"辅"，据此当作"匪"。

④《孔书》作"侮"。

⑤《孔书》作"畏"。

⑥《孔书》“名”作“命”。

⑦《孔书》“哲”作“折”。

⑧一本作“殷”，《孔书》亦作“殷”。

⑨乡，读如“向”。

⑩一本作“窕”，非。

【原文】

《周颂》道之，曰：“圣人之德，若天之高，若地之普，其有昭于天下也；若地之固，若山之承，不坼不崩；若日之光，若月之明，与天地同常。”则此言圣人之德章明博大，埴固[1]以修久也。故圣人之德，盖总乎天地者也。

【注释】

①埴，训黏土坚牢之意。

【原文】

今王公大人欲王天下，正诸侯，夫无德义，将何以哉？其说将必挟震威强。今王公大人将焉取挟震威强哉？倾者民之死也。民生为甚欲，死为甚憎。所欲不得而所憎屡至[1]，自古及今，未有尝能有以此王天下、正诸侯者也。今大人欲王天下、正诸侯，将欲使意得乎天下，名成乎后世，故不察尚贤政之本也[2]？此圣人之厚行也。

【注释】

①屡，即“屦”字省文。《史记》或作“屦”，《汉书》或作“娄”，皆训数。

②当云“不可不察”。

尚贤（下）

【原文】

子墨子言曰：天下之王公大人皆欲其国家之富也，人民之众也，刑法之治也。然而不识以尚贤为政其国家百姓，王公大人本失尚贤为政之本也。若苟王公大人本失尚贤为政之本也，则不能毋举物示之乎？

今若有一诸侯于此，为政其国家也，曰："凡我国能射御之士，我将赏贵之；不能射御之士，我将罪贱之。"问于若国之士，孰喜孰惧？我以为必能射御之士喜，不能射御之士惧。我赏因而诱之矣，曰："凡我国之忠信之士，我将赏贵之；不忠信之士，我将罪贱之。"问于若国之士，孰喜孰惧？我以为必忠信之士喜，不忠不信之士惧。今惟毋以尚贤为政①其国家百姓，使国为善者劝，为暴者沮；大②以为政于天下，使天下之为善者劝，为暴者沮。然昔吾所以贵尧、舜、禹、汤、文、武之道者，何故以哉？以其唯毋临众发政而治民，使天下之为善者可而劝也③，为暴者可而沮也。然则此尚贤者也，与尧、舜、禹、汤、文、武之道同矣。

【注释】

①毋，同"惯"，下同。

②一本作"夫"。

③高诱注《淮南子》云："而，能也，古通。"

【原文】

而今天下之士君子，居处言语皆尚贤，逮至其临众发政而治民，莫知尚贤而使能。我以此知天下之士君子，明小而不明于大也。何以知其然乎？今王公大人有一牛羊之财①不能杀，必索良宰；有一衣裳之财不能制，必索良工。当王公大人之于此也，虽有骨肉之亲、无故富贵、面目美好者，实知其不能也，不使之也。是何故？恐其败财也。当王公大人之于此也，则不失尚贤而使能。王公大人有一罢马不能治，必索良医；有一危弓不能张，必索良工。当王公大人之于此也，虽有骨肉之亲、无故富贵、面目美好者，实知其不能也，必不使。是何故？恐其败财也。当王公大人之于此也，则不失尚贤而使能。逮至其国家则不然，王公大人骨肉之亲、无故富贵、面目美好者则举之。则王公大人之亲其国家也，不若亲其一危弓、罢马、衣裳、牛羊之财与！我以此知天下之士君子，皆明于小而不明[2]于大也。此譬犹瘖者而使为行人，聋者而使为乐师。是故古之圣王之治天下也，其所富，其所贵，未必王公大人骨肉之亲、无故富贵、面目美好者也。

【注释】

①同“材”。

②旧脱此字，一本有。

【原文】

是故昔者舜耕于历山，陶于河濒，渔于雷泽，灰于常阳[1]；尧得之服泽之阳，立为天子，使接天下之政而治天下之民。昔伊尹为莘氏女师仆[2]，使为庖人；汤得而举之，立为三公，使接天下之政治天下之民。昔者傅说居北海之洲[3]，圜土之上[4]，衣褐带索，庸筑于傅岩之城；武丁得而举之，立为三公，使之接天下之政而治天下之民。是故昔者尧之举舜也，汤之举伊尹也，武丁之举傅说也，岂以为骨肉之亲、无故富贵、面目美好者哉？惟法其言，用其谋，行其道，上可而利天[5]，中可而利鬼，下可而利人，是故推而上之。

【注释】

①疑即恒山之阳。

②仆，佚也。女师，见《诗》云“言告师氏”。

③《书正义》云："《尸子》云：傅岩在北海之洲。"《孔传》云："傅岩在虞虢之界。"洲，当为"州"。

④《史记·殷本纪》云："说为胥靡，筑于傅岩。"《孔传》云："说贤而隐，代胥靡筑之以供食。"故此云圜上也。

⑤而，同"能"。

【原文】

古者圣王既审尚贤，欲以为政，故书之竹帛，琢之槃盂，传以遗后世子孙，于先王之书《吕刑》之书然，王曰："於[①]！来！有国有土[②]，告女讼刑[③]。在今而安百姓[④]，女何择言人[⑤]？何敬不刑？何度不及[⑥]？"能择人而敬为刑，尧、舜、禹、汤、文、武之道可及也。是何也？则以尚贤及之，于先王之书、竖[⑦]年之言然，曰："晞夫圣武知人[⑧]，以屏辅而身。"此言先王之治天下也，必选择贤者，以为其群属辅佐。

【注释】

①《孔书》作"吁"。

②《孔书》"国"作"邦"。

③《孔书》"女"作"尔"，"讼"作"详"。

④《孔书》"而"作"尔"，是。

⑤《孔书》无"女"字，作"何择非人"。

⑥《孔书》两"不"字作"非"。

⑦"距"字假音。

⑧晞，疑当从目。

【原文】

曰：今也天下言士君子，皆欲富贵而恶贫贱，曰然女何为而得富贵而辟贫贱[①]？莫若为贤。为贤之道将奈何？曰：有力者疾以助人，有财者勉以分人，有

道者劝以教人。若此，则饥者得食，寒者得衣，乱者得治。若饥则得食，寒则得衣，乱则得治，此安生生。

【注释】

①辟，同“避”。

【原文】

今王公大人，其所富，其所贵，皆王公大人骨肉之亲、无故富贵、面目美好者也。今王公大人骨肉之亲、无故富贵、面目美好者，焉故必知哉？若不知，使治其国家，则其国家之乱，可得而知也。

今天下之士君子，皆欲富贵而恶贫贱，然女何为而得富贵而辟贫贱哉？曰：莫若为王公大人骨肉之亲。无王公大人骨肉之亲、无故富贵、面目美好者，此非可学能者也。使不辩，德行之厚若禹、汤、文、武，不加得也；王公大人骨肉之亲，躄、瘖、聋，暴为桀、纣，不加失也。是故以赏不当贤，罚不当暴。其所赏者，已无故矣；其所罚者，亦无罪。是以使百姓皆攸[①]心解体，沮以为善，垂其股肱之力，而不相劳来也；腐臭余财[②]，而不相分资也；隐慝良道[③]，而不相教诲也。若此，则饥者不[④]。推而上之以。

【注释】

①一本作“放”。

②臭，“殠”省文。

③慝即“匿”字异文。隐匿之字，亦写从心，知经典慝恶字即匿也。

④此下有脱文。

【原文】

是故昔者尧有舜，舜有禹，禹有皋陶，汤有小臣，武王有闳夭、泰颠、南宫括、散宜生[①]。得此不劝誉。且今天下之王公大人士君子，中实将欲为仁义，求为士，上欲中圣王之道，下欲中国家百姓之利，而天下和，庶民阜，是以近者安之，远者归之，日月之所照，舟车之所及，雨露之所渐，粒食之所养，故尚贤之为说，而不可不察此者也。尚贤者，天鬼，百姓之利，而政事之本也。

【注释】

①纣拘文王于羑里，于是散宜生乃以千金求天下之珍怪，得驺虞鸡斯之乘，玄玉百工，大贝百朋，玄豹黄羆，青豻白虎，文皮千合，以献于纣。以费仲而通，纣见而悦之。乃免其身，杀牛而赐之。见《淮南子·道应训》。

第三卷

尚同（上）[①]

【原文】

子墨子言曰：古者民始生，未有刑政之时，盖其语，人异义。是以一人则一义，二人则二义，十人则十义。其人兹众，其所谓义者亦兹众。是以人是其义，以非人之义，故交相非也。是[②]以内者父子兄弟作怨恶离散，不能相和合；天下之百姓，皆以水火毒药相亏害。至有余力，不能以相劳；腐死余财，不以相分[③]；隐匿良道，不以相教。天下之乱，若禽兽然。

【注释】

①杨倞注《荀子》“尚”作“上”。

②旧作“非是也”，字倒，今以意改。

③旧本“死”俱作“列”，非。《说文》云：“死，腐也。或从歺。”

【原文】

夫明虖天下之所以乱者，生于无政长①。是故选天下之贤可者，立以为天子。天子立，以其力为未足，又选择天下之贤可者，置立之以为三公。天子、三公既以立，以天下为博大，远国异土之民，是非利害之辩，不可一二而明知，故画分万国②，立诸侯国君。诸侯国君既已立，以其力为未足，又选择其国之贤可者，置立之以为正长。

【注释】

①政，当为“正”。

②《说文》云：“画，界也。”

【原文】

正长既已具，天子发政于天下之百姓，言曰：“闻善而不善①，皆以告其上。上之所是，必皆是之；所非，必皆非之。上有过则规谏之，下有善则②傍荐之。上同而不下比者，此上之所赏而下之所誉也。意若闻善而不善，不以告其上；上之所是弗能是，上之所非弗能非；上有过弗规谏，下有善弗傍荐；下比不能上同者，此上之所罚而百姓所毁也。”上以此为赏罚，其明察以审信。

【注释】

①而，与“如”同。

②一本作“必”。

【原文】

是故里长者，里之仁人也。里长发政里之百姓，言曰：“闻善而不善，必以告其乡长。乡长之所是，必皆是之；乡长之所非，必皆非之。去若不善言，学乡长之善言；去若不善行，学乡长之善行。”则乡何说以乱哉？察乡之所治者何也？乡长唯能壹同乡之义，是以乡治也。

乡长者，乡之仁人也。乡长发政乡之百姓，言曰：“闻善而不善者，必以告国君。国君之所是，必皆是之；国君之所非，必皆非之。去若不善言，学国君之善言；去若不善行，学国君之善行。”则国何说以乱哉？察国之所以治者何也？国君唯能壹同国之义，是以国治也。

国君者，国之仁人也。国君发政国之百姓，言曰：“闻善而不善，必以告天子。天子之所是，皆是之；天子之所非，皆非之。去若不善言，学天子之善言；去若不善行，学天子之善行。”则天下何说以乱哉？察天下之所以治者何也？天子唯能壹同天下之义，是以天下治也。

天下之百姓皆上同于天一，而不上同于天，则菑犹未去也[①]。今若天飘风苦雨，溱溱而至者[②]，此天之所以罚百姓之不上同于天者也。是故子墨子言曰：“古者圣王为五刑，请以治其民，譬若丝缕之有纪[③]，罔罟之有纲[④]，所连收天下之百姓不尚同其上者也。”

【注释】

①菑，“巛”字之假音。菑，不耕田也。见《说文》。

②溱，同“臻”。《太平御览》作“臻”。《史记·三王世家》云“西溱月氏”，《正义》云：“溱，音臻。”

③《说文》云：“纪，丝别也。”

④《说文》云：“纲，维纮绳也。”

尚同（中）

【原文】

子墨子曰：方今之时，复古之民始生，未有正长之时，盖其语曰，天下之

人异义。是以一人一义，十人十义，百人百义。其人数兹众，其所谓义者亦兹众。是以人是其义，而非人之义，故相交非也。内之父子兄弟作怨仇，皆有离散之心，不能相和合。至乎舍余力，不以相劳；隐匿良道，不以相教；腐死余财，不以相分[①]天下之乱也，至如禽兽然。无君臣上下长幼之节、父子兄弟之礼，是以天下乱焉。明乎民之无正长以一同天下之义，而天下乱也，是故选择天下贤良、圣知、辩慧之人，立以为天子，使从事乎一同天下之义。天子既以立矣，以为唯其耳目之请[②]，不能独一同天下之义，是故选择天下赞阅贤良、圣知、辩慧之人，置以为三公，与从事乎一同天下之义。天子、三公既已立矣，以为天下博大，山林远土之民，不可得而一也，是故靡分天下，设以为万诸侯国君，使从事乎一同其国之义。国君既已立矣，又以为唯其耳目之请，不能一同其国之义，是故择其国之贤者，置以为左右将军大夫，以远至乎乡里之长，与从事乎一同其国之义。天子、诸侯之君、民之正长既已定矣，天子为发政施教，曰："凡闻见善者，必以告其上；闻见不善者，亦必以告其上。上之所是，必亦是之；上之所非，必亦非之。已有善，傍荐之；上有过，规谏之。尚同义其上，而毋有下比之心。上得则赏之，万民闻则誉之。意若闻见善不以告其上，闻见不善亦不以告其上；上之所是不能是，上之所非不能非；已有善不能傍荐之，上有过不能规谏之；下比而非其上者，上得则诛罚之，万民闻则非毁之。"故古者圣王之为刑政赏誉也，甚明察以审信。是以举天下之人，皆欲得上之赏誉而畏上之毁罚。

【注释】

①"死"，旧作"列"，见上。

②请，当为"情"，下同。

【原文】

是故里长顺天子政，而一同其里之义。里长既同其里之义，率其里之万民以尚同乎乡长，曰："凡里之万民，皆尚同乎乡长而不敢下比。乡长之所是，必亦是之；乡长之所非，必亦非之。去而不善言，学乡长之善言；去而不善行，学乡长之善行。”乡长固乡之贤者也，举乡人以法乡长，夫乡何说而不治哉？察乡长之所以治乡者，何故之以也？曰：唯以其能一同其乡之义，是以乡治。

其乡而乡既已治矣，有率其乡万民以尚同乎国君，曰：“凡乡之万民，皆上同乎国君而不敢下比。国君之所是，必亦是之；国君之所非，必亦非之。去而不善言，学国君之善言；去而不善行，学国君之善行。”国君固国之贤者也，举国人以法国君，夫国何说而不治哉？察国君之所以治国而国治者，何故之以也？曰：唯以其能一同其国之义，是以国治。

国君治其国而既已治矣，有率其国之万民以尚同乎天子，曰：“凡国之万民，上同乎天子而不敢下比。天子之所是，必亦是之；天子之所非，必亦非之。去而不善言，学天子之善言；去而不善行，学天子之善行。”天子者，固天下之仁人也，举天下之万民以法天子，夫天下[①]何说而不治哉？察天子之所以治天下者，何故之以也？曰：唯以其能一同天下之义，是以天下治。

【注释】

①旧作“子”，一本如此。

【原文】

夫既尚同乎天子，而未上同乎天者，则天菑将犹未止也。故当若天降寒热不节，雪霜雨露不时，五谷不孰，六畜不遂，疾菑戾疫[①]，飘风苦雨，荐臻而至者，此天之降罚也，将以罚下人之不尚同乎天者也。

【注释】

①戾，“沴”字之假音。

【原文】

故古者圣王明天鬼之所欲，不避天鬼之所憎，以求兴天下之利，除天下之害。是以率天下之万民，齐戒沐浴，絜为酒醴粢盛[1]，以祭祀天鬼。其事鬼神也，酒醴粢盛不敢不蠲洁，牺牲不敢不腯肥，珪璧币帛不敢不中度量，春秋祭祀不敢失时幾，听狱不敢不中[2]，分财不敢不均，居处不敢怠慢。曰：其为正长若此，是故出诛胜者，何故之以也？曰：唯以尚同为政者也。故古者圣王之为政若此。

【注释】

①本书多作“絜”，俗从水。

②幾，读如“关市讥”。

【原文】

今天下之人曰：“方今之时，天鬼之福可得也；万民之所便利而能强从事焉，则万民之亲可得也。其为政若此，是以谋事得[1]，举事成，入守固，上者天鬼有厚乎其为政长也，下者万民有便利乎其为政长也。天鬼之所深厚而强从事焉，则天下之正长犹未废乎天下也，而天下之所以乱者，何故之以也？”子墨子曰：“方今之时之以正长，则本与古者异矣，譬之若有苗之以五刑然[2]。昔者圣王制为五刑以治天下[3]，逮至有苗之制五刑以乱天下，则此岂刑不善哉？用刑则不善也。是以先王之书《吕刑》之道[4]曰：‘苗民否用练，折则刑[5]；唯作五杀之刑[6]，曰法。’则此言善用刑者以治民，不善用刑者以为五杀。则此岂刑不善哉？用刑则不善，故遂以为五杀。是以先王之书《术令》之道曰：‘惟口出好兴戎。’则此言善用口者出好，不善用口者以为谗贼寇戎。则此岂口不善哉？用口则不善也，故遂以为谗贼寇戎。”

青瓷灶台（战国）

【注释】

①旧脱此字，据后文增。

②“苗”，旧作“量”，据下改。

③《文选注》引此云：“画衣冠，异章服，而民不犯。”疑此间脱文。

④当云“道之”。

⑤《孔书》作“弗用灵制以刑”。灵、练，否、弗，折、制，音同。

⑥《孔书》“杀”作“虐”。

【原文】

故古者之置正长也，将以治民也。譬之若丝缕之有纪，而罔罟之有纲也。将以运役天下淫暴，而一同其义也。是以先王之书《相年》之道曰[①]：“夫建国设都，乃作后王君公，否用泰也；轻大夫师长[②]，否用佚也。维辩使治天均。”则此语古者上帝鬼神之建设国都、立正长也，非高其爵，厚其禄，富贵佚而错之也[③]；将以为万民兴利除害，富贵贫寡，安危治乱也。故古者圣王之为若此。

【注释】

①相年，当为“拒年”。

②轻，当为“乡”。卢云：下篇作“奉以轻”，字误也。

③错，读如“举措”。

【原文】

今王公大人之为刑政则反此，政以为便譬[①]，宗于父兄故旧，以为左右，置以为正长。民知上置正长之非正以治民也，是以皆比周隐匿，而莫肯尚同其上，是故上下不同义。若苟上下不同义，赏誉不足以劝善，而刑罚不足以沮暴。何以知其然也？曰：上唯毋立而为政乎国家，为民正长，曰：“人可赏，吾将赏

之。”若苟上下不同义，上之所赏，则众之所非。曰人众与处，于众得非，则是虽使得上之赏，未足以劝乎！止唯毋立而为政乎国家，为民正长曰：“人可罚，吾将罚之。”若苟上下不同义，上之所罚，则众之所誉。曰人众与处，于众得誉，则是虽使得上之罚，未足以沮乎！若立而为政乎国家，为民正长，赏誉不足以劝善，而刑罚不沮暴，则是不与乡吾本言“民始生未有正长之时”同乎？若有正长与无正长之时同，则此非所以治民一众之道。

【注释】

①读如“僻”。

【原文】

故古者圣王唯而审以尚同[①]，以为正长，是故上下情请为通[②]。上有隐事遗利，下得而利之；下有蓄怨积害，上得而除之。是以数千万里之外，有为善者，其室人未遍知，乡里未遍闻，天子得而赏之。数千万里之外，有为不善者，其室人未遍知，乡里未遍闻，天子得而罚之。是以举天下之人，皆恐惧振动惕慄，不敢为淫暴，曰：“天子[③]之视听也神。”先王之言曰：“非神也，夫唯能使人之耳目助己视听，使人之吻助己言谈，使人之心助己思虑，使人之股肱助己动作。”助之视听者众，则其所闻见者远矣。助之言谈者众，则其德音之所抚循者博矣。助之思虑者众，则其谈谋度速得矣。助之动作者众，即举其事速成矣。故古者圣人之所以济事成功，垂名于后世者，无他故异物焉，曰：唯能以尚同为政者也。

【注释】

①而，读与“能”同。旧脱“审”字，《文选注》引作“能审以尚同”，今据增。

②《文选注》引作“是故上下通情”，旧脱“故”字，今据增。

③旧作“下”，一本如此。

【原文】

是以先王之书《周颂》之道之曰："载来见彼王[①]，聿求厥章。"则此语古者国君诸侯之以春秋来朝聘天子之廷，受天子之严教，退而治国，政之所加，莫敢不宾。当此之时，本无有敢纷天子之教者。《诗》曰："我马维骆，六辔沃若，载驰载驱，周爰咨度。"又曰："我马维骐，六辔若丝，载驰载驱，周爰咨谋。"即此语也。占者国君诸侯之闻见善与不善也，皆驰驱以告天子，是以赏当贤，罚当暴，不杀不辜，不失有罪，则此尚同之功也。是故子墨子曰："今天下之王公大人士君子，请将欲富其国家，众其人民，治其刑政，定其社稷，当若尚同之不可不察，此之本也[②]。"

【注释】

①一本作"载见辟王"，同《诗》。

②当云"此为政之本也"。

尚同（下）[①]

【原文】

子墨子言曰："知者之事，必计国家百姓所以治者而为之，必计国家百姓之所以乱者而辟之[②]。"然计国家百姓之所以治者何也？上之为政，得下之情则治，不得下之情则乱。何以知其然也？上之为政，得下之情，则是明于民之善非也。若苟[③]明于民之善非也，则得善人而赏之，得暴人而罚之也。善人赏而暴人罚，则国必治。上之为政也，不得下之情，则是不明于民之善非也。若苟不明于民之善非，则是不得善人而赏之，不得暴人而罚之。善人不赏而暴人不罚，为政若此，国众必乱。故赏不得下之情，而不可不察者也。

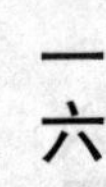

【注释】

①《中兴书目》云“一本自《亲士》至《上同》凡十三篇”者，即此。已上诸篇，非有异本。

②辟，同“避”。

③二字旧倒，据下文改。

【原文】

然计得下之情将奈何可？故子墨子曰：“唯能以尚同一义为政，然后可矣。”何以知尚同一义之可而为政于天下也？然胡不审稽古之治为政之说乎？古者，天之始生民，未有正长也，百姓为人。若苟百姓为人，是一人一义，十人十义，百人百义，千人千义。逮至人之众不可胜计也，则其所谓义者亦不可胜计。此皆是其义而非人之义，是以厚者有斗而薄[①]者有争。是故天下之欲同一天下之义也[②]，是故选择贤者立为天子。天子以其知力为未足独治天下，是以选择其次立为三公。三公又以其知力为未足独左右天子也，是以分国建诸侯。诸侯又以其知力为未足独治其四境之内也，是以选择其次立为卿之宰。卿之宰又以其知力为未足独左右其君也，是以选择其次立而为乡长、家君。是故古者天子之立三公、诸侯、卿之宰、乡长、家君，非特富贵游佚而择之也，将使助治乱刑政也。故古者建国设都，乃立后王君公，奉以卿士师长，此非欲用说也，唯辩而使助治天助明也。

【注释】

①旧作“荡”，一本如此。

②《文选注》引作“古者同天之义”。

【原文】

今此何为人上而不能治其下，为人下而不能事其上？则是上下相贼也。何故以然？则义不同也。若苟义不同者有党，上以若人为善，将赏[①]之；若人唯使得上之赏，而辟百姓之毁，是以为善者必未可使劝，见有赏也。上以若人为暴，将罚之；若人惟使得上之罚，而怀百姓之誉，是以为暴者必未可使沮，见有罚也。故计上之赏誉，不足以劝善；计其毁罚，不足以沮暴。此何故以然？则欲同一天下之义将奈何可？故子墨子言曰：然胡不赏使家君，试用家君发宪布令其家，曰：若见爱利家者，必以告；若见恶贼家者，亦必以告。若见爱利家以告，亦犹爱利家者也，上得且赏之，众闻则誉之。若见恶贼家不以告，亦犹恶贼家者也，上得且罚之，众闻则非之。是以遍[②]若家之人，皆欲得其长上之赏誉，辟其毁罚。是以善言之，不善言之[③]；家君得善人而赏之，得暴人而罚之。善人之赏而暴人之罚，则家必治矣。然计若家之所以治者何也？唯以尚同一义为政故也。

【注释】

①旧作“毁”，一本如此。

②旧作“祸”，一本如此，下同。

③旧脱四字，一本有。

【原文】

家既已治，国之道尽此已邪？则未也。天下[①]为家数也甚多，此皆是其家而非人之家，是以厚者有乱而薄者有争。故又使家君总其家之义[②]，以尚同于国君。国君亦为发宪布令于国之众，曰：若见爱利国者，必以告；若见恶贼国者，亦必以告。若见爱利国以告者，亦犹爱利国者也，上得且赏之，众闻则誉之。若见恶贼国不以告者，亦犹恶贼国者也，上得且罚之，众闻则非之。是以遍若国之人，皆欲得其长上之赏誉，避其毁罚。是以民见善者言之，见不善者言之；国君得善人而赏之，得暴人而罚之。善人赏而暴人罚，则国必治矣。然计若国之所以治者何也？唯能以尚同一义为政故也。

【注释】

①当脱“之”字。一本“天下”作“国之”。

②旧脱此字，一本有。

【原文】

国既已治矣，天下之道尽此已邪？则未也。天下之为国数也甚多，此皆是其[1]国而非人之国，是以厚者有战而薄者有争。故又使国君选其国之义，以义[2]尚同于天子。天子亦为发宪布令于天下之众，曰：若见爱利天下者，必以告；若见恶贼天下者，亦以告。若见爱利天下以告者，亦犹爱利天下者也，上得则赏之，众闻则誉之。若见恶贼天下不以告者，亦犹恶贼天下者也，上得且[3]罚之，众闻则非之。是以遍天下之人，皆欲得其长上之赏誉，避其毁罚。是以见善、不善者告之；天子得善人而赏之，得暴人而罚之。善人赏而暴人罚，天下必治矣。然计天下之所以治者何也？唯而[4]以尚同一义为政故也。

【注释】

①旧脱此字，一本有。

②一本无此字，是。

③一本作“则”。

④一本无字，非。而，同“能”。

【原文】

天下既[1]已治，天子又总天子之义以尚同于天。故当尚用之为说也，尚同[2]之天子，可以治天下矣；中用之诸侯，可而治其国矣；小用之家君，可而治其家矣。是故大用之治天下不窕[3]，小用之治一国一家而不横者，若道之谓也。故曰：治天下之国若治一家，使天下之民若使一夫。意独子墨子有此，而先王无此其有邪？则亦然也。圣王皆以尚同为政，故天下治。何以知其然也？于先王之书也。《大誓》之言然，曰："小人见奸巧，乃闻不言也，发罪钧[4]。"此言见淫辟不以告者，其罪亦犹淫辟者也。

【注释】

①一本作"计"，非。

②一本作"上同"。

③《尔雅》云："窕，间也。"犹云无间。

④《孔书》无此文。

【原文】

故古之圣王治天下也，其所差论以自左右羽翼者，皆良外为之人，助之视听者众。故与人谋事，先人得之；与人举事，先人成之；先之[1]誉令闻，先人发之。唯信身而从事，故利若此。古者有语焉，曰："一目之[2]视也，不若二目之视也；一耳之听也，不若二耳之听也；一手之操也，不若二手之[3]强也。"夫唯能信身而从事，故利若此。是故古之圣王之治天下也，千里之外有贤人焉，其乡里之人皆未之均闻见也，圣王得而赏之；千里之内有暴人焉，其乡里[4]未之均闻见也，圣王得而罚之。故唯毋以圣王为聪耳明目与，岂能一视而通见千里之外哉？一听而通闻千里之外哉？圣王不往而视也，不就而听也。然而使天下之为寇乱盗贼者周流天下无所重足者，何也？其以尚同为政善也。

【注释】

①二字一本作"光"，是。

②旧脱此字，一本有。

③旧脱此字，一本有。

④据上文当有"之人"二字。

【原文】

是故子墨子曰："凡使民尚同者，爱民不疾，民无可使。曰：必疾爱而使之，畋信而持之；富贵以道其前，明罚以率其后。为政若此，虽[①]欲毋与我同，将不可得也。"

【注释】

①旧作"唯"，以意改。

【原文】

是以子墨子曰："今天下王公大人士君子，中情将欲为仁义，求为士，上欲中圣王之道，下欲中国家百姓之利，故当尚同之说而不察[①]，尚同为政之本而治要也[②]。"

【注释】

①当云"不可不察"。

②当云"治之要也"。

第四卷

兼爱（上）[①]

【原文】

圣人以治天下为事者也，必知乱之所自起，焉能治之；不知乱之所自起，则不能治。譬之如医之攻人之疾者然，必知疾之所自起，焉能攻之；不知疾之所自起，则弗能攻。治乱者何独不然？必知乱之所自起，焉能治之；不知乱之所自起，则弗能治。圣人以治天下为事者也，不可不察乱之所自起。

【注释】

①㤅好之字作“㤅”，从夊者，行貌，经典通用此。

【原文】

当察乱何自起，起不相爱。臣子之不孝君父，所谓乱也。子自爱，不爱父，故亏父而自利；弟自爱，不爱兄，故亏兄而自利；臣自爱，不自爱君，故亏君而自利。此所谓乱也。虽父之不慈子，兄之不慈弟，君之不慈臣，此亦天下之所谓乱也。父自爱也不爱子，故亏子而自利；兄自爱也不爱弟，故亏弟而自利；君自爱也不爱臣，故亏臣而自利。是何也？皆起不相爱。

虽至天下之为盗贼者亦然。盗爱其室，不爱其异室，故窃异室以利其室；贼爱其身，不爱人，故贼人以利其身。此何也？皆起不相爱。

虽至大夫之相乱家，诸侯之相攻国者亦然。大夫各爱家[①]，不爱异家，故乱异家以利家[②]。诸侯各爱其国，不爱异国，故攻异国以利其国。天下之乱物，具此而已矣。察此何自起？皆起不相爱。

【注释】

①一本云“爱其家”。

②一本云“利其家”。

【原文】

若使天下兼相爱[①]，人若爱其身，恶施不孝？犹有不慈者乎？视子弟与臣若其身，恶施不慈？不孝亡有[②]。犹有盗贼乎？故视人之室若其室，谁窃？视人身

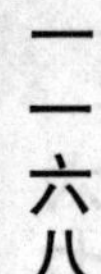

若其身，谁贼？故盗贼亡有[3]。犹有大夫之相乱家、诸侯之相攻国者乎？视人家若其家，谁乱？视人国若其国，谁攻？故大夫之相乱家、诸侯之相攻国者亡有。若使天下兼相爱，国与国不相攻，家与家不相乱，盗贼无有，君臣父子皆能孝慈，若此，则天下治。

【注释】

①卢云下有“爱”字。

②旧脱此字，据下文增。

③二字旧倒，非，下同。

【原文】

故圣人以治天下为事者，恶得不禁恶而劝爱？故天下兼相爱则治，相恶则乱。故子墨子曰：“不可以不劝爱人者，此也。”

兼爱（中）

【原文】

子墨子言曰：“仁人之所以为事者，必兴天下之利，除去天下之害，以此为事者也。”然则天下之利何也？天下之害何也？子墨子言曰：“今若国之与国之相攻，家之与家之相篡，人之与人之相贼，君臣不惠忠，父子不慈孝，兄弟不和调，此则天下之害也。”然则崇此害亦何用生哉？以不相爱生邪？子墨子言：“以不相爱生。”今诸侯独知爱其国，不爱人之国，是以不惮举其国以攻人之国。今家主独知爱其家，而不爱人之家，是以不惮举其家以篡人之家。今人独知爱其身，不爱人之身，是以不惮举其身以贼人之身。是故诸侯不相爱则必野战，家主不相爱则必相篡，人与人不相爱则必相贼，君臣不相爱则不惠忠，父子不相爱则不慈孝，兄弟不相爱则不和调。天下之人皆不相爱，强必执弱，富必侮贫，贵必敖[①]贱，诈必欺愚。凡天下祸篡怨恨其所以起者，以不相爱生也，是以仁者非之。

【注释】

①一本作“傲”，此“傲”字假音。

【原文】

既以非之，何以易之？子墨子言曰：“以兼相爱、交相利之法易之。”然则兼相爱、交相利之法将奈何哉？子墨子言：“视人之国若视其国，视人之家若视其家，视人之身若视其身。”是故诸侯相爱则不野战，家主相爱则不相篡，人与人相爱则不相贼，贵不敖贱，诈不欺愚。凡天下祸篡怨恨可使毋起者，以仁者誉之。

然而今天下之士，君臣相爱则惠忠，父子相爱则慈孝，兄弟相爱则和调；天下之人皆相爱，强不执弱，众不劫寡，富不侮贫。子墨子言曰：“然。乃若兼则善矣。”“虽然，天下之难物于故也。”子墨子言曰：“天下之士君子，特不识其利、辩其故也。今若夫攻城野战，杀身为名，此天下百姓之所皆难也。苟君说之，则士众能为之。况于兼相爱、交相利，则与此异。夫爱人者，人必从而爱之；利人者，人必从而利之。恶人者，人必从而恶之；害人者，人必从而害之。此何难之有？特上弗以为政，士不以为行故也。”昔者晋文公好士之恶衣[①]，故文公之臣[②]，皆牂羊之裘，韦以带剑[③]，练帛之冠[④]，入以见于君，出以践朝[⑤]。是其故何也？君说之，故臣为之也。昔者楚灵王好士细要[⑥]，灵王之臣皆以一饭为节[⑦]，胁[⑧]息然后带，扶墙然后起。比期年，朝有黧黑之危[⑨]。是其故何[⑩]也？君说之，故臣能之也。昔越王勾践好士之勇，教驯其臣，和合之，焚舟失火，试其士曰：“越国之宝尽在此！”越王亲自鼓其士[⑪]而进之[⑫]。士闻鼓音，破碎乱行，蹈火而死者，左右百人有余[⑬]。越王击金而退之。是故子墨子言曰：“乃若夫少食、恶衣，杀身而为名，此天下百姓之所皆难也。若苟君说之，则众能为之。况兼相爱、交相利，与此异矣。夫爱人者，人亦从而爱之；利人者，人亦从而利之。恶人者，人亦从而恶之；害人者，人亦从而害之。此何难之有焉？特上不以为政，而士不以为行故也。"

【注释】

①《太平御览》引作"服"。

②《太平御览》引作"大夫"二字。

③旧作"钱"，据《太平御览》改。

④《太平御览》引此"练"作"大"。

⑤《淮南子·齐俗训》云："晋文君大布之衣，牂羊之裘，韦以带剑，威立于海内。"

⑥旧作"腰"，俗写。《后汉书注》引此云："楚灵王好细腰，而国多饿人。"

⑦《太平御览》引此"一"作"三"。

⑧旧作"肱"，据《太平御览》改。

⑨"黧"非古字，当为"黎"。《吕氏春秋·行论》云："禹官为司空，以通水潦，颜色黎黑。"只作"黎"。《玉篇》云："黧，亦作黎。"

⑩"何"原作"是"，据上文当作"何"，今据改。

⑪鼓击之字从支，钟鼔之字从攴。

⑫旧此下有"曰"字，衍文。

⑬《太平御览》引云："越王好士勇，自焚其室，曰越国之宝悉在此中，王自鼓，蹈火而死者百馀人。"

【原文】

然而今天下之士君子曰："然。乃若兼则善矣。虽然不可行之物也，譬若挈太山越河济也[①]。"子墨子言："是非其譬也。夫挈太山而越河济，可谓毕劫有力矣。自古及今，未有能行之者也。况乎兼相爱、交相利，则与此异。古者圣王行之。"何以知其然？古者禹治天下，西为西河渔窦[②]，以泄渠、孙、皇之水[③]；北为防、原、泒，注[④]后之邸[⑤]嘑池之窦[⑥]，洒为底柱[⑦]，凿为龙门[⑧]，以利燕、代、胡、貉与西河之民[⑨]；东方漏之陆防[⑩]，孟诸之泽[⑪]，洒为九浍[⑫]，以楗东土之水[⑬]，以利冀州之民；南为江、汉、淮、汝，东流之，注五湖之处[⑭]，以利荆楚、于越[⑮]，南夷之民[⑯]。此言禹之事，吾今行兼矣。昔者文王之治西土，若日若月，乍光于四方、于西土，不为大国侮小国，不为众庶侮鳏寡，不为暴势夺穑人黍稷狗彘[⑰]。天屑临文王慈[⑱]，是以老而无子者，有所得终其寿；连独无兄弟者[⑲]，有所杂于生人之间；少失其父母者，有所放依而长。此文王之事，则吾今行兼矣。昔者武王将事泰山隧[⑳]，传曰："泰山，有道曾孙周王有事，大事既获，仁人尚作，以祗商夏、蛮夷丑貉。虽有周亲，不若仁人。万方有罪，维予一人。"此言武王之事，吾今行兼矣。

【注释】

①此"济"字当为"泲"，即出山西垣曲县王屋山之沇水也。从齐者，石济水出直隶赞皇县也。

②西河在今山西陕西之界，渔窦疑即龙门。

③未详其水。

④疑即雁门泒水也。

⑤未详。

⑥即虖沱河，出今山西繁畤县。古无"池"字，即"沱"异文，故此亦以"池"为"沱"也。

⑦《说文》云："洒，汛也。"洒假音字。《水经》云："砥柱山在河东大阳县东河中。"《括地志》云："底柱山俗名三门山，硖石县东北五十里黄河之中。"案：在今山西平陆县东五十里，三门山东。

⑧《水经》云："龙门山在河东皮氏县西。"《括地志》云："龙门山在同州韩城县北五十里。"山在今河津、韩城二县界。

⑨貉，《非攻中》作"貊"，是。疑《左传》云"狄之广莫，于晋为都"，广即少广，莫即貊也。

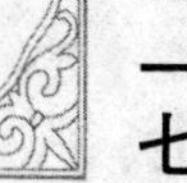

⑩陆防，疑即大陆，在今山东巨鹿县。

⑪泽，在今山东虞城县西北十里，有孟诸台，接商邱县界。《水经》云："明都泽在梁郡睢阳县东北。"明、孟，诸、都，音相近。

⑫此"巜"字之假音。《尔雅》云："水注沟曰浍。"《说文》以浍为水名。案：九"巜"即九河也。

⑬《说文》云："楗，门限。"则此盖言限也。《玉篇》："渠偃切。"

⑭《文选注》云："张勃《吴录》曰：五湖者，太湖之别名也，周行五百余里。"今案江南吴、吴江、宜兴、武进、无锡、浙江乌程、长兴七县，皆濒此湖也。

⑮四字旧作"楚荆越与"，据《文选注》改。

⑯江、淮、汝在荆，五湖在越也。

⑰《说文》云："啬，悉濇也，从来从㐭。来者㐭而臧之，故田夫谓之啬夫。"穑与啬通。

⑱《汉书·武帝纪》云："肹然如有闻。"

⑲连同"鳏"，音相近，字之异也。经典或作"茕"，或作"惸"，皆假音。

⑳或为"队"。《穆天子传》云："钘山之队。"《玉篇》云："队，以醉切，掘地通路也。或作隧。"案：队、隧字皆《说文》𨸏字之省。

【原文】

是故子墨子言曰："今天下之君子，忠①实欲天下之富②而恶其贫，欲天下之治而恶其乱，当兼相爱、交相利，此圣王之法，天下之治道也，不可不务为也。"

【注释】

①一本作"中"。

②旧云"士富"，"士"字衍。

兼爱（下）

【原文】

子墨子言曰："仁人之事者，必务求兴天下之利，除天下之害。"然当今之时，天下之害孰为大？曰："若大国之攻小国也，大家之乱小家也，强之劫弱，众之暴寡，诈之谋愚，贵之敖[①]贱，此天下之害也。人与为人君者之不惠也，臣者之不忠也，父者之不慈也，子者之不孝也，此又天下之害也。又与[②]今人之贱人，执其兵刃、毒药、水火以交相亏贼，此又天下之害也。"

【注释】

①一本作"傲"。

②当云"人与"。

【原文】

姑尝本原若众害之所自。此胡自生？此自爱人利人生与？即必曰非然也，必曰从恶人贼人生。分名乎天下恶人而贼人者，兼与？别与？即必曰[①]别也。然即之交别者，果生天下之大害者与！是故别非也。子墨子曰："非人者必有以易之，若非人而无以易之，譬之犹以水救火也[②]。"其说将必无可焉。是故子墨子曰："兼以易别。"然即兼之可以易别之故何也？曰："藉为人之国，若为其国，夫谁独举其国以攻人之国者哉？为彼者由为己也[③]。为人之都，若为其都，夫谁独举其都以伐人之都者哉？为彼犹为己也。为人之家，若为其家，夫谁独举其家以乱人之家者哉？为彼犹为己也。"然即国、都不相攻伐，人家不相乱贼，此天下之害与？天下之利与？即必曰天下之利也。

【注释】

①旧脱此字，据上文增。

②一本作“火救水”。

③由，同“犹”。

【原文】

姑尝本原若众利之所自生。此胡自生？此自恶人贼人生与？即必曰非然也，必曰从爱人利人生。分名乎天下爱人而利人者，别与？兼与？即必曰兼也。然即之交兼者，果生天下之大利者与！是故子墨子曰：“兼是也。”且乡吾本言曰[①]：“仁人之是者，必务求兴天下之利，除天下之害。”今吾本原兼之所生，天下之大利者；吾本原别之所生，天下之大害者也。是故子墨子曰：“别非而兼是者，出乎若方也[②]。”

【注释】

①“鄉”字省文。《说文》云：“鄉，不久也。”郑君注《仪礼》云：“鄉，曩也。”

②“乎”旧作“平”，以意改。

【原文】

今吾将正求与天下之利而取之，以兼为正，是故以聪耳明目相为视听乎，是以股肱毕强相为动[①]宰乎，而有道肆相教诲。是以老而无妻子者，有所侍养，以终其寿；幼弱孤童之无父母者，有所放依，以长其身。令唯毋以兼为正，即若其利也。不识天下之士[②]，所以皆闻兼而非者，其故何也？

【注释】

①旧此下有“为”字，一本无。

②旧作“事”，一本如此。

【原文】

然而天下之士非兼者之言犹未止也，曰："即善矣，虽然，岂可用哉？"子墨子曰："用而不可，难哉，亦将非之。且焉有善而不可用者？"姑尝两而进之。谁以为二士，使其一士者执别，使其一士者执兼。是故别士之言曰："吾岂能为吾友之身若为吾身，为吾友之亲若为吾亲。"是故退睹其友，饥即不食，寒即不衣，疾病不侍养，死丧不葬埋[①]。别士之言若此，行若此。兼士之言不然，行亦不然，曰："吾闻为高士于天下者，必为其友之身若为其身，为其友之亲若为其亲，然后可以为高士[②]天下。"是故退睹其友，饥则食之，寒则衣之，疾病侍养之，死丧葬埋之。兼士之言若此，行若此。若之二[③]者，言相非而行相反与！当使若二士者，言必信，行必果，使言行之合犹合符节也，无言而不行也。然即敢问，今有平原广野于此，被甲婴胄[④]将往战，死生之权，未可识也。又有君大夫之远使于巴、越、齐、荆，往来及否未及否，未可识也。然即敢问，不识将恶也。家室奉承亲戚，提挈妻子，而寄托之，不识于兼之有是乎？于别之有是乎哉？以为当其于此也，天下无愚夫愚妇，虽非兼之人，必寄托之于兼之有是也。此言而非兼，择即取兼，即此言行拂[⑤]也。不识天下之士，所以皆闻兼而非之者，其故何也？

【注释】

①当为"薶"，《说文》云："薶，瘗也。"《玉篇》云："埋与薶同。"本书或作"貍"。

②一本有"于"字。

③一本有"士"字，是。

④《说文》云："婴，颈饰也。"

⑤旧作"兼费"，一本如此。

【原文】

然而天下之士非兼者之言犹未止也，曰："意可以择士，而不可以择君子。”姑尝两而进之。谁以为二君，使其一君者执兼，使一君者执别。是故别君之言：“吾恶能为吾万民之身为吾身，此泰[①]非天下之情也。人之生乎地上之无几何也，譬之犹驷驰而过郤也[②]。”是故退睹其万民，饥即不食，寒即不衣，疾病不侍养，死丧不葬埋。别君之言若此，行若此。兼君之言不然，行亦不然，曰：“吾闻为明君于天下者，必先[③]万民之身，后为其身，然后可以为明君于天下。”是故退睹其[④]万民，饥即食之，寒即衣之，疾病侍养之，死丧葬埋之。兼君之言若此，行若此。然即交若之二君者，言相非而行相反与！常使若二君者，言必信，行必果，使言行之合犹合符节也，无言而不行也。然即敢问，今岁有疠疫，万民多有勤苦冻馁[⑤]，转死沟壑中者，既已众矣，不识将择之二君者，将何从也？我以为当其于此也，天下无愚夫愚妇，虽非兼君，必从兼君是也。言而非兼，择即取兼[⑥]，此言行拂也。不识天下所以皆闻兼而非之者，其故何也？

【注释】

①一本作“大”。

②“郤”旧作“隙”，据《文选注》引作“郄”，云古“隙”字，郄即郤也。《说文》云：“隙，壁际孔也。”郤，节郤也。节郤，言节之会，亦际缝之意。皆通。

③旧作“万”，一本如此。

④旧脱此字，以意增。

⑤当为“馁”。

⑥二字旧脱，据上文增。

【原文】

然而天下之士非兼者之言也犹[①]未止也，曰：“兼即仁矣，义矣。虽然，岂可为哉？吾譬兼之不可为也，犹挈泰[②]山以超江河也。故兼者直愿之也，夫岂可为之物哉？”子墨子曰：“夫挈泰山以超江河，自古之及今，生民而来，未尝有也。今若夫兼相爱、交相利，此自先圣六王者亲行之。”何[③]知先圣六王之亲行之也？子墨子曰：“吾非与之并世同时，亲闻其声，见其色也。以其所书于竹帛，镂于金石，琢于槃盂，传遗[④]后世子孙者知之。”《泰誓》曰：“文王若日若月乍照，光于四方、于西土[⑤]。”即此言文王之兼爱天下之博大也，譬之日月兼照天下之无有私也。即此文王兼也，虽子墨子之所谓兼者，于文王取法焉。且不惟《泰誓》为然，虽《禹誓》[⑥]即亦犹是也。禹曰：“济济有众，咸听朕言[⑦]：非惟小子，敢行称乱[⑧]，蠢兹有苗，用天之罚[⑨]，若予既率尔群对诸群，以征有苗[⑩]。”禹之征有苗也，非以求以重富贵、干福禄、乐耳目也，以求兴天下之利，除天下之害。即此禹兼也，虽子墨子之所谓兼者，于禹求焉。且不惟《禹誓》为然，虽《汤说》即亦犹是也。汤曰[⑪]：“惟予小子履[⑫]，敢用玄牡，告于上天后[⑬]，曰：今天大旱，即当朕身履[⑭]，未知得罪于上下[⑮]。有善不敢蔽，有罪不敢赦，简在帝心[⑯]。万方有罪，即当朕身；朕身有罪，无及万方[⑰]。”即此言汤贵为天子，富有天下，然且不惮以身为牺牲，以祠说于上帝鬼神。即此汤兼也，虽子墨子之所谓兼者，于汤取法焉。且不惟《誓命》与《汤说》为然，《周诗》即亦犹是也。《周诗》曰：“王道荡荡，不偏不党；王道平平，不党不偏。”其直若矢，其易若厎，君子之所履，小人之所视。若吾言非语道之谓也，古者文武为正均分，赏贤罚暴，勿有亲戚弟兄之所阿。即此文武兼也，虽子墨子之所谓兼者，于文武取法焉。不识天下之人所以皆闻兼而非之者，其故何也？

【注释】

①旧作“独”，一本如此。

②一本作“太”。

③《太平御览》引有“以”字。

④刘逵注左思赋引作“于”。

⑤《孔书》云：“唯我文考，若日月之照临，光于四方，显于西土。”

⑥《大禹谟》文。云《禹誓》者，禹之所誓也。

⑦《孔书》作“命”。

⑧《孔书》无此八字。

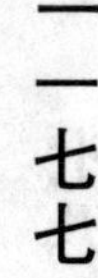

⑨《孔书》无此四字。

⑩《孔书》作：“肆予以尔众士，奉辞伐罪。”群，犹众。

⑪今《汤诰》文。

⑫《孔书》作“肆台小子”。

⑬《孔书》作“上天神后”。

⑭详此文，是汤祷旱文。《孔书》亦无此十字。

⑮《孔书》作“未知获戾于上下”。

⑯皆与《孔书》微异。

⑰俱与《孔书》微异。孔安国注《论语》“有罪不敢赦，帝臣不蔽，简在帝心。朕躬有罪，无以万方；万方有罪，罪在朕躬”云，《墨子》引《汤誓》，其辞若此。《国语》内史过引《汤誓》云：“余一人有罪，无以万夫；万夫有罪，在余一人。”

【原文】

然而天下之非兼者之言犹未止，曰：“意不忠亲之利而害为孝乎？”子墨子曰：“姑尝本原之孝子之为亲度者。吾不识孝子之为亲度者，亦欲人爱利其亲与？意欲人之恶贼其亲与？以说观之，既欲人之爱利其亲也。然即吾恶先从事即得此？若我先从事乎爱利人之亲，然后人报我爱利吾亲乎？意我先从事乎恶人之亲，然后人报我以爱利吾亲乎？即必吾先从事乎爱利人之亲，然后人报我以爱利吾亲也。然即之交孝子者，果不得已乎！毋先从事爱利人之亲者与，意以天下之孝子为遇[①]，而不足以为正乎？姑尝本原先王之所书，《大雅》之所道，曰：‘无言而不仇，无德而不报。投我以桃，报之以李。’即此言爱人者必见爱也，而恶人者必见恶也。不识天下之士，所以皆闻爱而非之者，其故何也？”

【注释】

①一本作“偶”。

【原文】

意以为难而不可为邪？尝有难此而可为者。昔荆灵王好小要[①]，当灵王之身，荆国之士，饭不逾乎一，固[②]据而后兴，扶垣而后行，故约食为其难为也，然后为，而灵王说之，未逾于世而民可移也，即求以乡其上也。昔者越王勾践好勇，教其士臣三年，以其知为未足以知之也，焚舟失火，鼓而进之。其士偃前列，伏水火而死有不可胜数也。当此之时，不鼓而退也，越国之士，可谓颤矣[③]。故焚身为其难为也，然后为之[④]，越王说之，未逾于世而民可移也，即求以乡上也。昔者晋文公好苴服，当文公之时，晋国之士，大布之衣，群羊之裘，练帛之冠，且苴之履[⑤]，入见文公，出以践之朝。故苴服为其难为也，然后为，而文公说之，未逾于世而民可移也，即求以乡其上也。是故约食、焚舟、苴服，此天下之至难为也，然后为，而上说之，未逾于世而民可移也。何故也？即求以乡其上也。今若夫兼相利，此其有利且易为也，不可胜计也。我以为则无有上说之者而已矣，苟有上说之者，劝之以赏誉，威之以刑罚，我以为人之于就兼相爱、交相利也，譬之犹火之就上，水之就下也，不可防止于天下。

【注释】

①旧作“腰”，非。

②一本作“握”。

③《玉篇》云：“颤，动也。”言其惊畏。

④据前后文，当为“而”。

⑤且，当为“粗”。

【原文】

故兼者，圣王之道也，王公大人之所以安也，万民衣食之所以足也。故君子莫若审兼而务行之。为人君必惠，为人臣必忠，为人父必慈，为人子必孝，为人兄必友，为人弟必悌[1]。故君子莫若欲为惠君、忠臣、慈父、孝子、友兄、悌弟，当若兼之不可不行也。此圣王之道，而万民之大利也。

【注释】

①当为“弟”，此俗写。